KB040488

교양으로 읽는
세계종교사

教養としての世界宗教史
by 島田 裕巳

교양으로 읽는
세계종교사

시마다 히로미 지음 ㅣ 김성순 옮김

역사산책

지금, 왜 세계종교를
이해할 필요가 있을까?

지금 세계에서는 글로벌화라고 하는 사태가 진행되고 있다. 특히 동서 냉전구조가 붕괴됨으로써 글로벌화에 박차가 가해지게 된 것이다. 세계는 긴밀하게 연결되어 있고, 사물과 사람, 나아가 자본, 기업 등의 이동이 쉬워졌으며, 인터넷을 통해서 정보가 순식간에 세계 전체에 전달될 수 있게 되었다. 이는 인류가 이제까지 희망해왔던 사태이기는 해도 글로벌화의 기세가 너무 급격하기 때문에 여러 문제점이 발생하고 있다. 국가라고 하는 구조 자체는 붕괴되지 않고 있지만, 국가 간의 대립은 오히려 심각해지고 있는 것으로 보인다. 사실, 신형 코로나 바이러스에 의한 감염증이 세계적인 규모로 확대되는 것은 국경 폐쇄나 수출제한 등을 초래하고 있으며, 이제까지 보지 못했던 동맹국의 단절까지도 불러왔다.

이러한 글로벌화의 시대 속에서 고대 문명의 대명사라고 할 수 있는 종교는 어떻게 될까? 종교는 인류의 탄생 이래 이루어져 왔던 중요한 역할을 상실하게 되는 것일까? 아니면 위기가 심각해지면서 종교의 새로운 탄생이나 발흥이라는 사태가 생겨나게 될까? 나의 견해에 의하면, 종교는 정치와 경제의 문제와 동반하여, 혹은 그 이상으로 중요한 문제를 발생시키고 있다.

세계에는 수많은 국가와 민족이 있다. 그중에서 종교가 없는 국가나 민족은 존재하지 않는다. 종교는 인류의 탄생과 함께 생겨났으며, 인류가 걸어온 것과 역사를 함께 하고 있다. 특정 민족에게만 신앙되는 종교에는 고유의 명칭이 없고, 교의도 체계화가 이루어져 있지 않다. 각각의 종교를 창시한 개조인 교조도 특정되어 있지 않다. 그러한 '민족종교民族宗教'로 불리는 단계의 종교가 확실한 형태를 갖추게 되면 고유의 명칭으로 불리게 된다. 이는 민족의 틀을 넘어서 확장되기에 이른 것인데, 기독교를 그 전형으로 들 수 있다. 기독교는 민족종교인 유대교에서 생겨났다. 그 교조인 예수 그리스도 역시 유대인이었다.

그 기독교를 유대인 이외의 민족에게 전해지도록 공헌한 이가 바울이다. 바울도 유대인으로서 유대 이름은 사울이었다. 바울은 최초에 기독교도를 박해하는 측이었으나, 어느 날 이미 죽은 예수의 음성을 듣고 회심을 하게 된다. 바울이 기독교라는 새로운 종교를 전도했던 장場이 민족을 넘어서 글로벌하게 확장되고 있었던 로마제국의 영토 안이었다. 바울은 순교를 당했으며, 그 후에도 기독교도에 대한 박해가 계속되었지만 결국은 로마제국의 국교로 수용되어 기독교는 세계종교의 길을 걷게 된 것이다. 로마제국이 다른 민족을 통합하는 과정에서 절대적인 신을 정점에 올린 기독교가 큰 공헌을 했다.

교양으로 읽는 세계종교사

18세기 후반부터 19세기에 걸쳐서 구미 선진국을 중심으로 하여 근대화라는 사태가 일어났던 시기에, 미래는 과학의 시대이며 합리성을 결여한 미신에 가까운 종교는 머지않아 쇠퇴할 것으로 예측했다. 그 예측은 확실하게 적중하였으며, 선진국에서는 종교가 사회적인 영향력을 잃고 '세속화'라고 하는 사태가 진행되었다. 그 경향은 지금도 계속되고 있는데, 그러한 지역에서는 종교를 부정하거나 혹은 믿지 않는 '무종교'가 증가하였으며, '종교소멸'이라는 사태마저 초래하고 있다. 그러나 그렇더라도 종교가 지상에서 일거에 사라지게 되지는 않을 것이다. 종교에 따라 혹은 지역에 따라서는 도리어 근년에 이르러 종교의 세가 커지고 있다. 특히 신흥국이나 산유국이 힘을 가지고 경제발전을 이루게 되면서 종교의 현저한 부흥이라는 사태가 일어나게 되었다.

　글로벌화와 그에 병행하는 정보화가 진전하게 되면서 근대화를 추진하는 주체가 되었던 국민국가는 쇠퇴했으며, 국가의 비호를 받을 수 없는 사람들을 통합하는 토대로서 종교의 역할의 중요성은 증가하고 있다. 또한 종래의 기성 종교를 대신해서 새로운 종교가 세력을 확대하는 현상도 생겨나고 있다. 브라질의 예를 들면, 남미는 가톨릭의 아성이었지만 도시에서 기적신앙을 강조하는 프로테스탄트의 복음파가 급속히 늘어나고 있으며, 중남미 전체에 파급되고 있다. 일본에서는 세력을 떨치지 못한 '세이초노이에[生長の家][1]'도 브라질에서 250만의 신자를 획

1　'세이초노이에(생장의 집)'는 설립자인 타니구치 마사하루[谷口雅春] 목사(1893~1985)가 오랜 구도 끝에 '인간은 하나님의 아들이다'라는 깨달음을 얻고 1930년에 '生長の家' 잡지(월간)를 발간한 것에서 시작된 신종교이다. 타니구치 마사하루 목사

득했다.

종교의 부흥이라는 현상은 세계 곳곳에서 다양한 영향을 미치고 있다. 그 무엇보다도 눈에 띄는 현상으로서 2001년 미국에서 발생한 동시다발적 테러로 대표되는 이슬람 원리주의 과격파에 의한 무차별적인 테러를 들 수 있다. 그 후 세계에서 테러가 빈발했는데, 자폭테러에 의한 순교라는 수단이 사용되면서 그 피해가 확대되었다. 한번에 비교하면 이러한 테러는 가라앉고 있는 것처럼 보이지만 사회가 위기를 맞고 있는 지역에서는 여전히 테러의 위협이 사라지지 않고 있다. 또한 성서의 기록을 문자 그대로 믿고자 하는 기독교 원리주의는 특히 미국의 중서부에서 그 세력을 확장하고 있다. 그 지역은 공화당의 정치기반으로서 1981년에 레이건 정권을 탄생시킨 이래 미국 정치에 강한 영향력을 발휘하게 되었다. 그러한 형태로 당선된 대통령은 원리주의자가 주장하는 정책을 취하게 되었으며, 이는 자유주의 세력에게는 위협적으로 느껴지게 되었다.

이자를 부정하는 이슬람 금융이 이슬람 제국에서 채용되고, 구미의 금융기관 중에서도 그 시스템을 받아들이는 것이 나오게 된 것도 그 배경에 이슬람법인 샤리아에 충실하고자 하는 원리주의적인 움직임이 대두되었기 때문이다. 중국에서도 경이로운 경제성장이 계속되는 과정에서 그 은혜를 누리지 못하는 사람을 구제하는 역할을 하는 파룬궁[法輪功][2]

에 의해 시작된 '인류 광명화 운동'은 하나님에 대한 믿음으로 세계 평화를 목표로 하는 '국제평화 신앙운동'으로 계승되었으며, 일본을 비롯해 북미·중남미·아시아 · 오세아니아·유럽 세계 각지의 거점을 통해 활동의 범위를 넓히고 있다. 역자주.

2   파룬궁[法輪功]은 파룬따파[法輪大法]로도 불리며, 진선인(眞·善·忍)을 핵심 사상으

과 같은 신종교가 순식간에 그 세력을 확대시켰다. 파룬궁은 중국 당국에 의해서 탄압을 받았으며, 비공인 기독교 지하교회 등은 신자 수가 늘어나고 있다. 또한 일시에 그 힘을 잃은 유교나 불교가 국민의 관심을 다시금 모으고 있으며, 전통이 있는 불교사원 등은 활황을 누리고 있다.

종교는 단지 가르침을 전하고, 의례를 실천하는 것만은 아니다. 종교는 특정의 종교를 신앙하는 사람들의 마음속에까지 영향을 주고, 개인이 사물을 이해하는 시각과 세계관의 형태를 만드는 역할을 한다. '신의 보이지 않는 손'의 움직임을 강조하는 시장 원리주의의 배후에는 이 세상을 창조한 유일 절대신에 대한 신앙이 있다. 시장원리주의라고 하는 자체가 종교적인 원리주의의 대두를 배경으로 탄생하게 된 것이다(이 점에 대해서는 졸저 『金融恐慌とユダヤ·キリスト教』 文春新書를 참조).

한편으로 일본인들에게는 강대한 힘을 가지고 세계의 동향에 결정적인 영향력을 미치는 신에 대한 신앙은 형성되어 있지 않다. 그 점은 근대화가 진행되면서 서구 문명의 영향을 긴 시간에 걸쳐서 받아왔어도 변하지 않았다. 종교에 의해서 형성된 사물에 대한 이해와 세계관은 그렇게 간단하게 변하지는 않는다.

글로벌화가 진행되면서 종교의 중요성이 증대된 현대에 태어난 우리들이 종교의 존재를 무시하는 것은 불가능하다. 또한 종교에 대해서 확

로 삼는 중국의 심신수련법이다. 파룬궁은 불가(佛家)와 도가(道家)를 기반으로 한 기공(氣功) 수련법으로 인격 수양과 신체 단련을 결합한 것이 특징이며, 도덕적으로 엄격한 생활과 더불어 수련을 통해 번뇌를 제거하고 깨달음을 얻는 것을 지향한다. 역자주.

고하게 지식을 갖는 것이 필요해졌다. 그러나 무종교를 표방하는 일본인은 종교에 대해서 충분한 지식을 갖고 있지 않다. 종교를 어떻게 파악해야 할 것인지 명확한 인식을 할 수 없는 것이다. 사실 그것은 일본인뿐만 아니라, 세계의 어떤 나라 사람들에게도 들어맞는 얘기이다. 하나의 종교가 사회 전체를 전부 덮고 있는 국가와 지역에서는 자신들의 종교에 대해서는 알고 있어도 타인의 종교에 대해서는 거의 알지 못한다.

그러나 글로벌화는 자신과는 다른 종교를 가진 타자가 일상적인 관계성을 갖고 있지 않은 이웃이라는 것을 의미한다. 일본 국내에서도 차츰 일본인과는 다른 신앙을 가진 사람들이 살게 되었다. 이웃을 이해하며 원활한 인간관계를 확립하기 위해서는 그 종교에 대해서도 일정한 지식과 인식을 갖지 않으면 안된다.

본서의 역할은 세계의 종교에 대해서 그 현 상태를 보여주고, 기초적인 인식을 확립하는 정보를 제공하는 것이다. 인류의 탄생과 함께 생겨난 종교는 그 후 긴 역사를 거쳐 글로벌하게 전개되었으며, 다양하고 복잡한 형태를 갖추게 되었다. 개별적인 종교의 역사와 교의를 이해하는 것만도 무척 많은 정보가 필요하고 시간도 걸린다. 그러나 일반인들에게 정말로 필요한 종교에 대한 기본적인 인식은 제한되어 있다. 그 종교의 본질적인 특징은 어디에 있으며, 타종교와 어떻게 다른 것일까? 중요한 것은 종교 전반에 있어서 공통적인 측면과 개별 종교의 고유한 측면을 구별하여 이해하는 것이다.

개별 종교에 대해서 그 역사와 교의를 배우는 것만으로는 그러한 이해에는 좀처럼 도달하지 못한다. 종교가 글로벌화의 산물이어서 다른 종교와의 만남과 대립의 가운데서 스스로를 형성하고 독자성을 발휘해 나가기 때문이다. 그 점에서 세계의 종교를 전부 이해할 필요가 있다. 맨처음에 필요한 것은 그 전체의 모습을 아는 것이다. 다만 여기서 한 가지, 종교를 바라볼 경우 문제가 되는 사항을 중요하게 새겨둘 필요가 있다. 세계의 사람들은 각각 특정의 신앙을 가지고 있다. 무종교를 표방하는 선진국의 사람들도 그 나라의 전통과 문화로부터 강한 영향을 받게 되는데, 거기에는 종교가 깊게 관련되어 있다. 이는 세계관의 기저에 종교관이 존재하기 때문이다.

　신앙과 세계관은 국가나 종교에 따라 크게 다르다. 예를 들면, 일본인의 종교관과 미국인의 종교관은 다르다. 이웃나라와 상호 영향을 받았다고 해도 한국인의 종교관은 일본인의 종교관과는 다르다. 따라서 세계의 사람들이 모두 공유할수 있는 종교관을 확립하고 그 기반 위에서 세계의 종교를 바라보는 것은 불가능하다. 하지만 불가능하다고 포기하고 있으면 진전할 수가 없다. 우리에게 필요한 것은 일본인의 종교관이 어떤 것인지 분명히 알고, 그 바탕 위에 타국과 타민족의 종교를 바라보는 것이다. 그 경우 자신들과 다른 신앙과 세계관을 간단히 평가하지 말고, 각각의 종교를 철저하게 객관적이고 중립적인 입장에서 바라보지 않으면 안 된다. 그것이야말로 근대에 확립된 종교학의 방법론인 것이다. 종교학적인 시각은 글로벌화가 진전될수록 중요성이 증가한다고 할 수 있다.

제 3 장 기독교는 어떻게 탄생하고 전개되었는가
——대박해에서 세계종교로

제 1 장

종교는
언제,
어떻게
시작되었는가

종교의 기원

1
사람은
어떻게 신을 느끼게 된 것인가

인류는 어떤 곳에 등장한 것일까?

종교의 기원은 어디서 찾을 수 있을까? 그전에 인류의 기원에 대해서
생각하지 않으면 안 된다. 최근의 발견에 따르면, 최초의 인류가 일어나
면서 직립이족보행을 하게 된 것은 지금으로부터 대략 700만~600만년
전의 일이라고 한다. 지금 단계에서 최초의 인류의 화석은 2001년 아프
리카 중앙부의 차드공화국에서 프랑스 연구팀의 손에 의해서 발견된 것
으로 이는 '투마이 원인嶽人'으로 명명되어 있다. 투마이 원인은 그 부근
에서 사용되고 있는 고란어로 '생명의 희망'을 의미한다.

이 발견이 있기까지 최초의 인류는 500만년 전에 나타났다고 인식되
고 있었다. 따라서 새로운 발견에 의해서 인류 진화의 역사는 100만년에

서 200만년까지 연장되게 된 것이다. 발견된 것은 거의 완전한 두부頭部였는데, 뇌의 크기는 350cc이며, 인류와 조상을 공통으로 갖고 있는 침팬지로부터 거의 변하지 않았다. 우리의 뇌와 비교하면 3분의 1에도 미치지 않는다. 두개골로 추측해볼 수 있는 신장도 105센티미터에서 120센티미터 정도로 무척 작다.

과연 이 투마이 원인이 직립이족보행을 했는지 어떤지는 허리와 발의 뼈가 보이지 않기 때문에 명확하게 말할 수는 없다. 그래도 침팬지에게는 나타나지 않는 현상이며, 인류의 특징이라 할 수 있는 '견치犬齒의 축소'는 인정된다. 연구자 중에는 투마이 원인은 '단지 원숭이'라고 주장하고 있는 이도 있으며, 과학적인 논쟁의 결말은 나 있지 않다.

이는 일본에서 발표한 〈구석기 날조사건〉[3]에서도 볼 수 있지만, 고고학의 연구자는 될 수 있으면 오래된 시대의 것을 발견하려고 노력을 기울인다. 분명히 최고最古의 인류의 발견은 고고학상의 중대한 뉴스이지만 시대가 오래된 것일수록 그 연대를 입증할 단서가 부족한 것이다. 그러한 문제도 있기 때문에, 인류가 언제부터 직립이족보행을 하게 되었는지가 명확하지는 않고 지금으로부터 수백만 년 전이라고 밖에 말할 수 없다. 그렇다고 해도 직립이족보행은 견치의 축소와 함께 현재의 인류가 침팬

---

3   '구석기 날조사건'은 일본 각지에서 '原人'붐을 일으킨 일본의 전기·중기 구석기시대의 유물·유적 발굴 조사에 참여했던 후지무라 신이치[藤村新一] 자신이 사전에 매설한 석기를 스스로 발굴했던 일련의 사건을 말한다. 후지무라 신이치는 1970년대부터 각지에서 날조에 의한 '구석기 발견'을 계속해왔지만, 2000년 11월 5일 마이니치 신문 조간에 특종에 의해 부정이 발각되었다. 이에 따라 일본의 구석기시대 연구는 물론 중학교·고등학교 역사 교과서와 대학 입시에도 영향을 미치게 되었다. 역자주.

지와의 공통의 조상에서 나뉘게 된 것을 보여주는 지표가 되고 있다.

직립이족보행으로부터 인류가 탄생하다

인류와 침팬지 등의 유인원을 비교할 경우, 큰 차이를 보이는 것이 목뼈의 위치이다. 인류에게서는 두개골의 거의 중앙부에 목뼈가 들어 있는데 비해, 유인원에게서는 두개골의 후방에 비스듬하게 들어 있다. 그 증거로서 목뼈가 들어있는 대후두공大後頭孔의 위치가 유인원은 인류보다 훨씬 뒤쪽에 있다.

인류 외에도 이족보행을 하는 동물은 있다. 타조도 그러한데, 유인원도 단시간이라면 이족보행이 가능하다. 동물원의 레서판다가 직립하는 것으로 인기를 끌기도 하지만 직립하여 이족보행을 할 수 있는 것은 인류뿐이다. 따라서 수백만 년 전에 인류가 서서 이족보행을 시작했다기보다는 직립이족보행을 하게 된 것에서 처음으로 인류가 탄생했다고도 말할 수 있다. 인류는 직립이족보행을 하게 된 것에서 유인원을 포함한 다른 동물과는 전혀 다른 길을 걷게 된 것이다.

대체 그것이 언제부터 시작되었는지 추측하는 것 자체가 어렵지만, 언어를 다룰 수 있는 것은 인류밖에 없다. 침팬지는 기호조작이 가능한데, 그 점에서 인류에 가까운 커뮤니케이션 능력이 있어서 여러 실험이 실시되었지만 언어를 매개로 한 의사의 소통은 확인되지 않고 있다. 반려동물로 길러지는 동물은 사람의 언어에 반응하는 것처럼 보이지만 단지 짖거나, 울 수 있을 뿐이며 의미 있는 단어로 답하지는 않는다.

인류만이 종교를 가지고, 신을 생각한다

또 한 가지, 인류의 특유한 점이 종교의 존재이다. 지구상에 있는 민족과 사회 중에서 종교가 전혀 존재하지 않는 곳은 한 곳도 발견되지 않는다. 하지만 동물에게는 종교라고 하는 현상은 전혀 찾아볼 수 없다. 신을 신앙하는 동물은 없는 것이다. 콘라트 로렌츠(Konrad Z. Lorenz, 1903~1989)의 동물행동학 연구에서는 동물이 공격과 위협 등을 하기 위해 패턴화된 의식儀式적인 행동을 하는 것은 시사되어 있는데, 신앙을 수반하는 의례를 하는 동물은 없다. 여러 종교에 있는 세계 창조의 과정을 얘기하는 '창조신화'에서 신은 인류뿐만이 아니라 지상에 존재하는 모든 동물을 창조하는 것으로 되어 있는데, 그 신을 신앙의 대상으로 삼는 것은 인류뿐이다.

직립이족보행, 언어 그리고 종교, 이 세 가지 요소는 다른 동물에게는 없으며, 유인원에게서도 보이지 않는 인류 고유의 특징이다. 그러한 이상, 이 세 가지 요소의 발달이 밀접한 관련성을 갖는 것을 상상해볼 수 있다. 모두 직립이족보행이라는 신체적 변화에서 기인하고 있다. 인류가 일어서면서 이족보행이 가능해지고, 손을 자유롭게 사용하게 되면서 그것이 두뇌의 발달을 촉진하게 된 것이다. 뇌의 발달은 언어능력을 개화開化시키는 기반이 된다. 그리고 직립을 한 것으로 목구멍의 구조가 변화하며, 음식물과 호흡 등이 같은 목구멍이라는 기관을 통하게 된다. 그 결과, 그러한 활동을 제어할 필요가 생기게 되면서 그것이 언어를 다루는 데 필요한 복잡한 음성을 획득하는데 결합된 것이다.

교양으로 읽는 세계종교사

언어에 의해서 '보이지 않는 것'을 부르는 것이 가능해지다

언어는 자연계에 존재하는 것을 가르고, 카테고리를 나누고, 명칭에 의해서 구별하는 역할을 한다. 고양이와 개, 튤립과 국화, 도미와 새고막 등은 명칭에 의해서 구별된다. 그 경우에 중요한 것은 언어는 눈에 보이는 것만이 아니라, 보이지 않는 것도 지시할 수 있다는 것이다. 그것에 의해서 과거 혹은 미래에 대해 말하는 것도 가능하게 된다. 그리고 지상에 존재하지 않으며, 혹은 현실에 없는 신이나 영靈과 같은 존재를 가리키는 것도 가능하게 된다. 그러한 의미에서 언어의 탄생은 종교를 낳는 기반이 되었다. 동물이 종교를 갖지 않는 것도 언어를 다룰 수 없기 때문이다. 인류는 언어능력을 획득하는 것으로 추상적으로 관념의 세계를 표현하고 그 실재를 믿을 수 있게 된 것이다.

미르체아 엘리아데(Mircea Eliade, 1907~1986)가 지적한 '시야의 확대'

게다가 중요한 것은 직립이족보행에 의해서 인류의 시야가 공간적으로 확대되었다고 하는 사실이다. 그것을 강조하고 있는 것이 루마니아에서 태어난 종교사가인 미르체아 엘리아데이다. 현대에서 종교연구의 상황에 대해 생각해보면 엘리아데라는 존재는 극히 중요하다. 엘리아데는 제1차 러시아혁명의 종결을 맞이할 즈음인 1907년에 루마니아의 부쿠레슈티에서 태어났다. 부쿠레슈티대학에 진학했는데 그의 정치적인 입장은 공산주의를 비판하는 우파였다. 그 때문에 엘리아데는 공산주의의 영향이 강했던 고국 루마니아를 떠나서 망명자로서 생활을 하게 된다. 한때 파리에서 살았지만 제2차 세계대전 후에 미국으로 건너가서 시카고대학에서 교수로 근무하게 되었다. 엘리아데라는 존재가 있었기 때문에 시카고대학은 종교학, 종교사 연구의 아성이 되었으며, 그 영향이 세계에 미치게 되었다. 일본에서도 엘리아데의 책이 여러 권 번역되어 있다.

엘리아데가 만년에 남긴 저술이 『세계종교사』(筑摩書房, 후에 치쿠마學藝文庫)[4]이다. 필자도 그 번역작업에 참여했는데, 그 책의 원제목은 『종교적인 신앙과 관념의 역사』이다. 엘리아데는 세계 종교의 역사를 포괄적으로 다루는 것을 목표로 집필을 시작했다. 하지만 그 계획이 너무 장대하고, 자신의 건강문제도 있어서 모든 종교의 역사를 끝까지 서술하는 데에는 이르지 못했다. 『세계종교사』의 제4권(문고판에서는 제7권과 제8권)은 엘리아데의 제자들이 분담하여 집필했다. 엘리아데는 『세계종교사』의 최초의 구절에서 '인간화'의 문제를 다루고 있다. 직립자세의 중요성을 강조하면서 "직립자세 덕분에 공간은 인간 이전의 존재에게는 접근할 수 없는 구조-'상', '하'를 관통하는 중심축으로부터 수평으로 넓어지는 네 방향-로 조직되었다"고 서술한다.

인류에게 직립이족보행이 가능하게 되었기 때문에 인체의 주위 공간은 전후, 좌우, 상하로 넓어져서 조직화되었으며, 방향제시가 가능하게

---

4   불어로 저술된 원저의 제목은 "Histoire des croyances et des idees religieuses"이다. 이것이 영어로 옮겨지면서 "A History of Religious ideas"가 되고, 한국어 번역본의 제목은 『세계종교사상사』 (이학사, 2005))가 되었다. 역자주.

되었다. 중심과 주변의 구별은 종교에서 근원적인 것이다. 통상적으로 신전의 구조가 보여주는 것처럼 중심에 있는 것은 성스러움이 강하다. 역으로, 사회로부터 밀려나고 주변으로 밀려 나온 것들이 그 이단적인 특징에서 강한 신성성을 띠는 것도 있다.

이족보행이 가져온 '중심축'이라는 감각

유인원은 때로 이족보행을 하는 경우도 있었지만 통상적으로 사족보행을 했기 때문에 그 시선이 낮은 곳에 붙잡혀 있었다. 그 시선으로는 공간의 넓이가 제한적인 것밖에 의식되지 않았다. 우뚝 일어서서 등골을 똑바로 하여 대지 위에 서는 것에 의해서 중심축이 정해졌으며, 주위의 공간이 구조화된 것이다. 인체의 중심축은 우주의 중심인 하늘과 땅을 연결하는 '우주축(axis mundi)'과 통한다.

엘리아데는 이러한 논의를 출발점으로 하여 『세계종교사』 중에서 인류가 종교와 어떠한 관련성을 갖고 있는지를 역사적으로 추적하고 있다. 다만, 종교가 원래 언제 시작된 것인지, 그 기원을 명확히 밝히는 작업에 약간 힘들어하고 있는 것처럼 보인다. 그 증거로 엘리아데는 선사시대의 인류가 종교적이었다거나, 비종교적이었거나 하는 다른 두 가지의 주장에 대해서 '그 가설을 지지하는 증거를 보여주지 않으면 안 된다는 쪽은 '비종교적' 논자의 경우이다'라고 서술하면서 최고最古의 인류가 어떤 종교적인 관념을 갖고 있는 것이 전제되는 입장을 취하고 있다.

자료로는 종교의 시작을 특정할 수 없다

엘리아데가 비논리적인 표현법을 사용하고 있는 것도 가장 오래된 인류가 종교를 가지고 있었던 구체적인 증거를 밝혀내는 것이 어렵기 때문이다. 그것은 엘리아데 자신도 인정하고 있으며, 구석기시대 후기인 "오리냐크기(BC 3만년경) 이전 자료의 대부분을 점하는 도구류는 실용적 가치 이상의 것을 보여주고 있지 않다"고 서술하고 있다. 이 점은 종교의 기원에 대해서, 혹은 훨씬 고대의 인류와 종교의 관계를 고찰하는 데 있어서 매우 중요하다. 일반적으로는 시대를 올라가면 올라갈수록 인류는 주술적인 신앙에 의해서 지배된 것으로 인식되고 있다. 그러나 그것을 명확하게 증명할 자료를 밝혀내는 것은 어렵다. 구석기시대의 석기 등은 엘리아데도 지적한 것처럼 실용적인 것뿐이기 때문이다. 그것은 일본에 대해서도 꼭 들어맞는 얘기이다. 죠몽[繩文]시대[5]의 토기와 토우土偶에는 특이한 모양이 가공되어 있는데 초자연적인 존재를 표현한 것처럼 보인다.

그러나 토우가 어떠한 목적으로 사용되었는가는 알 수 없다. 파손된 상태로 출토되는 것이 많은데, 주술을 위해 의도적으로 파손한 것은 아

---

5   죠몽[繩文]시대는 일본 구석기시대 말기에서 신석기시대에 이르는 시대를 가리킨다. 이 시기에는 죠몽[繩文] 토기; 즉 새끼줄무늬 토기를 사용하는 것을 주요 특징으로 한다. 죠몽시대가 시작된 시기에 관해서는 학계의 의견이 통일되어 있지 않으며, 1만 6천 년 전, 1만 3천 년 전, 1만 년 전, 5천 년 전 등 다양한 학설이 있다. 죠몽시대 이후 기원전 3세기 전후에는 일본 대부분의 지역에서 야요이[彌生]시대로 진입하게 된다. 역자주.

닐까 추측되기도 하지만, 그 특이한 형태에 어떤 의미가 있는지는 알지 못한다. 토우의 형태에는 실제로 여러 변형이 있으며, 예술적인 표현을 의도했던 가능성도 생각해볼 수 있다. 고분시대의 하니와[埴輪][6]는 고분에서 발견되는 것으로 장송의례와 관계있는 것으로 생각되지만, 하니와로 된 사람과 말, 집 등은 일상생활에 존재하는 것뿐이고, 신 등의 초자연적인 존재를 표현한 것은 발견되지 않는다.

최초기의 인류에게 종교적인 감각은 없었을까?

일본에서 신비적인 힘에 대한 신앙, 주술적인 신앙이 확산된 것은 오히려 헤이안[平安]시대에 들어서 밀교신앙이 유행한 이후로 생각된다. 밀교는 불교 역사에서도 후기 시대에 발달했다. 세계의 다른 종교를 보아도 신비주의가 발달한 것은 꽤 뒤의 단계에서부터이다. 그러한 점에서 엘리아데의 견해와는 반대이지만, 최초기의 인류는 현대 인류에 비해 '비종교적'이었던 것은 아닐까? 적어도 시작의 시점에서는 인류가 복잡하게 체계화된 신앙을 가지고 있었다고는 생각할 수 없다.

엘리아데는 「종교의 '기원'의 탐구」(『종교의 역사와 의미』에 수록)라

---

6 하니와[埴輪]는 고분시대 흙을 구워 만든 일본 특유의 장례 기물로서 일본 각지의 고분에 분포되어 있다. 제사나 액막이 등을 위해 만든 것으로 생각되며, 고분의 봉분이나 납관 후에 제사를 모시기 위해 만들어지는 조출(造出; 전방부와 후원부의 경계에 의례공간으로 추정되는 곳) 위에 줄지어 늘어놓는다. 역자주.

는 논문에서 19세기 말에서 20세기 초에 걸쳐서 유럽의 학계에서 여러 분야의 연구자가 사물의 기원을 탐구하는 것에 매달리고 있는 것을 지적하면서 거기에서 노스텔지어를 찾아내려고 했다. 그러한 상황에서는 종교의 기원에 대한 탐구도 열심히 했는데, 그 경우, 가장 오래된 인류의 종교생활을 밝히기 위한 자료로서 주로 이용되는 것은 아프리카와 오세아니아—당시의 표현법으로는 '미개인'—사회에서의 종교였다. 거기에는 아직 문명의 은혜를 받지 않은 사람들은 원시 고대의 인류와 같은 생활을 지속하고 있다는 전제가 있었다. 그러나 그러한 전제가 과연 성립되는지 아닌지 상당히 의심스럽다. 당시 정신분석학의 창시자인 프로이트(Sigmund Freud, 1856~1939)는 부친살해의 종교적 기원을 발견하는 한편, 『황금가지』(원제 : The Golden Bough : A Study in Comparative Religion)를 써서 인류학의 확립에 공헌한 프레이저(James George Frazer, 1854~1941)는 왕을 살해하는 것의 종교적 원형을 발견하게 되었다. 만약 그것이 사실이라면 무척 흥미롭지만, 어느 쪽도 증명이 불가능한 가설에 지나지 않는다.

종교는 문명의 발달과 함께 구조화되고 복잡해졌다

종교가 여러 민족과 사회에 나타나는 보편적인 현상이라는 것은 틀림없지만, 그것은 고도의 문명의 산물이라고 하는 측면이 있다. 최고의 인류가 어떤 신앙을 가지고 매장 등을 할 때 일정한 의례를 행했을 가능성은 있겠지만, 그것이 사실이라고 해도 극히 소박한 것이었을 거라 생각

교양으로 읽는 세계종교사

된다.

오히려 문명이 발달하면서 광범위하게 사회와 국가의 집합체를 통합하는 것이 필요하게 된 단계에서 복잡한 구조를 가지고 초월적인 존재의 실재를 강조하는 신앙이 생겨난 것으로 생각하는 쪽이 현실적이다. 직립이족보행에 의한 시야의 확대라는 사건도 그것만으로는 고도의 종교를 탄생시키는 기반이 되지 않는다. 인류는 종교적인 존재로서 출발한 것이 아니라, 오히려 비종교적인 존재로서 출발했으며, 차근차근 종교성을 심화시켜 갔다는 사고방식이 훨씬 사실에 근접할 것으로 생각된다.

2
집단생활의 진화에서
인류가 종교에 눈을 뜨다

인류 최초 시기의 생활을 묘사한 '동굴벽화'

지금 서술하는 것은 인류 최초 시기의 생활이 어떤 것인가를 가르쳐주는 고고학적 자료인 '동굴벽화'에 대해서 고찰하는 것으로 더욱 명확해진다. 많은 사람들은 동굴벽화라는 단어를 듣고서 틀림없이 알타미라(Altamira)나 라스코(Lascaux)를 떠올릴 것이다. 스페인 북부에 있는 알타미라는 최초로 발견된 동굴벽화이다. 그곳에 묘사된 그림은 가장 오래된 것으로 지금으로부터 1만 8천 년 전의 것이다. 묘사된 대상은 들소Bison, 말, 멧돼지, 순록 등의 동물로서 특별히 정교하게 묘사된 멋진 들소의 그림에는 위엄마저도 감돌고 있다. 들소는 그 후 유럽에서 소멸되어 버렸다.

라스코의 동굴벽화. 많은 동물이나 인간이 그려져 있으며, 당시 인류의 관심사를 나타내고 있다.

알타미라의 동굴벽화를 최초로 발견한 것은 9세의 소녀였다. 소녀의 부친 사우투올라(Don Marcelino Sanz de Sautuola)는 지역의 영주이자, 아마추어 고고학자였다. 1879년 사우투올라는 딸인 마리아를 데리고 주변 지역의 조사를 하다가 그 과정에서 어느 동굴에 가게 되었다. 몇 년 전의 큰 비에 의해 그 동굴의 입구가 열려 있어서 두 사람은 안으로 들어갈 수 있었다. 부친이 동굴의 바닥에 흩어져 있는 뼈와 화살촉을 조사하고 있을 때, 딸은 램프의 빛에 비친 동굴의 천정을 올려다보고, '보세요, 아버지. 소에요!'라고 소리 질렀다. 이것이 세기의 대발견으로 맺어지게 된 것이다.

라스코 동굴벽화의 경우에도 그것을 발견한 것은 아이들이었다. 라스코는 프랑스 서남부에 해당하는 도르도뉴 지방의 베제르계곡 몽티냐크 마을의 근교이다. 1940년 9월 가까이에서 놀고 있던 마르셀, 자크, 조르

쥬, 시몬이라는 네 명의 아이들이 애견과 함께 동굴탐험을 하다 벽화를 발견했던 것이다.

벽화는 동굴의 측면과 천정에 그려져 있다. 그림의 대상이 된 것은 말, 산양, 들소, 사슴, 영양 등의 동물 외에 인간의 모습, 기하학적인 모양, 각 선화刻線畵로서 인간의 손 모양도 500점 발견되었다. 동물 중에서도 가장 많이 그려진 것은 말로서 소와 말 등 뿔을 가진 동물의 경우에는 실제보다 뿔이 크게 묘사되어 있다. 이것도 지금으로부터 1만 5천 년 전의 구석기시대 후기의 것으로서, 이 동굴은 벽화가 위와 좌우에 있어서 장식한 예배당처럼 되어 있기 때문에 '선사시대의 시스티나성당'으로 불리고 있다. 시스티나성당은 가톨릭의 총본산인 바티칸에 있는 성당으로서 미켈란젤로 등 저명한 화가가 내부장식을 한 것으로 알려져 있다.

알타미라의 경우에는 동물만 있고 인간의 모습은 그려져 있지 않지만, 라스코에는 인간도 그 안에 등장한다. 다만 그것은 들소에게 습격을 받아 지면에 넘어져 있는 장면이라서 그 모습이 몹시 약하다. 그 장면에 의하면 오히려 들소의 강함 혹은 사나움이 강조되고 있다. 이 두 가지의 벽화는 오랫동안 인류 최초의 종교미술로서 인식되어 왔다. 그러나 최근에 알타미라와 라스코보다 훨씬 오래된 시대의 동굴벽화가 발견되었다.

3만 년 전의 인류를 묘사한 벽화

그것이 쇼베(Chauvet) 동굴벽화로서 프랑스 남부 아르데슈(Ardèche)의 바론·폰·다르크(Pont d'Arc)의 근처에 있는 동굴에서 발견되었다. 발견자는 동굴의 이름에도 그 이름이 붙여져 있는 동굴학자 쟌 마리 쇼베와 그녀의 두 친구이다. 동굴학은 영어로는 Speleology라고 하며, 동굴에 관해 여러 각도에서 종합적으로 연구하는 하나의 학문으로 인정받고 있다. 쇼베 동굴벽화의 발견은 1994년 12월 18일에 이루어졌다.

이 벽화는 3만 년에서 3만 2천 년 전의 것으로서 알타미라와 라스코보다도 훨씬 오래된 것이다. 대상으로 묘사된 동물의 종류가 다양해서 말, 소, 사슴 외에 사자, 표범, 곰, 올빼미, 코뿔소, 하이에나 등도 그려져 있다. 인간에 관한 것으로는 들소의 두부頭部와 인간 여성의 성기를 조합해서 묘사한 것으로 생각되는 것이 있는데, 과연 그것이 정말로 그러한 것을 묘사한 것인지는 단정할 수 없다. 묘사된 동물의 다양성 등으로 생각해 보건대, 알타미라와 라스코보다도 오히려 새로운 것처럼 생각되지만 현대의 고고학에서 일반적으로 사용되는 것과 같은 방사성탄소연대측정으로부터 두 동굴보다 훨씬 오래된 것이라는 결과가 나왔다. 다만 거기에 이의를 제기한 학자도 있어서 연대에 관한 결론은 나와 있지 않다.

쇼베 동굴벽화는 구석기시대 후기의 것으로서, 그 시대 사람들은 채집과 수렵에 의해 먹을 것을 얻었다. 따라서 그들에게 중요한 단백질 공급원이 되는 동물들은 가장 관심이 있는 존재였을 것이다. 그렇기 때문에 깊숙한 동굴에서 평상시 자신들의 주위에 존재하면서 수렵의 대상이 되는 동물의 모습을 묘사한 것으로 생각해볼 수 있다. 그러한 의미에서 구석기시대인의 주요 관심의 대상은 이해가 가능한 것이지만, 그들이 어떠한 정신생활을 영위했는지, 어떠한 대상을 신앙했는지까지는 알 수 없다. 애초에 이 단계에서는 인간의 모습마저도 거의 그려져 있지 않다. 그렸다고 해도 그것은 동물에 습격당한 약한 존재에 지나지 않는다. 하물며 신과 영이라고 하는 초자연적인 존재는 묘사되어 있지 않다.

사하라사막에서 발견된 암벽벽화

이곳은 동굴벽화가 아니라 암벽벽화이지만 인간의 모습이 명확히 묘사되어 있는 타실리 나제르(tassili n'Ajjer)[7]의 암벽벽화이다. 여기까지 본 세 동굴벽화는 유럽의 것인데 비해 타실리 나제르는 아프리카 사하라사막의 가장 깊숙한 알제리아와 리비아의 국경지대이다. 현재 이 지역은 건조한 사막지대로서 암반이 드러나 있다. 그러나 타실리 나제르는 현지의 언어로 '냇물이 있는 대지'를 의미하며, 암벽벽화가 묘사되었던 시대에는 물이 가득 채워진 하천이 몇 개나 흐르고 있었을 것이다. 실제로 벽화 중에는 꽤 큰 배를 묘사하고 있는 것이 있다.

이 벽화는 1909년에 프랑스의 콜티에에 의해서 발견되었으며, 1933년에는 M. 브루낭이, 전후 1956년에는 앙리 로이드가 조사를 하였다. 이 타실리 나제르의 암벽벽화가 그려진 것은 대략 8천 년 전부터이며, 유럽의 동굴벽화보다 더 늦은 것이다. 시대로는 중석기시대 내지 신석기시대에 해당한다. 그 지역에서는 BC 7천 년부터 3천 5백 년경의 시대 사이에는

---

7   타실리는 사하라 사막 중심부에 있는 산악 지역이다. 알제리의 사하라 사막 남동쪽에서 리비아, 니제르, 말리와 국경을 접하고 있다. 기원전 6,000년 무렵부터 기원후 몇 백 년대까지 이 고원에 다양한 사람들이 거주하면서 거주지, 무덤, 벽 등 수많은 고고학적 흔적을 남겼다. 타실리는 1933년 이후에 온갖 종류의 바위그림과 암각화가 발견되면서 유명해졌다. 역자주.

수렵민이 생활했다. 그 후 건조화가 진행되었으며, BC 2천 년부터 3백 년경에는 말이, BC 3백 년부터 AD 4백 년경에는 낙타가 등장한다. 타실리 나제르의 암벽벽화는 8천 년의 세월을 걸쳐서 지속적으로 그려졌던 것이다.

주목되는 것은 유럽의 동굴벽화에 비교해서 대상물이 다양화되고 있다는 점이다. 동물은 보다 많은 종류가 그려지고 있지만 단독 개체가 아닌 군집으로서 그려졌다. 몇 마리의 기린이 각각 머리를 다른 방향으로 향하면서 걷고 있는 듯한 장면도 있고, 물가에 모여 있는 말들을 그린 것도 있다. 그 묘사법은 꽤 세련됐으며, 유럽 동굴벽화에서는 나타나지 않은 '움직임'이 표현되어 있다.

집단생활 중에 제의를 떠올리게 하는 묘사도

게다가 동물을 사냥하는 인간의 모습과 가축으로서의 소 등을 사육하는 인간 집단의 모습을 묘사하고 있다. 이러한 것도 유럽의 동굴벽화에는 나타나지 않은 것으로서 타실리 나제르의 사람들의 일상생활이 그대로 벽화에 재현되어 있는 듯하다.

더 나아가 인간만 묘사되어 있으며, 그 집단의 모습도 묘사되어 있다. 일상적인 풍경도 있는데, 몇 사람인가가 같은 포즈로 춤추고 있는 그림이다. 얼굴에는 채색이 되어 있으며, 춤추는 무용수들은 화장을 하고 있다. 화장을 하고 춤춘다는 것은 단순히 향락으로서 행하고 있는 것으로는 생각하기 힘들다. 아마도 그것은 무엇인가 제의의 장면을 묘사한 것으로 생각된다. 놀라운 것은 배후에 성교의 장면을 묘사한 것이 있다는 것이다. 결코 선정적으로 묘사되어 있지 않을 뿐만 아니라, 그 모습이 그대로 묘사되고 있는 것이 거기에서 무엇인가 종교적인 요소, 예를 들면 무사히 아이가 생기는 것을 기원하는 요소가 포함되고 있는 것도 생각할 수 있다.

혹은 키가 늘씬하게 큰 한 사람이 다른 사람의 몸에서 뭔가를 끌어내려고 하고 있는 장면을 묘사하고 있는 것도 있다. 끌어내려고 하는 것은 그 사람의 혼일지도 모른다. 타실리 나제르의 암벽벽화는 원초적인 신앙의 표현으로서 해석할 수 있는 것이 산견散見된다.

이 밖에 거대한 인간의 모습을 묘사한 그림도 있다. 그것은 단지 보통의 인간을 크게 묘사한 것만은 아닐지도 모른다. 그림이라고 하는 것은 대상이 되는 것을 실물 크기로 묘사하는 것에 제한되지 않는다. 크게도 묘사하고, 작게 묘사하기도 한다. 그러나 만약 그것이 통상의 것을 넘어서는 크기로밖에 표현할 수 없는 것을 표현하려고 했다면 신을 묘사한 것이라고 생각할 수 있을 것이다.

벽화에서는 종교적인 '이야기'를 볼 수 없다

물론 문자자료가 존재하지 않기 때문에 명확한 것은 말하기 힘들다. 하지만 타실리 나제르 암벽벽화가 구석기시대 후기에 속하는 유럽의 동굴벽화와는 레벨이 다른 것이라는 점은 틀림 없다. 표현된 세계는 훨씬 풍요롭다. 거기에서는 단지 표현법의 진화만이 아니라, 사회의 변화,

집단의 진화를 보는 것도 가능하다. 그 진화의 과정에서 신앙이라고 부를 수 있는 것이 생겨났을 지도 모른다.

만약 암벽에 묘사된 그림이 단체로 존재하는 것이 아니라, 일본의 에마키[繪卷; 두루마리 그림]처럼 연속적인 장면을 묘사했더라면 신앙과 종교의 형체가 좀 더 명확한 것이 되었을 것이다. 그림이 연속적으로 묘사되면 거기에는 '이야기'가 생겨난다. 춤의 장면이 여러 가지로 묘사되면 어떤 몸짓이 거기에 전개되고 있는지를 알 수 있고, 그 춤의 목적도 나타났을 것이다. 혼이 몸으로부터 끄집어져 나오는 장면에 대해서는 그 전후 관계를 알면 정말로 혼인지, 아닌지 판명할 수 있을 것이다. 연속적인 그림이라면, 망자를 매장하는 과정도 묘사할 수 있을 것이다. 그렇게 된다면 당시의 장례법을 알 수 있고, 그에 수반하여 사후에 대한 인식도 밝혀졌을 것이다.

제의와 의례라고 하는 것은 신화와 세트를 이루고 있다. 신화는 시나리오이며, 그것을 실천하는 것이 제의이고, 의례이다. 제의와 의례의 의미를 아는 것은 그 배후에 있는 신화를 알지 않으면 안 된다. 한 장의 그림에 의해서 묘사해낼 수 있는 것은 제의와 의례의 한 장면이며, 그것만으로는 신화까지 표현하지는 못한다. 한 장의 그림에 묘사된 장면이라도 그것이 현재의 것인지, 아니면 과거에 그린 것인지도 판단할 수 없다. 혹은 현실을 그린 것인지, 이상을 묘사한 것인지도 알 수 없다. 묘사한 사람이 살아있는 자인지, 아니면 망자인지도 판단할 수 없다.

동물의 가축화를 거쳐서 종교가 탄생한 것일까

타실리 나제르의 암벽벽화에서 한 가지 중요한 점이 있다. 도중에 유목민이 등장하며 가축화가 시작되었던 것이 나타난다. 그것은 인간이 동물에 대해 우위의 입장을 확립한 것을 의미한다. 그때까지는 강한 야성의 동물을 두려워하며, 그 동물들과 싸워야만 했다. 그 때문에 라스코의 동굴벽화(Lascaux Caves)에서는 동물에게 살해당한 인간의 모습이 그려졌다. 하지만 가축화가 시작되었기 때문에 가축을 관리하는 인간의 모습이 그려지게 된 것이다. 인간은 가축보다도 우위의 입장에 있다. 그때 그 인간과 가축과의 관계성에서 인간을 지배하며 관리하는 신과 같은 존재와 인간과의 관계로 변이된 것은 아닐까. 가축을 지배하는 인간도 그 상위에 있는 존재에 의해서 지배받는다고 하는 방식의 이해가 이루어지게 된 것은 아닐까. 가축화가 '지배'라고 하는 관념을 만들어 내고, 가축을 지배하는 인간도 그 상위에 있는 존재에 의해서 지배된다고 하는 이해의 방식이 이루어지게 된 것은 아닐까.

거기에서 종교의 발생이라는 사건이 생겨났는지도 모른다. 타실리 나제르의 사람들은 긴 세월에 걸쳐서 암벽벽화를 지속적으로 그렸는데, 그 안에서 종교의 발생이라는 인류사에 있어서 중대하고 결정적인 사건을 기록하여 후세에 전하게 되었는지도 모른다.

자연을 길러내는 과정에서 인류는 '신'을 발견했을까

　인간은 먼저 불을 길들였다. 각 민족의 신화에는 그리스신화의 프로메테우스로 대표되는 것처럼 불을 길들이는 이야기가 있다. 인간은 다음으로 야생의 동물을 가축으로 길렀다. 더 나아가 야생의 식물을 농작물로 기르는 단계가 이어지게 되었는데 이것이 농경의 발생이다.

　이 '기르는' 과정 중에서 사람은 지배라는 관념을 알았으며, 거기에서 신의 존재를 알고 종교를 탄생시켰다. 단지 자연의 힘 앞에서 어쩔 수 없이 살아있는 것만으로는 종교를 만들 수 없었다. 자연을 지배하는 감각을 얻기 시작하면서 인간 자신들도 또한 누군가에 의해서 지배당하고 있다는 종교적인 관념을 품게 된 것이다.

　가축을 기르기 위해서는 인간은 집단생활을 영위하지 않으면 안 된다. 게다가 농경이라는 것을 위해서 공동체를 조직할 필요가 생겨났다. 공동체를 결속시키기 위해서는 제의를 영위하는 것이 중요하다. 종교의 기원이 탐구되던 시대에 프랑스의 사회학자 에밀 뒤르켐(David Emile Durkheim, 1858~1917)[8]은 제의에서의 '집단적 열광'이 신이라는 관념을 낳

8　에밀 뒤르켐(David Émile Durkheim, 1858~1917)은 프랑스의 사회학자로서, 통계를 적극적으로 사용하는 현대사회학의 방법론적 기조를 창시했다는 평가를 받고 있다. 또한 그는 사회의 여러 분야들이 어떻게 일상적으로 기능하는지 밝혀서 그 성격과 존재를 설명하고자 했기 때문에 기능주의 사회학의 선구자로 보기도 한다. 그의 기념비적인 저서인 『종교생활의 원초적 형태』에서는 종교란 초자연적인 신이 아닌 신성한 것(the sacred)에 대한 신념과 의례의 통합된 체계이며, 가장 원초적인 사회제도이자, 사회생활의 기초적 범주를 제공한다고 보았다. 요컨대 종교의 본질은 사회적 산물이며, 개인은 종교적 실천을 통하여 집합의식을 내면화하여 소속집단 혹은 사회에 통합된다는 것이다. 역자주.

은 기반이 되었다고 논했다. 그 신이야말로 사회이며, 공동체이다. 인류가 공동체 생활을 영위하게 되었을 때, 종교는 좀 더 명확한 모습을 갖게 된 것이다.

여러 사회와 민족에 종교가 존재하는 것도 사회가 발생하고 민족집단이 형성되면서 종교의 존재가 불가결하기 때문이다. 이에 따라 사회와 민족집단의 역사가 쌓이고 복잡하게 조직화 되면서 종교도 체계적으로 강고한 것으로 변모했다. 그 점에서 인류는 처음부터 종교적이었던 것이 아니라 차근차근 종교성을 강화해 간 것이다.

제 2 장

유대교는
어떻게
생겨나고
전개되었는가

일신교의 원류

1
일신교는 정말로
다른 '신'이 없는가

일신교와 다신교의 비교는 과연 유효한가

일본에서는 일신교와 다신교가 대립하는 것도 고찰되고 있다. 일신교에서는 오로지 하나의 신만을 신앙의 대상으로 삼기 때문에 다른 신들이 배제되며, 배타적인 경향이 생겨난다. 거기에 비해 다신교에서는 다양한 신들이 신앙의 대상이 되며, 거기에 우열을 두지 않기 때문에 다른 신앙에 대해서도 관용적이다. 그러한 이해의 바탕에서 일신교의 배타적인 방식이 비판의 대상이 되는 일이 많다.

더 나아가 그러한 이해에는 사막의 종교와 숲의 종교의 대립이라는 풍토론이 겹쳐져 있다. 일신교는 자연환경이 험한 사막에서 생겨났기 때문에 신앙에 대해서도 엄격하고, 풍요로운 자연의 혜택을 입은 숲에서 길러진 다신교와는 성격이 다르다는 것이다. 이러한 일신교와 다신교의 대비에는 8백만의 신을 신앙하는 점에서 딱 일본의 종교에 나타나는 관용성을 높게 평가하고자 하는 가치판단이 강하게 작동하고 있다. 그러나 이러한 대립과 대비가 과연 유효한 것인지, 아닌지 대체 사실에 근거한 것인지, 아닌지 검토할 필요가 있다.

사막에서 탄생한 일신교의 전형이 이슬람교이지만 이는 사막 가운데의 오아시스에 있는 도시에서 나온 종교이다. 오히려 이슬람교는 '상인의 종교'로 다루어져야 한다는 견해도 있다(이즈츠 토시히코[井筒俊彦] 『イスラム文化』, 岩波文庫). 또한 일신교 안에서도 다신교적 측면을 발견할 수도 있다. 기독교의 기본적인 교의는 '삼위일체'인데, 이 교의에서는 아버지와 아들과 성령이 일체가 된다. 하지만 다른 세 존재의 신성성을 인정한다는 그 사유방식에서 다신교적 측면을 발견할 수 있는 것이다.

실제로 기독교에서는 시대가 지나감에 따라 성모 마리아에 대한 신앙이 높아져 갔다. 이는 가톨릭의 신앙세계에서는 '마리아 공경[崇敬]'[9]으로 불리며, 신학적으로도 그 의미가 인정되고 있다. 그리고 가톨릭 신자들 사이에서는 아버지인 신과 예수 그리스도 이상으로 마리아는 신자들의 신앙을 결집시켜 왔다(또한 일본에서는 성모 마리아로 부르는 방식이 정착되어 있는데, 가톨릭 문화권에서는 '처녀 마리아Virgin Mary'라고

---

9   저자는 '마리아 숭경(崇敬)'이라는 용어를 사용하고 있지만, 한국에서는 '마리아 공경(恭敬)'이라는 표현을 더 일반적으로 사용하기 때문에 번역문에서는 '마리아 공경'으로 번역했다. 이하 '성인 숭경(崇慶)'에 대해서도 마찬가지로 '성인공경'으로 번역한다. 역자주.

하며, 어머니로는 수용되지 않고 있다).

게다가 가톨릭의 신앙세계에서는 성인 혹은 성자에 대한 신앙도 차츰 성행해왔다. 이것도 '성인공경'으로 불리며, 숭배는 아니라고 강조하고 있다(다만 이것도 일본에서의 구별이며, 영어로는 삼위일체와 예수 그리스도에 대해서도, 마리아와 성인에 대해서도 똑같이 'devotions'가 사용되며, 구별이 되지 않는다).

성인은 주로 기독교의 신앙을 지키다 순교한 사람을 가리킨다. 그러한 성인에게는 병의 치유 등 기적을 일으키는 힘이 있다고 여겨진다. 성인의 반열에 오르게 되면 서민의 독실한 신앙이 집중된다. 유럽의 교회는 바티칸의 산 피에트로 대성당으로부터 시작되었는데, 성인의 유골, '성유물聖遺物'을 모시기 위한 시설이다(산 피에트로는 예수의 제자, 성 베드로이다). 성인공경은 병 치유 등의 현세이익을 구한다는 점에서 일본의 신토[神道]에서 8백만의 신을 신앙하는 것과 꽤 유사하다.

이슬람교에서도 절대 유일의 신에 대한 신앙이 강조되는 한편, 역시 성인에 대한 신앙이 성행했다. 신의 절대성이 강조되면 인간계와의 관계는 소원하게 되며, 일상적인 번뇌나 고통으로부터의 구제를 기대하기 힘들게 된다. 거기에 좀 더 친근한 성인의 역할이 있으면 유일신교에도 다신교적인 측면이 나타날 수 있는 것이다.

일신교의 '신'은 다신교의 '공(空)', '무(無)'에 대응된다

다신교에 있어서 다수의 신이 존재한다는 것은 이 세계의 성립을 설명하는 원리로서 활용되는 것은 아니다. 『고사기古事記』와 『일본서기日本書紀』에 보이는 일본의 고대 신화에서는 천지가 어떻게 창조되었는지는 설명되지 않고, 신들이 차츰 생겨나는 과정만이 얘기되고 있다. 그러한 신토의 신앙이 존재하는 가운데 한반도와 중국에서 전해진 불교에서는 창조신화는 존재하지 않고 인간세계의 궁극적인 원리로서 보여지는 것은 '공'과 '무'라고 하는 인식방법이다. 모든 것은 고정적인 실체가 없고, 끊임없이 생성과 소멸을 반복하고 있다. 그럼에도 불구하고, 거기에 집착하는 것에서 고통이 생겨난다. 이것이 불교의 기본적인 인식이며, 그로부터 고통을 벗어나기 위한 구제론이 나왔다.

그 점에서 일신교의 신에 대응되는 것은 오히려 공과 무라고 할 수 있다. 불교에서는 세계의 성립을 설명할 경우에 공과 무를 전제로 하며, 인과에 기반해서 이러저러한 현상이 생겨나는 것으로 해석한다. 어떤 것이 결과로서 존재하는 것은 그것을 생하는 원인이 되는 인因이 있기 때문인데, 그 인과 과果의 반복이 전부라고 하는 까닭이다. 단지 하나의 신만을 신앙해야 한다고 말하는 일신교의 입장이라면, 여러 신들을 동시에 신앙하는 다신교는 하열한 존재를 모시는 우상숭배로서 비판의 대상이 된다. 근대의 초기에 유행했던 진화론적 시작에서는 다신교로부터 일신교에로의 진화가 상정되어 있으며, 다신교는 보다 원시적인 신앙이라고 보고 있다.

그러나 공과 무라고 하는 인식방법은 절대적인 신의 존재를 부정하며, 세계의 궁극적인 모습을 허무로 파악하는 점에서 근원적인 니힐리즘으로서 받아들여질 가능성이 있다. 실제로 근대의 유럽에서 불교의 존재가 알려지게 된 시대에는 불교는 공포의 대상이 되었다[로저 폴 드로우

교양으로 읽는 세계종교사

(Roger-Pol Droit), 『虛無の信仰』島田 裕巳·田桐 正彦 譯]. 불교도의 감각으로는 궁극적인 세계가 공과 무라고는 해도, 거기에 니힐리즘을 찾는 것은 아니고, 더더욱 그것을 두려워하거나 하지는 않는다. 오히려 신과 같은 궁극적인 실체가 존재하지 않기 때문에 인간이 자유로우며 세계는 다양성을 갖게 되고 풍요롭게 보게 되는 것이다.

일신교와 다신교라는 비교는 의미가 없다

여러 가지 점에서 일신교와 다신교를 대비해서 파악할 수 있는지 아닌지에 대해서는 문제가 있다. 순수한 일신교는 존재하지 않으며, 다신교의 세계에도 공이나 무와 같은 궁극적인 인식론이 상정된다.

3세기에 활약했던 그리스의 철학자, 플로티누스는 궁극의 존재를 '일자一者'로 파악하고, 만물은 이 일자로부터 유출되는 것으로 파악했다. 이러한 인식법은 불교의 공과 공통점을 갖고 있는 것으로도 볼 수 있다. (이즈츠 토시히코[井筒俊彦], 『神祕哲學·그리스部』 岩波文庫) 공을 설하는 『반야심경』에서는 '색즉시공 공즉시색色卽是空 空卽是色'이라는 구절이 있는데, 이는 색色으로 표현된 만물이 공이며, 공으로부터 만물이 생겨나는 것을 보여주고 있다.

단순히 일신교와 다신교를 대비할 수 없다고 한다면 우리는 서양의 종교와 동양의 종교와의 차이를 어떻게 파악하는 것이 좋을까. 그것을 제시하기 위해서는 일신교의 원류에 자리 잡은 유대교에 대해 배우지 않으면 안 된다.

2
유대교의 성전 '토라'는
무엇을 말하고 있는가

일신교의 원류는 유대교의 '가르침'으로부터

세계의 종교에 대해서 고찰하면 유대교의 중요성은 먼저 무엇보다도 기독교, 그리고 이슬람교에 이어져 나간 일신교의 원류에 해당하는 점에서 찾을 수 있다. 이 세 가지 일신교는 상세한 내용에 대해서는 나중에 서술하겠지만 방주로 대홍수에서 살아남은 노아의 자식인 셈에게서 유래했기 때문에 '셈족 종교'로 총칭된다. 종교학계에서는 단지 하나의 신을 신앙의 대상으로 하는 것에서 '유일신교'로 분류되어 왔다.

유대교의 성전聖典이 '토라'이며, 이는 유대인의 언어인 히브리어로 '가르침'의 의미이다. 토라는 기독교 구약성서의 최초 5문서에 해당하는 '모세 5경'(창세기, 출애굽기, 레위기, 민수기, 신명기)를 가리킨다. 구약성서에 수록된 각 문서는 최초에 유대교에서 성전으로 정해졌던 것으로 나중에 기독교에 흡수된다. 기독교의 경우에는 예수 그리스도의 사적을 편집한 신약성서가 있다. 이는 기독교의 독자적인 것으로 유대교는 성전으로 인정하지 않고 있다. 토라가 유대교의 성전으로 정해진 것은 BC 4백 년 경의 일이다. 다만 거기에 포함된 얘기가 성립된 것은 그보다 더 오래전이다. 거기에는 유대교 특유의 종교관이 나타나고 있다.

토라는 몇 개의 문서가 원자료이며, 주요한 것은 네 가지 종류로 나눌 수 있다. 첫째, 신을 '야훼'로 칭하는 문서로서 'J(Jahvist)'로 불린다. 두 번째로, 신을 '엘로힘'으로 칭하는 문서로 그것을 'E(Elohist)'로 불린다. 그 밖에 '신명기법申命記法'을 의미하는 'D(Deuteronomium)'와 제사법전祭司法典인 'P(Priest Kodex)'가 있다.

토라의 첫 문서인 '창세기'에서는 천지창조의 얘기가 서술되어 있다. 그것은 '태초에 신이 천지를 창조했다'고 되어 있으며, 천지를 창조하기 이전에 그 주체가 되는 신이 존재했다는 것이 전제되고 있다. 천지를 창조하기 이전의 신은 대체 무엇을 하고 있었는지, 혹은 신이 어떻게 생겨났는지에 대해서는 언급되어 있지 않다. '창세기'의 이야기는 J문서 중에 포함되어 있으며, 그것은 기원전 9세기 전반에 편찬된 것으로 추정되고 있다. 이 점에서 생각해보면, 일신교의 성립은 '토라'의 원사료源史料인 J와 E가 성립된 기원전 9세기 전반부터 기원전 8세기 사이에 일어난 일로 볼 수 있다.

토라에 의해 유대인은 '신화'를 공유한다.

'창세기'는 물론 토라 전체가 유대인의 신화이지만, 결코 실제로 유대
인이 겪어왔던 역사를 서술한 것은 아니다. 그 점에서 '창세기'를 어떻게
파악할지는 커다란 문제가 되고 있지만, 이야기 속에는 신이 가진 절대
적인 힘이 강조되어 있어서, 유대인 자신들의 신앙하는 신을 어떤 존재
로 파악하고 있는지를 알 수 있다. '창세기'에 있어서 신은 그 시작에서
천지를 창조하는 창조신의 역할을 맡고, 아담과 이브라는 최초의 인간의
창조에도 관련되어 있다. 창조신인 이상, 그 외의 신은 없다. 그러한 점에
서 유일한 절대의 존재이며, 인간의 운명을 좌우하는 힘을 가지고 있다.

교양으로 읽는 세계종교사

3
신과 인간의 관계는
어떻게 묘사되고 있는가

이상적인 신앙의 인간, 아브라함

신의 절대성을 보여주며 인간이 그 신에 대해 어떻게 행동해야 하는 지를 보여주는 얘기가 '창세기' 안의 아브라함에 관한 에피소드이다. 아브라함은 신에 대한 독실한 신앙을 가지고 있었다. 아브라함에게는 사라라고 하는 처가 있었는데 70세를 넘겨서도 아이를 낳지 못했다. 이 노부부가 겨우 갖게 된 아들이 이삭이다. 그러나 아브라함이 믿는 신은 부부에게 가까스로 얻은 이삭을 희생물로 바칠 것을 요구했다. 아브라함은 이 신의 명령에 대해 일체 의문을 품지 않고, 망설임 없이 실행에 옮겼다.

아브라함이 이삭을 죽이려는 순간, 그것을 본 신은 아브라함을 저지시

컸다. 신은 아브라함이 어느 정도로 자신에게 충실한 신앙을 가지고 있는지 시험한 것이었다. 이 에피소드가 있기 때문에 아브라함은 신앙을 가진 사람으로서 유대교뿐만 아니라, 기독교와 심지어 이슬람교에서도 높이 평가되며, 신앙인의 모범으로서 인식되고 있다. 만약 아브라함이 이때 이삭을 희생시키는 것을 거부했더라면 신은 어떻게 했을까.

이 점에 대해서 '창세기'에서는 말하지 않고 있지만 신은 신앙이 깊을 것으로 예상했던 아브라함이 자신에게 거스르는 것에 깊이 실망하며 이삭의 목숨은 물론 아브라함 자신의 목숨까지 빼앗아버리지 않았을까. 신이 자신의 요구가 거절당하는 것을 그대로 방치하는 것은 생각할 수 없다. 그것도 인간이 자신의 의지에 역행하는 것을 알면 신은 상당히 폭력적인 수단으로 호소하는 이야기가 '창세기'의 그 부분 이전에 나오기 때문이다. 그것이 노아의 방주 이야기이다.

인류의 조상으로서 배반자와 살인자가 기록되다

'창세기'에서는 시작 부분에서 신에 의한 천지창조의 이야기가 서술된 후 아담과 이브의 창조로 이야기가 나아간다. 하지만 이 인류 최초의 커플은 뱀에 유혹당해서 신의 명령을 어기고 먹어서는 안 된다고 했던 나무 열매를 먹어버렸다. 이로 인해 두 사람은 영원한 낙원인 에덴동산에서 추방되어 죽음과 노동의 운명을 짊어지게 된 것이다.

그러나 아담과 이브가 낳은 아들인 카인은 질투 때문에 동생인 아벨을 살해하고 말았다. 카인은 또한 그의 아버지와 어머니처럼 살고 있던

교양으로 읽는 세계종교사

장소에서 추방되어 버렸다. 이 카인의 계보가 현재의 인류에게 이어지는 것이라면 인류는 살인자의 피를 받아 계승한 자가 되어 버린다. 다만 '창세기'에서 그 점이 강조되고 있는 것은 아니다. 여기에서 중요한 것은 '창세기'에는 아직 '원죄'의 관념이 나타나지 않고 있다는 것이다. 대저 유대교에서는 원죄라고 하는 인식이 존재하지 않는다. 그 다음 장에서 보게 되듯이 원죄라는 관념을 낳은 것은 기독교이다.

배신에 이어지는 배신 때문에 신이 인류의 제거를 결심하다

아담은 이브와는 다른 처를 맞아들였으며, 두 사람 사이에서는 세트가 태어났다. 그 세트의 계보의 위에는 노아가 자리잡고 있는데, 노아는 500세가 된 때에 셈(Shem), 함(Ham), 야벳(Japheth)이라고 불리는 아들을 얻었다고 되어있다. '창세기'의 시작 부분에 등장하는 인류의 시조들은 모두 800세와 900세까지의 장수를 누렸다고 되어있다. 그로 인해 지상에는 인간이 늘어나기 시작했기 때문에 신은 인간의 수명을 120세로 줄였다.

하지만 여기에서도 인류는 신의 기대를 크게 저버렸다. '창세기'에서는 "주는 지상에 인간의 악이 늘어나서 항상 악한 것만을 마음속에 꾸미고 있는 것을 보게 되자, 지상에 사람을 만든 것을 후회하고, 마음 아파했다"고 하였다. 그리하여 신이 결심을 말하게 된다. 신은 "나는 인간을 창조했지만, 이것을 지상에서 없애버리겠다. 사람만이 아니라 가축도, 기어다니는 것들도, 하늘의 새도, 나는 이것들을 만든 것을 후회한다"고 하였다. 여기에는 신의 깊은 절망이 나타나 있다. 그러나 그러한 가운데 노아만이 "신을 따르는 무구한 사람"이었다. 거기에서 신은 노아에 대해서 거대한 방주를 만들어 그 안에는 노아와 그의 처자, 며느리들을 태우도록 명했다. 나아가 신은 다른 살아있는 것들을 모두 짝을 지어 방주에 태우도록 명했다.

그 다음에 신은 40일 밤낮으로 지상에 비를 내려서 홍수를 일으켰다. 그 홍수에 의해 지상은 완전히 물로 덮여서 그 결과 "지상에 움직이고 있는 모든 것들은 모두, 새도, 가축도, 짐승도, 땅에 무리 지어 기어 다니는 것도, 사람도, 모조리 죽었다"고 하였다. '창세기'에서는 신에게 복종하는 노아와 그의 가족, 그리고 선택된 동물들이 대홍수에서 살아남았다는 것에 초점이 좁혀져 있으며, 대홍수에 의해서 사라져간 자들에 대한 것은 지금 보는 것처럼 간단한 정도로밖에 서술되어 있지 않다. 그 때문에 실제로 신이 행한 것이 대량의 살육임에도 불구하고 처참한 것이라는 인상을 받지는 않는다. 하지만 신의 행동은 죽임을 당한 측의 입장에서 보면 무도한 일인 것이다. 대홍수에 의해서 인류가 소거당한 얘기는 '홍수전설'로 불리며, 유대인 이외의 민족에게도 전승되고 있다. 거기에는 유사 이전에 실제로 일어난 대홍수의 기억이 각인되어 있다는 해석도 있다.

고대 메소포타미아 문헌 '길가메시 서사시'와의 유사성

『인류 종교의 역사 : 9대 조류의 탄생·본질·장래』(이마에다 요시로[今枝由郞] 譯, Transview)의 저자인 프리데릭 르누와르(Frederic Lenoir)는 노아의 전설이 고대 메소포타미아의 전설과 상당히 부합하고 있는 것을 지적하고 있다. 특히 길가메시 서사시의 제11 송가와 세부적인 것까지 일치한다고 한다. 길가메시 서사시의 완본은 BC 600년경 니네베에 있었던 앗수르바니팔왕(Assurbanipal)의 도서관에서 발견되었다. 그것은 BC 1,300년으로 소급되는 '초현超賢의 시'의 번각飜刻이었다.

르누와르가 이 사례와 함께 메소포타미아로부터의 영향을 지적하고 있는 것이 바벨탑의 얘기이다. 홍수가 끝난 후에 노아의 자식들로부터 차츰 아이들이 태어나서 그 자손이 각 지역 민족의 조상이 되었다. 다만 인류는 홍수 이전과 마찬가지의 일을 반복하고 말았는데, 바로 이것이 하늘에 이르고자 했던 탑이 있는 마을의 건설이다. 그것은 인간이 신에게 다가가고자 했던 것으로 신에게는 불손한 행동이었다. 이를 알게 된 신은 지상에 내려와 "그들은 하나의 민족이고, 모두 하나의 언어를 사용하고 있으므로 이러한 일을 시작할 수 있었다"고 생각하여 사람들이 사용하고 있는 언어를 뿔뿔이 흩어지게 해서 상호간에 의사를 소통할 수 없게 되어버렸다. 그에 따라 마을의 건설은 중지되었다. 르누와르는 바벨의 탑이 메소포타미아의 고층 사원인 지구라트(Ziggourat)[10]에서 발상을 얻은 것을 지적하고 있다.

이러한 창세기의 서사에서 신과 인간과의 관계는 복잡하다. 인간은 신에 의해서 창조되었지만 거듭 창조주인 신을 배반해버렸다. 배반당했을 때 신은 순수한 신앙을 갖고 있는 인간만을 살아남게 해서 나중에 모두

---

10   피라미드형으로 지어진 고대 메소포타미아의 신전이며, 별을 관찰하거나, 혹은 제사를 모시고, 예배를 하기 위한 용도로 지었을 것으로 추정하고 있다. 역자주.

를 살육의 대상으로 삼기도 하고, 말이 통하지 않도록 분단시켜 버리기도 했다. 신의 기대에 부응하는 행동을 했던 이가 이미 서술한 아브라함이다. 그렇기 때문에 아브라함의 헌신적인 행동이 강조되는 것이다. 신은 아브라함과 같은 신앙 깊은 자가 세계에 가득 넘치게 되기를 희망하고 있다. 그렇지만 노아의 방주와 바벨탑의 이야기는 그러한 신의 기대가 쉽게 실현되지 못한 것을 보여주고 있다.

그러한 과정을 거쳐 신은 인간의 생활을 규제하기 위해 적극적으로 개입해왔다. 그것이 창세기에 이어지는 출애굽기에서 신이 유대인의 지도자인 모세에게 십계를 내리는 장면이다.

4
신이 준 '십계'는
무엇을 보여주고 있는가

모세의 십계와 불교의 오계 간의 유사점과 차이점

십계는 "너희는 나 외의 신을 섬기지 말라"를 필두로 하여 "너희는 어떠한 상도 만들지 말라", "안식일을 마음에 새겨 거룩하게 지키라", "너희의 부모를 공경하라", "살인하지 말라", "간음하지 말라", "도둑질하지 말라", "이웃에 대해 위증하지 말라", "이웃의 재물을 욕심내지 말라"로 이어져 있다.

불교에도 '오계'라는 기본 계율이 있는데, 이 십계와 상당히 유사하다. "살인하지 말라", "간음하지 말라", "도둑질하지 말라", "이웃에 대해 위증하지 말라"는 각각 오계의 불살생계不殺生戒, 불사음계不邪淫戒, 불투도계不偸盜戒, 불망어계不妄語戒에 해당된다. 오계에 있어서 십계에 포함되지 않는 것은 음주를 경계하는 불음주계不飮酒戒 뿐이다. 유대교에서는 음주를 금하는 교의는 없다.

그 점에서 보면 오계와 십계에 공통되는 계율은 인류에게 보편적인 것으로 생각된다. 다만 십계의 경우에는 유일신을 신앙의 대상으로 하는 것이 정해져 있어서 우상을 만드는 것이 금지되어 있으며, 거기에서 일신교의 특징이 나타나는 것이다. 불교에서는 유일 절대의 창조신은 존재하지 않으며, 우상숭배도 금지되어 있지 않다. 그 때문에 수많은 불상이 제작되어 왔다.

출애굽기에는 신이 우상숭배의 금지를 명한 이유가 서술되어 있다. 그것은 "위로는 하늘, 아래로는 땅, 지하로는 물속에 어떠한 형상도 만들어서는 안 된다. 너희는 그곳을 향해 꿇어 엎드리거나, 그곳을 섬기거나 해서는 안 된다. 나는 주이며, 너희의 신이다. 나는 열정의 신이다. 나를 부정하는 자에게는 부모의 죄를 자손 3대, 4대까지도 물을 것이며, 나는 사랑이니, 나의 계율을 지키는 자에게는 수천 년에까지 이르는 은택을 주겠노라"고 하는 부분이다. 신은 자신을 거부하는 자와 자신이 준 계율을 지키는 자를 구별하며, 전자에게는 그 죄를 묻지만, 후자에게는 영원히 사랑할 것을 약속하고 있다. 이것이야말로 창세기에서 신이 인간에 대해 한 일이다.

'열정의 신'과 '질투하는 신'

첫째, 그 의미를 이해하기 힘든 것이 여기에 나오는 '열정의 신'이라는

교양으로 읽는 세계종교사

표현이다. 분명히 후대까지도 죄를 묻고, 자신을 사랑하는 자들에 대해서는 영원의 사랑을 주겠다는 것은 신의 열정에 기반한 것일지도 모르겠다. 하지만 그 표현은 마음에 들지 않는다.

앞에 소개했던 번역문은 현재 일반적으로 사용되고 있는 신 공동역新共同譯이지만, 메이지시대에 번역된 문어역文語譯에서는 아까 인용한 곳의 후반부는 "그대의 신은 질투하는 신이 되면 나를 미워하는 자에 대해서는 아비의 죄를 자식에 대해 3~4대에 미치게 하며, 나를 사랑하여 나의 계명을 지키는 자에게는 은혜를 베풀어 천대에 이르게 될 것이다"라고 번역되어 있다.

이 때문에 이전에는 구약성서에 등장하는 신 야훼는 '질투하는 신'으로 불리는 경우가 많았고, 신약성서의 '사랑의 신'과 대비되어 왔다. 요한복음서 제4장 10절에는 "우리가 신을 사랑하는 것이 아니라, 신이 우리를 사랑하여 우리들의 죄를 위해 대속물로서 아들을 보냈다. 여기에 사랑이 있는 것이다"라고 서술하고 있다.

질투한다고 말할 때, 그것은 일반적으로 타인과의 비교에서 생겨나는 것이다. 그 점에서는 유일 절대의 존재인 신이 질투한다고 하는 것은 본래는 있을 수 없다. 그렇기 때문에 신 공동역에서는 질투하는 것이 아니라, 열정이라는 번역어가 사용되고 있는 것이지만, 그렇게 번역되면서 그 의미가 애매해진 것이다. 적어도 질투하는 신이라는 표현이 보여주는 가열苛烈함은 잃어버리고 말았다. 대홍수를 일으켜서 인류 전체를 일소해버렸던 신에 대해서는 열정의 신보다는 질투하는 신이라는 표현 쪽이 딱 들어맞는다.

다신교의 세계에서 질투하는 신이 존재한다고 해도, 그것이 수없이 존재하는 신들 가운데서의 일로, 절대적인 힘을 가지고 있는 것은 아니다. 따라서 그 질투로 인해 인류 전체를 일소해버리는 일은 있을 수 없다. 그런데 일신교의 신은 인류 전체의 창조신이다. 인류를 창조한 신이라면, 역으로 인류 전체를 파멸시키는 것도 가능하다. 적어도 그런 힘을 갖고 있다는 것이 불가사의하지는 않으며, 그러한 것을 노아의 방주 전설이 말하고 있다. 그리고 거기 선두에 서 있는 아담과 이브, 카인과 아벨의 얘기도 신에게 등 돌린 자에 대해서 신이 엄한 벌을 내린 것을 보여주고 있는 것이다.

5
유대교의 '종말론'은
어떻게 시작되었는가

'인류와 세계는 머지않아 끝난다'고 하는 세계관

질투하는 신, 인류를 용서하지 않고 일소해버리는 신이라는 이미지는 구약성서 전체에서 나타나는 것으로서, 거기에서 나온 것이 '종말론'이었다. 오구치 이이치[小口偉一]·호리 이치로[堀一郎]감수의 『종교학사전』(동경대학출판회)에서의 종말론은 '종말관終末觀'이라는 항목 안에서 다루어지고 있다.

이 항목의 집필자인 우노 미츠오[宇野光雄]는 종말관을 '개인적 종말관'과 '집합적 종말관'으로 나누어서 논하고 있다. 전자는 개인의 죽음 이후에 가게 되는 내세에 관계된 것으로 이해되고 있다. 여기에서 문제가 되는 종말론은 그러한 개인적인 종말관에 연관되는 것이 아니라, 후자인 집합적 종말관과 관련된 것이다. 우노[宇野]는 거기에 대해서 "개인적인 종말관을 내면에 품는 것에서 나아가 이를 초월하는 전 인류와 세계 종말의 운명에 관한 관념으로서 세계의 마지막 파국과 부흥, 전 인류의 부활, 세계의 심판과 벌, 세계의 기한(천년설=밀레니엄) 등등의 관념이 여기에 포함된다"고 하였다. 우노도 서술하고 있는 것처럼 이러한 종말에 대한 인식은 여러 민족에게서 발견할 수 있다.

유대교 성전 '타나크(Tanakh)' 전체의 구성

유대교의 성전은 토라 외에 '예언자(Nevi'im)'와 '제서諸書; Ketubim'로 되어 있으며, 이 세 가지를 통칭하여 '타나크(Tanakh)'로 부른다. 기독교는 이 타나크를 모두 그대로 구약성서로 받아들였다. '예언자'는 전 예언자와 후 예언자로 나뉘며, 전자에는 '여호수아기'와 '사사기' 등이 포함되며, 후자에는 '이사야서'를 필두로 하여 '에레미야서', '에스겔서', '12소예언서' 등 각각의 예언자의 명칭을 붙인 문서가 수록되어 있다.

이러한 문서는 각각의 예언자에 대해 신이 내린 언어를 기록한 것이다(일본에서는 예언자予言者와 예언자預言者를 구별한다. 전자는 점치는 것에 의해서 미래를 예측하는 인간이며, 후자는 신의 언어를 예지하는 인간이다. 하지만 영어에서는 둘 다 Prophet이며, 양자를 구별할 수 없다). 제서諸書는 '시편', '잠언', '욥기'로 이루어진 지혜서, '아가雅歌' 등으로 이루어진 두루마리 그리고 '다니엘서' 등의 기타 문서로 나뉜다.

고대 이스라엘에서의 예언서들의 역할

예언자가 활동한 것은 기원전 9세기 중반부터였다. 『유대교의 역사』 (산천山川출판사)에서 이치카와 히로시[市川 裕]는 유대인의 국가인 고대 이스라엘에서는 왕권과 제사권이 독립된 형태이며, "신과 직접 교류하는 예언자라는 신분이 강고한 전통을 형성"했다고 하였으며, 이스라엘 사람들은 "예언자에 대한 신앙을 통해서 왕권을 넘어서는 신의 법의 존재를 인식"했다고 서술하고 있다. 예언자들은 모두 이스라엘이 자주 강국의 침략을 받고 정복당하는 것은 그곳에 생활하는 사람들 사이에 신에 대한 배신행위가 있었기 때문이라고 경고했으며, 신앙을 자각하고 개전하도록 촉구했다.

엘리아데는 유대교에서 종말론의 시작을 제2 이사야서(Deutero-Isaiah) 에서 찾고 있다. 다만 구약성서를 열면 '이사야서'가 있지만 '제2 이사야서'를 볼 수는 없다. 제2 이사야서는 이사야서의 제40장부터 제55장까지를 가리킨다. 성서학에서는 구약, 신약에 상관없이 각각의 문서의 성립연대를 명확히 밝히려고 시도한다. '역사적 비평' 혹은 '고등비평'이라 하는 방법이 사용되고 있는데, 그에 따르면 이사야서는 세 단계를 거쳐서 편찬된 것으로 보고 있다.

최초로 종말론을 얘기한 것은 '제2 이사야서'의 저자이다?

'이사야'라고 하는 예언자는 BC 735년경부터 활동을 개시했다고 되어 있지만, 엘리아데는 '제2 이사야서'가 성립된 것은 바빌론유수 시대의 마지막 시기로서 무명의 작자에 의해서 기록된 것이다. 또한 엘리아데는 『세계종교사』의 제25장「유대교의 시련 : 묵시默示로부터 토라의 칭찬으로」(문고판 제4권)에서 이 제2 이사야서의 작자야말로 '종말론을 얘기한 최초의 예언자'라고 주장하고 있다. 거기에서 묘사되는 종말은 다음과 같은 5단계를 거쳐서 진행된다.

(1) 야훼와 키로스왕(Kyros Ⅱ) 또는 이스라엘에 의한 바빌로니아의 멸망
(2) 포로의 해방, 황야에서의 방황, 예루살렘 도착과 각지에 흩어져 있는 자들의 집합에 의해 이스라엘 구제
(3) 야훼의 시온 귀환
(4) 공동체의 재건과 확대
(5) 여러 나라가 그들의 신을 부정하고 야훼에게로 개종

이것이 유대교의 종말론인데, 거기에는 기독교의 종말론에서 결정적으로 중요시되는 것이 빠져 있다. 그것은 구세주; 구제의 주체로서의 메시아의 존재이다.

엘리아데는 그 점을 충분히 의식하고 있으며, 제2 이사야서에 등장하는 '야훼의 종'을 언급하고 있다. 제2 이사야서에 포함된 제42장 1절에는 "보라, 나의 종, 내가 지지하는 자를. 내가 선택하고, 기꺼이 맞아들인 자를. 그의 위에 나의 영이 놓이리니. 그는 나라들의 심판을 이끌어 낼 것이다"라고 되어 있다.

이 종은 여러 시련을 견디고 이스라엘 백성의 죄를 사하기 위한 희생

물이 되기 때문에 민족을 구원하는 '메시아'로서 파악할 수 있다. 엘리아데는 "시련을 통해서 세상을 구제한다고 하는 선언은 그리스도의 출현을 예고하는 것이다"라고 서술하고 있다(이것이 기독교의 출현을 예고하는 것인지, 아닌지에 대해서는 다음 장에서 다시 논의하겠다).

여러 형태로 종말론을 얘기하는 '묵시문학'의 성립

제2 이사야서 이후에 성립된 각각의 예언자에 의한 문서 중에서도 이러한 종말론이 반복적으로 얘기된다. 이는 '묵시문학默示文學'의 성립과 결부되어 있다. 묵시문학이란 상징이나 환상(Vision) 등에 의해서 종말의 비밀을 표현한 것이다. 구약성서에 있어서 최초 시기의 묵시문학은 '다니엘서'이며, 초기의 기독교에서는 성서에 포함되어 있는 '에녹서'가 가장 오래된 것이다. 다니엘서에는 BC 605년부터 562년까지 신바빌로니아 왕국의 왕위에 올랐던 느부갓네살왕이 등장하며, 그의 꿈을 다니엘이라는 인물이 해석한다고 하는 설정을 하고 있다. 다니엘은 거기에서 현재의 부패한 세계에 종말이 가까웠으며, 신은 그 후에 영원의 나라를 세울 것이라는 예언을 제시했다.

엘리아데는 이 다니엘서로 대표되는 유대교의 묵시문학의 특징은 세계사를 구성하는 일이 우주의 리듬에 따라 영원히 반복되는 것이 아니라, '신의 계획에 따라서 전개되는' 데에 있다고 주장한다. 역사는 급속하게 종말로 향하고 있는데, 그것은 신에 의해 정해진 이스라엘의 결정적인 승리가 가까워져 있다는 것을 의미하고 있다는 것이다.

'영원으로 회귀하는 세계'에서 '종말로 흐르는 세계'로

엘리아데의 초기 대표적인 저술에 『영원회귀의 신화』(호리 이치로[堀
一郞] 譯, 未來社)가 있다. '영원회귀'라고 하면 니체가 연상되지만, 엘리
아데는 고대의 문명사회에 있어서 세계관을 주제로 삼고 있다. 그것은
원초적으로 존재했던 것으로 상정되는 '태초의 형태'[祖形]로의 영원한
회귀로 특징을 지을 수 있다는 것이다. 이러한 관념을 의례로서 표현한
것이 신년 의례이다. 그러한 의례가 그 민족과 문명에 전승되어 세계의
창조에 대한 서사인 창조 신화가 얘기되기도 하고, 공연되기도 한다.

여기에 대해서 유대교·기독교는 역사가 영원회귀의 순환으로부터 벗
어나 종말이라는 방향을 향해서 직선적으로 흘러간다는 사고방식을 강
조하는 것에 의해서 역사관에 혁명적인 변화를 가져왔다. 그것이 엘리아
데가 특별히 강조하고 있는 점이다. 다만 유대교의 단계에서는 그러한
역사관의 혁명은 반드시 충분한 발전으로 나타난 것은 아니었다. 그것은
예언자들이 종말론을 말한 것에 대해 다른 한편에서는 율법을 중시하는
경향이 생겨났던 것에서 드러난다. 여기에서 말하는 율법은 토라에 나타
난 유대의 법인 '할랄'이다.

신을 움직이며 여행을 했던 유대민족

이 점에 대해서 엘리아데는 BC 2세기 후반에는 조국을 잃은 유대인은
'디아스포라(Diaspora; 離散)'가 되어서 각지에 흩어진 결과, 유대교는 세계

　　　　　　　　　　　　　　교양으로 읽는 세계종교사

종교가 되어가고 있었지만, '율법에의 고착'이라는 현상이 일어났기 때문에 그 싹이 잘리고 말았다고 해석하고 있다(다만 제4장에서 보는 것처럼, 이슬람교를 생각해보면 율법을 철저하게 준수하는 것이 세계종교가 되는 것을 방해한다고는 말할 수 없다).

토라에서는 모세가 인솔했던 유대민족이 40년에 걸쳐서 황야를 헤맸다고 했는데, 그 경우에는 '회견의 막사(Tabernacle)'로 불리는 이동식 천막이 '신이 임재하는 장소'가 되었다. '회견의 막사'의 중심에는 십계가 새겨진 석판을 넣은 '언약의 궤'가 놓여 있었으며, 그곳은 가장 신성성이 강하기 때문에 '지성소至聖所'로 불렸다. 유대교의 신전은 이 회견의 막사를 발전시킨 것으로서 역시 지성소를 중심으로 희생물을 바치는 제단 등이 만들어졌다. 지성소의 내부에는 언약의 궤 이외에는 꽃과 나무로 장식될 뿐 신의 모습을 모사한 우상은 절대 둘 수 없었다. 언약의 궤에 넣은 석판이라 해도 그것 자체가 신성한 것은 아니다. 지성소에서는 죽음의 오염이 기피되었으며, 그 안에 들어가는 사제는 극도의 긴장을 해야 했지만, 그것도 그 안에 신성한 것이 존재하기 때문이 아니라 신이 임재한다고 생각했기 때문이다.

6
유대교에게 있어서
율법은 어느 정도로 중요한 것인가

유대법을 지키는 것이 신에 대한 신앙의 증거

BC 586년 신바빌로니아의 왕 느부갓네살 2세에 의해서 예루살렘이 침략을 당해서 신전도 파괴되었다. 게다가 유대인 지배자층은 바빌로니아에 연행되었다. 이것이 '바빌론 유수幽囚'로 불리는 사건이다. 이 바빌론 유수는 50년 간에 걸쳐서 계속되었는데, 아케메네스(Achaemenes)조 페르시아에 의해서 신바빌로니아가 멸망하면서 유대인들은 예루살렘에 귀환할 수 있었으며, 신전의 재건도 허락되었다. 또한 그들은 성벽을 건설했으며, 그 내부에서 예루살렘의 자치를 승인받았다.

그 시기를 전후하여 율법에 정통한 에즈라(Ezra)라고 하는 사제가 바빌로니아에서 '모세의 토라'를 가져왔으며, 그것을 집회에서 읽어 주었

교양으로 읽는 세계종교사

다. 그러자 유대인들은 나라를 잃고 신전을 파괴당한 것은 자신들이 신을 등졌기 때문이라고 생각하며 참회를 하게 되었다. 이에 따라, 신에 대한 계약의 증거로서 안식일과 할례를 중시하게 되었다. 안식일은 '사바스(Sabbath)'라고 불린다. 세계를 창조한 신이 7일 째에 쉰 것에서 기인하여 금요일의 일몰 전부터 토요일의 일몰까지 모든 노동이 금지된다.

할례는 유대교 이외의 종교에서도 넓게 나타나지만, 유대교의 경우에는 생후 8일째의 남아에게 실시한다. 창세기에서는 아브라함이 99세에 할례를 받았다고 하는 기술이 있다. 여기에서 말하는 모세의 토라가 현재의 토라를 가리키고 있는지는 명확하지 않지만, 거기에 가까운 것이 낭독되었다는 것이다. 여기에 대해서는 제서諸書의 기하문서로 분류되는 '느헤미야서' 제8장 1절에 기사가 있다.

그 후 유대인은 일단 조국에 되돌아갔으며, 제2 신전이 재건된 AD 70년에는 로마제국에 대한 독립전쟁에 실패하고, 그 제2 신전도 파괴되었다. 그 이래로 유대인은 차츰 각지에 흩어져서 살게 되었으며, 그곳에서 '디아스포라'라고 하는 사태가 발생하게 되었다.

법의 준수는 민족의 아이덴티티를 지키기 위한 것

유대교뿐만이 아니라, 민족종교에 있어서 그 종교에서 신앙되는 신이 모셔지는 장소가 중요한 역할을 하게 된다. 일본의 신토[神道]도 민족종교의 하나로서 신사에 신을 모시는 것을 그 본질로 한다. 따라서 조국의 상실은 민족종교의 근간을 흔드는 사태가 되기 때문에 그 영향이 심각하다. 그 경우 유대교가 그 아이덴티티를 지키기 위해서 사용하는 것이 '신전의 종교'에서 '법의 종교'로의 전환이었다. 종교에 대해 생각해보면 '법'이라고 하는 인식은 극히 중요한 의미를 가지고 있다. 특히 유대교에서는 할랄(halal)로 불리는 유대법이 결정적인 중요성을 가지고 있다. 그 것은 이슬람교에서 '샤리아(Shari'ah)'로 불리는 이슬람법이 중시되는 것과 마찬가지이다. 이슬람교에서는 이러한 면에서 이슬람교의 특징을 전승해가고 있다. 불교에 있어서도 불법佛法이라는 방법이 중시되며, 그 법은 '다르마(Dharma)'로 불린다. 다르마에는 모든 존재가 공통적인 법칙성을 지니고 있다는 의미가 있으며, 세계를 움직이는 법칙과 원리로서 생각할 수 있다. 다만 불교도의 생활을 규정하며 규제하는 법률적인 성격은 부족하다.

한편 할랄과 샤리아의 경우에는 신자의 생활 방식을 규정하는 법률적인 측면이 강하다. 유대교도는 할랄을 본보기로 하여 그들의 생활을 성립해야 하며, 이슬람교도는 늘 샤리아에 비추어가면서 자신들의 생활을 규율하지 않으면 안 된다. 다만 같은 일신교라 해도 기독교에는 할랄이나 샤리아에 필적할 특유의 법이 없다는 것에 커다란 차이점이 있다(그 의미와 영향에 대해서는 다음 절에서 상세하게 서술한다).

신앙에는 '느낌'보다 '행동'이 요구된다

일신교라고 하면 일반적인 이미지는 이 세계를 창조한 유일 절대를 신앙하며, 귀의하는 것에 본질이 있는 것처럼 생각된다. 하지만 유대교나 이슬람교에서는 신보다도 신에 의해 정해진 법이 신자의 현실 생활에서는 중요하다. 법을 충실하게 따르는 것에 의해서 정해진 일을 실천하는 것이야말로 신앙의 증거가 된다. 일본인들은 이러한 종교에서의 법의 중요성을 이해할 수 없지만, 유대교와 이슬람교의 신앙의 본질을 이해하기에는 각각의 법에 대해서 알 필요가 있다.

할랄은 히브리어로 '가다', '걷다'라는 의미를 가진 동사에서 유래했으며, 유대인이 걸어야 할 길을 의미한다. 할랄의 구체적인 내용은 토라(모세 5경)에 나타나 있지만, 상세한 규정은 스승에서 제자에게로 구전 전승되어 온 '미쉬나(Mishnah)'에 제시되어 있다. 유대인이 세계 각지에 흩어져 있어도 민족집단으로서 통합을 꾀하는 것이 가능한 것은 미쉬나의 성립에 의해서 유대법의 체계가 명확하게 되었기 때문이다. 이러한 체제는 '랍비 유대교'로 불린다. 랍비는 유대교의 지도자이자 학자를 말한다.

7
유대교는 어떻게
현대까지 살아남았는가

기독교·이슬람교권 안에서 활동을 허가 받다

유대인이 독자적인 법을 따라서 그 생활을 성립시키게 되었다고 하는 것은 주위의 인간들과는 다른 세계를 구축했다는 것을 의미한다. 디아스포라 상황에 처한 유대인은 기독교가 확산된 지역 혹은 이슬람교가 확산된 지역 안에서 생활하고 있다. 기독교 세계에서는 다른 신앙을 가진 이교도 혹은 정통의 신앙에서 벗어난 이단은 철저하게 탄압했다. 다만 유대교는 기독교를 낳은 모체가 된 종교라서 "특별한 법규에 따라 통제하에 두었다".

여기에 비해서 이슬람교 세계에서는 '책의 사람들[성서의 백성들]'이라는 인식이 있으며, 유대교도는 기독교도와 함께 거기에 포함시켰기 때문에 "피보호민으로서 생명과 재산을 보호받는" 종교적 자치가 허락되었다. 따라서 동쪽은 아프가니스탄으로부터 서쪽으로는 스페인의 북단까지 확장된 이슬람교 세계에서 유대인은 이동의 자유를 보호받았으며, 상업민으로서 활동할수 있었다. 유대상인은 이슬람상인과 함께 활발하게 무역에 종사했다(이치카와 히로시[市川 裕]『유대인과 유대교』岩波新書).

또한, 기독교 유럽에서는 유대인은 게토(ghetto)로 불리는 폐쇄적인 자치공동체 안에서 생활하게 되었으며, 주위로부터 자신들을 격리시키고, 철저하게 할랄에 충실하고자 했다. 그리고 '시나고그(synagogue)'라고 하는 유대교도 전용의 회당을 세웠다. 시나고그는 장방형으로서 그 한 쪽이 예루살렘의 방향을 향해 있으며, 내부에는 두루마리 토라가 모셔져 있다. 시나고그는 예배와 집회, 의식의 장이다.

근대를 지나면서 신앙생활은 내면화되고, 미국으로 확산되다

근대에 들어서면서 유럽에서는 시민혁명을 거쳐서 국민국가가 형성되었다. 국민국가는 국가 전체에 공통된 세속적인 법률에 의해서 성립된 사회이며, 그 안에서는 독자적인 법을 가질만한 민족집단은 존속이 허락되지 않았다. 국민국가 중에서 유대인도 게토를 나와서 한 국민으로서 할랄이 아닌 국가의 법률에 따라야만 했다. 국가에 충성을 다하는 것이 전제되었으며, 유대교는 민족집단의 법적인 규범으로서가 아닌, 내면적인 신앙에 기초를 둔 '종교'로서 밖에 허용되지 않게 되었다.

그러한 상황 하에서 기독교로 개종하는 유대교인도 많이 나타났는데, 유대인에 대한 차별이 일소된 것은 아니었으며, 최종적으로는 나치에 의한 대량학살, 쇼어(Shore; 유대인 대량학살 기록 다큐멘터리)[11]로 가게 되었다. 그러한 사정이 진행되는 과정 중에 좀 더 자유로운 환경을 찾아서 아메리카로 이주한 유대인들이 증가했으며, 미국의 대도시에는 유대인 거리가 형성되게 되었다.

유대인 국가건설을 목표로 하는 시오니즘이 탄생하다

또 다른 하나의 큰 흐름으로서, 유대인 국가를 건설하려고 하는 '시오니즘' 운동이 일어났다. 그 운동의 제창자는 오스트리아에 동화되고 있던 테오드르 헤르츨(T. Herzl)이었는데, 그 계기가 된 것을 19세기 말에 일어난 '드레퓌스사건'이었다. 이것은 유대계 프랑스인이었던 알프레도 드레퓌스(Alfred Dreyfus, 1859~1935) 대위가 스파이로 체포되었던 억울한 사건이었다. 이 사건을 취재했던 테오도르에게는 유대인이 아무리 유럽 국가에 동화하려 해도 차별을 면할 수 없는 현실이 다가왔다. 그것이 시오니즘의 운동으로 발전하게 되었는데, 당초부터 현재의 이스라엘이 있는 장

11　「나치에 의한 유대인 대학살」을 가리키는 용어로 '쇼어(shore)'가 사용되기도 한다. '쇼어'는 프랑스 유대인 영상 작가 클로드 란즈만에 의해 제작된 유대인 참사 관련 다큐멘터리의 제목이며, 1995년에 일본에서 방영된 이후에 이 용어가 사용되기 시작했다고 한다. 역자주.

소에 유대인 국가의 건설이 목표로 정해졌던 것은 아니었다. 또한 시오
니즘이 유대인 전체의 찬동을 얻은 것도 아니었다.

하지만 오스만제국의 쇠퇴와 함께 예루살렘에 들어가 사는 유대인이
늘어났으며, 대량학살을 지나서 제2차 세계대전 후의 이스라엘의 건국
으로 맺어지게 되었다. 이는 아랍제국의 이슬람교도와의 대립을 만들어
내게 되었으며, 끊임없이 전쟁과 테러 등이 반복되는 원인이 되기도 한
다. 시오니즘은 본래 종교적인 운동보다도 정치적인 운동으로서의 성격
이 강하지만, 유대교의 종교사상에서 특히 주목되는 것은 신비주의의 계
보이다.

유대교 신비주의와 세 가지 종파

신비주의는 어느 종교에서도 볼 수 있는 보편적인 현상이다. 특히 제
도화가 진행되면서 종교조직에서 유연성이 사라져가면 그 반동으로서
신비주의적인 방향성을 지향하는 움직임이 생겨난다. 유대교에서는 절
대적인 신을 직접적인 형태로 체험하고자 하는 신비주의의 경향이 최
초부터 생겨났는데, 13세기경부터 일어난 '카발라(Kabbalah)'와 18세기
초부터의 '하시디즘(Hasidism)'이 주목된다.

유대교는 크게 나누면 전통을 철저하게 따르는 정통파, 아메리카에
서 생겨난 보수파, 독일에서 생겨나서 의식의 간소화 등을 실천하는 개
혁파로 나뉜다. 정통파 유대교에 있어서는 토라의 율법으로서의 측면
이 중시되면서 신화적인 요소와 상징적인 해석을 상실하기에 이르렀

다. 그것을 다시 회복하고자 하는 것이 '카발라'운동이며, 신의 내적인 구조를 의미하는 '세피로트(Sephiroth)'를 추구하게 되었다. 이즈츠 토시히코[井筒俊彦]는『의식과 본질』(岩波新書)에서 이 세피로트를 밀교의 만다라와 융 심리학의 원형과 통하는 인간의 심층의식의 반영으로서 파악하고 있다.

카발라의 운동이 사상적·철학적인 경향을 강하게 띠고 있는데 비해서 정통파 안의 하시디즘은 오히려 민중적인 성격이 강하다. 그 시조가 되는 이스라엘 벤 엘리에젤(Israel ben Eliezer, 1698~1760)이라는 인물은 민간의 신앙치유자였으며, 초자연적인 힘의 실재를 강조했다. 하시디즘의 계보 안에서는 곧 운동을 지도할 짜디끄(tzaddiq; 義人)의 신격화가 진행되었으며, 그러한 인격을 통해서 신과 직접적인 교류를 회복하려고 생각하게 되었다.

유대교가 사상·학문·예술의 거인들을 차례로 배출하다

마지막으로 한 가지 주목하지 않으면 안 되는 것이 근대의 서구사회에 있어서 유대인 사상가, 학자, 예술가의 영향이다. 스피노자부터 시작하여 마르크스, 프로이트, 베르그송, 훗설, 말러, 프루스트, 아인슈타인, 카프카, 모딜리아니, 샤갈, 레비스트로스 등의 이름이 떠오르는데, 이 사람들을 배제한다면 근대의 문화사가 성립되지 않을 정도이다.

그들 다수가 유대교의 신앙을 지키고 있는 것은 아니고, 기독교로 개종했지만 이러저러한 형태로 유대교의 영향을 받고 있다. 일례를 들자면, 마르크스의 자본주의 붕괴의 예언은 이미 접했던 유대교의 종말론을 모델로 하고 있다. 다만 그 영향력의 크기에 비해서 유대인의 수는 결코 많지 않다. 게다가 대학살에 의해서 유대인 인구의 약 37%가 사라졌다. 2017년의 시점에서 유대인은 세계 전체에서 대강 1451만 명으로 추산되고 있기 때문에, 도쿄[東京]의 인구를 넘어서는 정도이다(도쿄의 인구는 2019년 10월 현재 약 1400만 명). 그 중에서 유대인이 가장 많이 분포하고 있는 지역은 유대인 국가인 이스라엘(645만 명), 인종의 용광로로도 불리는 미국(570만 명)이다.

제 3 장

기독교는
어떻게
탄생하고
전개되었는가

대박해에서 세계종교로

1
가톨릭의 성직자는
왜 독신이어야 하는가

성직자의 대처對妻를 금지하는 종교는 드물다

앞장에서 본 것처럼 유대교의 성전인 토라는 기독교의 입장에서는 구약성서의 최초의 5장에 해당한다. 이는 '모세 5경'으로 불린다. 그 점에서 유대교와 기독교는 성전聖典을 공유하고 있으며, 거기에서 얘기되는 가르침에 대해서도 기독교가 유대교를 답습하고 있는 부분이 있다. '유대기독교'라는 인식이 있는 것도 이러한 점을 반영하고 있다.

이슬람교에 대해서는 그 성전인 꾸란 안에 유대교의 모세와 기독교의 예수 그리스도가 등장한다(모세는 무세, 예수는 이세로 불린다). 이슬람교가 선행하는 두 일신교로부터 영향을 받고 있는 것은 명확하다. 하지만 어느 한 가지 점에서 기독교는 유대교와 이슬람교와도 달라지고 있다. 그 차이점은 기독교의 성격이나 특수성의 측면에서 결정적인 의미를 갖는데, 그것은 바로 성직자에게 독신의 의무가 부과되는 지의 여부이다.

일본인들은 불교와 깊은 관계를 지녀왔기 때문에 성직자인 승려가 독신을 지킨다는 인식에 익숙하다. 현재의 승려는 대부분이 대처이지만 메이지시대 이전에는 승려는 출가자이며, 대처하지 않는 것이 원칙이었다. 그 증거로서 승려가 득도得度하면 대부분 삭발을 한다. 일본에서는 역사가 흐르면서 재가불교在家佛教의 경향이 강해졌으며, 정토진종淨土眞宗이 그러한 것처럼 승려 중에서도 대처하여 가정을 갖는 자가 늘어나고 있다. 하지만 승려가 독신을 지키는 것은 붓다 이래의 전통이며, 그것이 인도에서부터 중국, 그리고 일본으로 전해졌다.

기독교의 가톨릭인 경우, 성직자인 신부와 수도사, 수녀는 평생 신에게 봉사하는 서원을 세우고, 독신을 지키며 가정을 갖지 않는다. 개신교에서는 이러한 성직자 방식이 부정되며, 목사는 속인으로서 생활을 하지만 동방교회(러시아정교회나 그리스정교 등)에도 독신을 지키는 사제가 있다. 정교회의 성직자는 '신품神品'으로 불리며, 신품 중에서 보제輔祭·사제司祭는 대처가 가능하지만, 사도使徒의 승계자가 되는 주교는 결혼이 허락되지 않는다.

세계의 종교에서 성직자에게 독신의 의무가 부여되는 제도가 존재하는 것은 기독교와 불교뿐으로 타종교에는 존재하지 않는다. 기독교와 밀접하게 관계가 있는 유대교와 이슬람교에도 성직자는 속인으로서 종교상의 이유에서 독신을 지키는 자는 없다. 이 점이 기독교의 특수성을 형성하는 결정적인 의미를 갖고 있다. 다만 일본인은 불교에 익숙하고 친

교양으로 읽는 세계종교사

밀하기 때문에 기독교의 방식이 타종교와 다르다고는 느끼지 않는다.

원죄의 관념이 성직자에게 대처를 금하게 하다

기독교가 성직자에게 독신을 요구하는 것은 원죄의 관념이 있기 때문이다. 그것은 제2장에서도 접근했던 구약성서의 창세기에 있는 인류 창조의 이야기에 근거하고 있다. 신에 의해서 창조된 최초의 인류인 아담과 이브는 에덴동산으로 불리는 낙원에서 살았다. 다만 신으로부터 그 중심에 자라고 있는 선악을 아는 나무에 열린 열매만은 먹어서는 안 된다고 명령을 받았다. 하지만 이브 앞에 뱀이 나타나서 그녀에게 나무 열매를 먹으라고 유혹했다. 이브는 그 유혹에 져서 나무 열매를 먹고 말았으며, 게다가 아담까지 유혹했다. 나무 열매를 먹은 두 사람은 자신들이 나체라는 사실을 처음으로 알아채고 그것을 수치스럽게 느끼게 되었다.

그로 인해 신은 두 사람이 자신이 내린 율법을 어긴 것을 알고, 그들을 낙원에서 추방했다. 에덴동산에서 추방된 아담과 이브는 겨드랑이에 땀을 흘리며 노동해야 하는 의무가 주어지는 동시에 죽음을 운명적으로 타고 나게 되었다. 약속을 깬 것이 중대한 결과를 불러오게 되었다는 전개는 어느 나라, 어느 민족의 신화에도 나타난다. 예를 들면, 일본의 신화에서 이자나기노미코토[伊邪那岐命]는 황천국에 간 아내 이자나미노미코토[伊邪那美命]로부터 자신의 모습을 보면 안 된다는 명을 들었지만 그것을 어기고 말았다. 이러한 점에서 신화로서는 희귀한 것은 아니라고 말할 수 있지만, 중요한 것은 기독교는 이 이야기에서 원죄의 관념을 끌어냈다는 것이다. 유대교도 이 이야기를 공유하고 있지만 원죄의 관념을 만들어내지는 않았다. 그리고 기독교에서는 사탄에게 유혹당한 아담과 이브는 나무 열매를 먹은 것으로 성의 쾌락을 알게 된 것으로 인식하게 되었다. 성직자에게 독신이 의무로 지워지게 된 것도 원죄라는 기독교 특유의 관념이 생겨났기 때문이다.

명확하게 나타나게 된 성과 속의 분리

성직자에게 독신이 의무화되는 제도가 확립된 것은 큰 의미를 갖는다. 왜냐하면 그것에 의해서 성의 쾌락을 일체 추구하지 않는 신성한 세계와 성의 쾌락을 구하는 것이 허락되는 세속의 세계가 근본적으로 대립하는 것으로서 인식되기 때문이다. 이는 종교의 정의와도 관련이 있다. 종교의 정의에 대해서는 옛날부터 여러 형태의 시도가 있었으며, 거기에는 정의를 시도하는 사람의 종교관이 어떤 식으로든 반영되어왔다. 종교의 정의는 다양하게 이루어지고 있지만, 그 중 프랑스의 에밀 뒤르켐의 정의가 높이 평가된다.

뒤르켐의 종교 정의의 특징은 종교의 본질이 성과 속의 분리에 있다는 것을 명확히 한 것에 있다. 거기에는 기독교에 있어서 신성한 세계와 세속의 세계가 근본적으로 다른 것으로서 파악된다는 것이 영향을 주고 있다. 이는 불교에도 꼭 들어맞기 때문에 일본에도 뒤르켐의 정의가 적용될 수 있는 것이 적지 않다(덧붙여서 사전의 대표인 『廣辭苑』의 종수宗數의 항목에도 뒤르켐의 정의를 기저에 깔고 있다).

신약성서의 권두에 수록된 '마태복음'에는 "시저의 것은 시저에게로, 신의 것은 신에게로"라는 표현이 있다. 이는 로마황제에 의해 지배되는 세속의 세계와 신에 의해 지배되는 신성한 세계를 구별하려고 하는 기독교의 인식을 보여주는 것이다. 이러한 성과 속을 근본적으로 구별하는 발상은 유대교에는 없는 것이었으며, 또한 이슬람교에도 없는 것이다.

앞장에서 서술한 것처럼 유대교에서는 '할랄'이라고 하는 유대법이 유대교도의 생활을 규율하는 역할을 맡고 있다. 이슬람교에서는 이슬람법인 '샤리아'가 같은 역할을 맡고 있다. 하지만 기독교에서는 성스러운 세계와 속된 세계를 함께 규율하는 법이 존재하지 않는다. 그것도 성스러운 세계와 속된 세계가 근본적으로 다른 것으로서 이해되고 있기 때문이다. 성직자의 독신이라고 하는 방식은 두 세계의 분리를 상징하고 있다. 신부와 수도사가 되면 '종생서원終生誓願'을 세우게 되는데, 이에 따라 기독교의 성직자는 세속의 세계를 떠나서 성스러운 세계의 일원이 되는 것이다. 기독교는 유대교에서 생겨난 종교이다. 예수 그리스도는 유대인이며, 그의 사도들도 모두 유대인이다(예수도 그를 배신한 유다도 모두 유대인이었다는 것을 잊어서는 안 된다). 그러므로 당초의 기독교에서는 유대교의 개혁운동으로서의 성격이 있었지만, 반드시 종교로서 독립하려 했던 것은 아니었다.

기독교가 유대교의 틀을 벗어난 것은 예수의 사후에 예수를 구세주로서 신앙하게 된 바울이 그의 신앙을 유대인 이외의 사람들에게 전하려 했던 때부터이다. 바울 자신은 유대인이지만 그의 포교활동을 통해서 기독교는 로마제국에 확산되었다. 그로 인해 기독교는 민족종교의 틀을 벗어나서 세계종교로 발전하게 된 것이다.

세속법과의 역할분담으로 세계종교로

로마제국에서는 이미 BC 5세기 중엽부터 '로마법'이 성립되었으며, 세속사회를 규율하는 법률로서 기능하고 있었다. 그 때문에 기독교라고 하는 종교가 확산되는 단계에서는 세속의 세계도 포함하는 종교법의 확립을 필요로 하지는 않았다. 역으로 말하자면, 로마제국이 요구한 것은 성스러운 세계와 속된 세계를 분리한 다음에, 성스러운 세계만을 규율하는 종교였다고 말할 수 있을 것이다. 바로 그 조건에 기독교가 합치했던 것이다.

스페인 바르셀로나의 사그라다 파밀리아. 기독교는 성스러운 세계만을 규율하는 입장을 취했기 때문에 세속의 권력과 공존했으며, 세계종교로서의 전개를 실현했다.

만약 그렇게 세속의 세계에도 적용될 수 있는 기독교법이라는 것이 확립되었다고 한다면 로마법에 저촉되는 부분들이 나와서 양자는 충돌에 이르게 되었을 것이다. 또한 그러한 점은 기독교에 국경을 넘어서 확산될 여지를 부여했다. 기독교는 어디까지나 종교로서 혹은 신앙으로서 민족과 국가의 틀을 넘어서 확산되었다. 그리고 민족과 국가를 지배하는 세속의 권력과도 병립하고 공존하는 것이 가능했다. 그러한 점이 유대교와 이슬람교와는 달랐다.

2
복음서와 바울의 서신에
숨은 수수께끼

예수의 생애를 이야기하는 복음서

기독교는 영어로는 'Christianity'로 표기된다. 라틴어로는 'Religio Chris-
tiana'이다. 그 의미는 나사렛 예수를 구세주로서 신앙의 대상으로 한다
는 것이다. 예수는 일반적으로 기독교라는 종교를 시작한 교조, 개조로
서 자리매김되고 있다. 일본의 불교종파의 종조 중에는 예를 들어 니치
렌[日蓮][12]처럼 새로운 종파를 열었다고 선언한 자도 있지만, 예수는 기

---

12   니치렌[日蓮, 1222~1282]은 가마쿠라시대에 활동했던 승려이며, 일련종(=법화종)의
      종조이다. 공격적인 포교활동으로 인해 다른 불교종파의 미움을 받아 당시 사도[佐
      渡]로 유배를 당하기도 했다. 유배형의 사면을 얻은 후에 위장에 병을 얻어 사망했

독교의 개교開敎를 선언하지는 않았다. 오히려 죽고 난 후에 예수를 구세주로서 신앙하는 사람들이 생겨나서 그에 따라 기독교가 탄생하게 된 것이다. 예수가 어떤 생애를 걸었는지, 어떠한 가르침을 말했는지는 신약성서의 최초 부분을 구성하고 있는 복음서 안에서 이야기되고 있다.

복음서에는 '마태복음서', '마가복음서', '누가복음서', '요한복음서'의 네 가지가 있으며, 각각의 내용은 다르다. 이 중에서 마가, 마태, 누가복음서의 내용에는 중복되는 부분이 있기 때문에 '공관복음서共觀福音書'[13]로 불리고 있다.

예수를 말하는 확실한 사료는 이 밖에 존재하지 않는다

수록된 순서와는 달리, 최초로 작성된 것이 마가에 의한 복음서이다. 마태와 누가는 마가와 'Q자료'로 불리는 별도의 자료를 기본으로 하여 작성된 것이다. Q자료는 학문적으로 상정된 것으로서, 실제로는 발견되어 있지 않다. Q는 독일어로 Quelle(원천, 원전)에서 유래한 것이다. 요한에 의한 복음서는 마지막에 쓰인 것으로서 신학적인 성격이 농후하고, 공관복음서와는 구별되고 있다.

다. 사망 후에 황실로부터 니치렌 대보살이라는 시호를 받기도 했다. 역자주.

13 '공관복음서'라는 개념을 처음 제기한 학자는 '그리스바하'(Griesbach, 1745~1812년)였다. 요한복음의 경우, 공관복음서와 부분적으로만 일치할 뿐 기사의 배열이나 내용상 차이가 나기 때문에 '제4복음서'(the Fourth Gospel)라 한다. 역자주.

다만 복음서 이외에 예수의 생애가 어떠했는지를 말하는 역사적 사료는 존재하지 않는다. 유대인 역사가인 플라비우스 요세프스(Flavius Josephus, 37?~100?)의 『유대 古代誌』에는 예수에 대해서 쓴 부분이 있는데, 요세프스는 예수의 사후에 태어났기 때문에 동시대의 사료라고는 말할 수 없다. 예수에 대해서 쓴 부분은 후세에 쓴 가필이라는 설도 존재한다. 그러나 최초에 이루어진 마가복음서도 예수 사후 30년 이상이 경과한 AD 65년부터 70년 경에 성립된 것으로 생각되기 때문에 역사적인 사실을 반영하고 있는지 아닌지는 의심스럽다.

각지의 신도를 향해서 쓰인 바울서신

여기서 문제를 삼지 않으면 안 되는 것이 신약성서에 수록된 바울의 서신이다. 이미 서술한 것처럼 바울은 기독교를 유대교 이외의 '이교도'에게 확산시킨 큰 공적을 남겼는데, 서간문 안에서 공관복음서에 말한 것과 같은 예수의 언동에 대해서는 거의 언급하지 않고 있다.

다만 하나의 예외가 바울이 십자가에 매달리기 전의 예수가 '최후의 만찬'의 장면에서 한 얘기이다. 바울의 '코린트 신도에의 편지1'에는 다음과 같이 기록되어 있다.

"내가 당신에게 전하는 것은 내 자신의 주에게서 받은 것입니다. 그때 주 예수는 잡혀가 인도되던 밤에 빵을 취하여 기도를 드리고 그것을 갈라서 '이는 너희를 위한 나의 몸이다. 나의 기념으로 이렇게 행하라'하고 말씀하셨습니다. 또한 식사 후에 잔도 똑같이 하여 '이 잔은 나의 피에 의해 세워진 새로운 언약이다. 마실 때마다 이렇게 행하라' 하고 말씀하셨습니다. 그러므로 그대들은 이 빵을 먹고 이 잔을 마실 때마다 주가 오실 때까지 주의 죽음을 알리는 것입니다(제11장 23~26절)"

이와 가까운 내용은 마태에 의해 쓰인 복음서에도 있는데, 다음과 같다.

"일동이 식사를 할 때, 예수는 빵을 취하여 찬미의 기도를 드리고, 그 것을 쪼개어 제자들에게 주면서 말씀하셨다. '받아서 먹어라. 이것은 나의 몸이다' 또한 잔을 취하여 감사의 기도를 드리고 제자들에게 건 네면서 말씀하셨다. '모두 이 잔을 마셔라. 이는 죄를 사하기 위해서, 많은 사람들을 위해서 흘리는 나의 피, 언약의 피이다. 말하거니와, 나의 아버지의 나라에서 너희와 함께 새로 마시는 그날까지 지금 이 후 포도의 열매로 만든 것을 마시는 일은 결코 없을 것이다' 일동은 찬미의 노래를 부르면서 감람산으로 출발했다(제26장 26~30절)"

이외에는 바울은 예수가 말한 것을 언급하지 않았다. '너의 이웃을 너 자신과 같이 사랑하라'고 하는 이웃사랑의 가르침에 대해서는 언급하고 있지만, 이는 구약성서에서도 서술하고 있는 것이며, 반드시 예수 특유 의 가르침이라고는 말할 수 없다. 바울이 서신 안에서 반복적으로 적고 있는 것은 십자가에 매달려 죽임당한 예수가 3일 째에 부활했다고 하는 것이다. 바울의 서신을 읽은 바로는 예수가 무엇을 하고, 무엇을 말했는지 그것은 의외일 정도로 명확하지 않다. 왜 바울은 예수의 언동에 대해서 서술하지 않은 것일까. 이 시기에 공관복음서는 성립되어 있지 않았다. 따라서 바울이 예수의 언동에 대해서 공관복음서의 기술에 맡겨둔다는 것은 있을 수 없다. 오히려 지금 보는 것처럼 복음서가 바울의 서신을 기반으로 예수에 대해서 기술했을 가능성이 짐작된다.

예수의 언행은 실제로는 수수께끼이다

 바울이 예수의 언행에 대해서 거의 말하지 않은 점을 문제로 삼은 것은 많지 않다. 나는 Tom Harpur(1929~2017)의『그리스도신화 : 우상은 어떻게 만들어졌는가(원제 : The Pagan Christ)』를 번역하는 과정에서 이 책으로부터 배웠다. 이는 놀라운 것이다. 왜 거기에 주의를 기울이지 않

레오나르도 다빈치 '최후의 만찬'. 산타 마리아 델레 그라치수도원(밀라노)의 식당에 그려졌다. 420×910cm.

교양으로 읽는 세계종교사

는 것일까. 그것은 신약성서의 구성이 교묘하게 되어있기 때문이다.

최초에 공관복음서와 요한복음서가 수록되고, 다음으로 예수의 제자인 사도들의 행장을 기록한 '사도행전'이 있다. 그 중에는 바울의 행장에 대해서도 서술하고 있다. 그 다음에 바울에 의한 서신이 수록되었으며, 다른 사도들에 의한 서신이 있고, 마지막으로 '요한묵시록'이 수록되어 있다.

그렇다면 실제의 성립 순서는 어떻게 되는 것일까. 가장 오래된 공관복음서는 마가에 의한 것이 AD 70년대이며, 마태와 누가에 의한 것은 80년대에 완성된 것으로 생각된다. 요한복음서는 90년경으로 짐작되고 있다. 사도행전은 누가복음서와 같은 인물이 쓴 것은 아닐까 생각되고 있으며, 그 성립은 90년대이다.

바울의 서신이 기록되고, 그리고 복음서가 기록되었다

바울의 서신은 AD 50년부터 56년의 사이에 쓰였던 것으로 생각된다. '공동서신'으로 불리는 바울 이외의 사도들에 의한 서간은 70년부터 150년 정도에 성립되었으며, 요한묵시록은 96년경에 기록된 것으로 생각된다. 결국, 가장 이른 것은 바울서신으로서 그다음에 각각의 복음서가 편찬되었으며, 그에 병행하여 바울 이외 사도들의 서신이 기록된 것이다. 그리고 그 사이에 요한복음서, 사도행전, 그리고 요한묵시록이 만들어지게 된 것이다.

예수가 십자가에 매달려 죽임당한 것은 AD 28년 경의 일이며, 바울이 기독교를 로마제국 안에서 포교하던 중에 순교한 것은 60년대 후반이었다. 복음서도 사도행전도 거기에 묘사된 인물이 죽고 나서 꽤 세월이 지나 만들어진 것이다.

'부활신앙'이 남아있는 교도의 기둥이 되다

이러한 것을 짚어보면 역사적인 사실이 다음과 같은 것은 아닌지 추정해볼 수 있다. 예수가 십자가에 매달려 죽은 뒤 3일 째에 부활했다고 하는 신앙이 생겨났는데 이것이 기독교의 원형이다. 바울은 최초에는 기독교도를 박해하는 측이었지만 회심을 통해서 기독교도가 되었다. 당시 기독교도 집단 안에는 부활신앙 이외에 예수가 어떤 생애를 보냈는지, 어떠한 가르침을 말했는지는 아직 전승되지 않고 있었다. 그 때문에 바울서신 안에서 예수의 언행에 대해서는 거의 접근하지 않고 있다. 바울이 전한 것은 예수의 부활이 최후의 심판 후에 일어나는 인류 전체의 부활을 예언하는 것이라는 신앙뿐이었다. 그러한 신앙이 공유되고 있던 과정에서 예수의 생애를 미화하려고 하는 움직임이 생겨나서 신성한 존재로서의 예수에 어울리는 언행에 대한 전승이 만들어졌다. 맨 처음 그것은 신자들 사이에서 구전으로 전해질뿐이었지만 머지않아 복음서에 포함되게 되었다. 공관복음서가 세 개나 존재하는 것도 수많은 전승이 있었기 때문일 것이다.

바울에게 찾아온 불가사의한 회심 체험

그것은 AD 34년경의 일이었기 때문에 예수 그리스도가 죽고 나서 아직 얼마 안 된 시기의 일이다. 사울이라는 인물이 있었다. 그는 원래 유대인의 천막을 만드는 사람이었다. 유대교의 지도자인 랍비에게 배웠으며, 그의 관점에서 당시 신흥종교로서 그 세력을 확장하고 있었던 기독교에 반대하여 박해하는 측에 서게 되었다. 사울은 예수의 제자들을 죽이려고까지 생각했다.

하지만 사울이 예루살렘에서부터 현재의 시리아 남부에 있는 다마스커스로 향할 때 갑자기 하늘로부터의 빛이 내려와 비추는 체험을 한다. 사울이 땅에 엎드리니, "사울아, 사울아, 왜 나를 박해하는가?"라고 하는 음성이 들려왔다. 사울이 "주여, 당신은 누구십니까?"라고 묻자, 그 목소리는 "나는 네가 박해하고 있는 예수이다. 일어나서 마을로 가라. 그리하면 네가 해야 할 일을 알 수 있을 것이다"라고 일렀다. 사울은 그 목소리에 따라서 일어섰지만, 눈을 뜨고도 볼 수 없었다. 그는 동행한 사람들과 함께 다마스커스에 갔지만 3일간 눈이 보이지 않았고, 먹을 수도, 마실 수도 없었다. 다마스커스에서 사울은 예수의 제자 한 사람으로부터 세례를 받았다.

사울에게 무슨 일이 일어났는가?

사울이 곧 바울이다. 사울은 유대 이름이고, 그리스어로는 바울이다.

이 바울의 회심이라고 하는 것은 기독교의 박해자가 신자로 바뀌었다는 점에서 초기 기독교의 역사에서 극히 중요한 사건이었다. 다만 바울 자신은 신약성서에 수록된 서신 중에서 이 사건에 대해서는 꼭 상세히 서술하고 있지는 않다. 가장 상세한 것이 '갈라디아인에게로의 편지'이다. 거기에서도 "내가 신의 아들을 이방인들 가운데 알리도록 하기 위해 아들을 내 안에 계시했다"고 서술하고 있을 뿐이다. "아들을 내 안에 계시하다"라는 부분이 회심을 가리키고 있는 것으로 해석할 수 있지만 구체적인 것은 말하고 있지 않다. 이 절의 최초 부분에서 다룬 바울의 회심의 이야기는 사도행전에서 서술된 것이다. 그러한 점에서 바울의 강렬한 회심의 체험은 사도행전의 작자의 창작일 가능성이 높다. 그것은 전설이나 신화였으며, 반드시 역사적 사실이라고는 할 수 없다.

다만 기독교의 신자는 신약성서에 기록된 일을 의심하거나 하지는 않는다. 그 때문에 바울의 회심 체험은 기독교도에 있어서 모델의 역할을 해내게 된 것이다. 그때까지 예수를 구세주로서 생각하지 않았던 사람이 왜 그 사실을 받아들이게 되었을까? 바울의 체험은 그 행로를 보여준 것이다.

　　　　　　　　　　　　　　　　　　　교양으로 읽는 세계종교사

3
세계의 종말은
어떻게 이미지화되었는가

예수 재림 전에 찾아오는 세계의 붕괴를 말하는 '요한계시록'

신약성서는 예수 그리스도가 십자가에 매달려 죽고 나서 부활한 것은 장래에 구세주로서 재림하는 예언이라고 해석하고 있다. 그리고 앞의 장에서도 접근한 것처럼 구세주, 메시아의 출현은 구약성서에서 예언되어 있다고 하는 것이 강조되고 있다. 공관복음서는 예수가 왜 구세주로서 적합한 존재인가를 얘기하는 것을 목적으로 하여 저술된 것이다. 다만 예수가 재림하여 '천년왕국'이 출현하기 전의 단계에서는 세계에 괴멸적인 위기가 찾아오게 된다. 그 과정을 묘사하고 있는 것이 신약성서의 맨 마지막에 수록된 '요한계시록'이다.

이 문서에는 요한의 이름이 붙어있는데, 그것은 전통적인 그리스도 제자의 한 사람인 사도 요한이라고 생각되어 왔다. 요한이라고 하면 예수에게 세례를 베풀어준 세례자 요한도 존재하는데, 제자 쪽은 사도 요한으로 불린다. 사도 요한은 '요한복음서'와 3통의 '요한의 편지' 그리고 '요한계시록'의 작자로 생각되어 왔다. 다만 현대의 성서학에서는 그렇게 인식되고 있지 않다. 신약성서의 경우, 각각의 문서의 작자가 누구인가를 특정하는 것은 어렵다고 한다. 요한계시록의 작자는 자신이 본 것을 엮고 있지만, 그것은 모두 실제로 눈으로 본 일이 아니고 환상이며, 종교적인 비전(vision)이다. 그렇기 때문에 상징적인 표현이 곳곳에 사용되고 있으며, 그것을 어떻게 해석하는가는 각각의 해석자에게 맡겨지는 형태로 되어 있다.

예를 들어, 제6장에서는 새끼 양이 일곱 개의 봉인을 여는 얘기가 나온다. 최초의 부분을 인용하면 다음과 같다.

> 또한 내가 보고 있으니, 새끼 양이 일곱 개의 봉인 중 하나를 열었다. 그러자, 네 마리의 생물 중 하나가 우레같은 목소리로 '나와라!' 하는 것을 내가 들었다. 그리고 보고 있으려니, 흰 말이 나타났는데, 타고 있는 자는 활을 들고 있다. 그는 관을 받고, 승리하고 나서 거듭 승리를 얻으려고 나왔다.
>
> 이어서, 제2의 봉인이 열리면, 붉은 말이 나타나며, 제2, 제3, 제4와 검은 말과, 청색 말, 흰색 말이 나타난다. 그리고 제5의 봉인이 열리면 순교자로 생각되는 존재가 나타나며, 제6의 봉인이 열리면 대지진이 일어나고, 태양이 어둡게 변하며, 달은 피처럼 되고, 하늘의 별이 지상에 떨어진다. 그리고 제7의 봉인이 열리면 반 시간 정도 침묵에 싸여 있다가 곧 7인의 천사가 나타나서 각각 나팔을 분다.

천사가 나타나 나팔을 불게 되면 그것은 행운이 찾아오는 것을 보여주는 것처럼 생각될지도 모르지만 '요한계시록'에서는 전혀 다르니, 그것은 대량학살의 신호이다. 제1의 천사가 나팔을 불면 피가 섞인 우박이 지상에 내리쏟아지는데, 지상의 3분의 1이 불타고 나무들도 3분의 1일 불타버린다. 그리고 제6의 천사가 나팔을 불면, 인간의 3분의 1을 죽이기 위해 4인의 천사가 풀려나온다. 제7의 천사가 나팔을 불면 메시아가 등장하며, 이 세계가 그 메시아에 의해 통치되게 되었음을 알린다. 그러나 거기에서 살육을 동반하는 처참한 사건에 종지부가 내려진 것은 아니다. 요한계시록은 끝없이 이어지는 신의 분노에 의해서 세계가 파괴되어 가는 모습을 편집하고 있다. 죄를 범한 자는 전부 처참한 죽음을 당하게 되는 것이다.

드디어 예수가 나타나서 바른 자를 천국으로 인도하다

최종적인 구제가 약속된 것은 최후의 제22장에서부터이다. 거기에서 예수의 재림이라는 것이 알려지게 된다. 예수는 "보라, 내가 곧 올 것이다. 나는 응답을 가지고 오리니, 각각의 행동에 맞는 응답이다. 나는 알파요 오메가이다. 최초이며, 최후인 자, 시작이며, 마지막이다"라고 선언한다.

'마가복음서'에서는 3일째에 부활한 "주 예수는 제자들에게 말씀하신 후에 하늘에 올라가서 신의 오른쪽 자리에 앉으셨다"고 서술하고 있다. 이 기술과 요한계시록에 서술된 재림이 조합된 것으로, 신에 의한 최후의 심판 후에 예수가 재림하여 바른 자들을 모두 천국으로 인도해 간다고 하는 '재림신앙'이 확립된다. 이것이야말로 기독교 교의의 핵심에 자리 잡게 된 것이다.

앞장에서 보았던 것처럼 이 세계를 창조한 신은 절대적 힘을 가진 존재이며, 그 신에 의해서 창조된 인간은 일부를 빼면 신을 등지고 타락했다. 그때 신은 철퇴를 내리쳐서 그를 배신한 인간을 지상에서 쓸어버린다.

독실한 신앙이 있으면 신은 최후의 심판에서 구제해준다

신이 아브라함이나 노아처럼 신앙이 독실한 자를 선택하여 그의 목숨을 구제했지만, 그다음에도 지속적으로 인간들은 역시 신을 배신하고 타락해갔다. 거기에 뭔가 제동을 걸지 않으면 그것은 영원히 반복되게 될 것이다. 최후의 심판과 그리스도의 재림이라는 사상은 거기에 결정적인 제동을 걸게 되었다. 그것은 단 한 번 일어나는 일이며, 초기 기독교도는 그때가 금방이라도 임박하리라고 믿었다. 그들은 신에 의한 살육을 두려워하면서 그것이 가능한 신이기 때문에 궁극적인 구원을 가져다 주리라고 강력하게 믿었던 것이다.

그것은 기독교를 그 모체가 되는 유대교와 다른 종교로 만들어가는 결정적인 요인이 되었다. 세계종교로서의 기독교가 성립하는데 있어서 재림신앙의 확립은 불가결한 것이었다. 초기 시대의 기독교도가 신앙 때문에 순교하는 것을 두려워하지 않았던 것도, 예를 들면 순교한다고 해도, 순교할 정도로 독실한 신앙을 지니고 있다면 반드시 최후의 심판 때 구제되리라는 확신이 가능했기 때문이다. 그것은 또한 기독교가 유대인 사회를 초월하여 유대인 입장에서 이교도인 이들에게 수용되는 원동력이 되기도 했다.

다만, 당장이라도 닥칠 것이라고 기독교도가 믿었던 최후의 심판은 찾아오지 않았고, 그리스도의 재림도 전혀 실현되지 않았다. 거기에서 기독교는 근본적인 모순을 짊어지게 되었으며, 그때까지와는 다른 방향으로 진행하게 되었지만, 종말론이 기독교의 세계에서 일거에 사라져버린 것은 아니다. 사회에 위기가 닥쳤다고 인식되면 종말론은 다시 살아나며, 그리스도의 재림을 외치게 된다. 그것은 현대에도 변하지 않는 것이다.

4
로마제국에서 기독교는
어떻게 변화되었는가

성서의 한 대목에서 회심한 최초의 교부; 아우구스티누스

초기의 기독교는 바울 등의 힘에 의해서 로마제국에 침투했다. 박해를 받고 수많은 순교자가 생겨났지만, 기독교도의 수는 지속적으로 증가했으며, 급기야 황제였던 콘스탄티누스 1세가 기독교로 개종했다. 기독교는 로마제국에서 공인되고 국교가 되었다. 초기의 기독교에서는 재림신앙이 중심이며, 사회질서의 전면적 파괴인 최후의 심판이 금방이라도 일어날 것으로 믿었다. 그러나 그리스도의 재림이라는 사태는 좀처럼 찾아오지 않고, 역으로 기독교는 로마의 국교가 되어서 사회질서를 지키는 역할을 담당하게 되었다. 그것은 기독교를 크게 변질시키게 된다. 그 상황에서 매우 중요한 역할을 했던 것이 기독교 교회의 최초의 교부인 아우구스티누스(Aurelius Augustinus, 354~430)이다.

교부는 기독교의 지도자를 말한다. 특히 아우구스티누스는 그의 회심체험을 통해서 그 후의 기독교의 상태에 매우 큰 영향을 주게 된다. 아우구스티누스는 자신의 회심체험을 『고백록』이라는 저서에 써서 남겼다. 아우구스티누스의 모친은 기독교도였지만 부친은 그렇지 않았다. 아우구스티누스 자신은 수사학修辭學을 배웠지만, 그 시기에는 9년 간에 걸쳐서 마니교를 신봉했다. 마니교는 사산조 페르시아에서 활동했던 마니에 의해 창시된 종교로서 중국에까지 확산되었으며, 선악이원론을 특징으로 한다(마니교에 대해서는 제5장에서 자세하게 서술할 것이다).

마니교를 신봉하던 시대에 아우구스티누스는 연극에 열중했으며, 방종한 생활을 보냈다. 그에게는 신분이 낮은 내연의 처가 있었으며, 그녀와의 사이에 아들이 한 명 있었다. 하지만 차츰 마니교에 대해서 의심을 품게 되었으며, 수사학의 교사로서 보내졌던 밀라노에서 기독교의 사교司教인 안셀무스의 설교를 듣고 기독교에 매력을 느끼게 되었다. 이러한 과정에서 모친의 영향도 컸다.

386년 여름에 아우구스티누스는 결정적인 체험을 하게 된다. 아우구스티누스가 애욕의 문제로 번민하고 있을 때 이웃집에서 아이의 목소리로 '읽어라, 읽어라'하고 몇 번이나 반복하는 목소리가 들려왔다. 그는 이것을 성서를 열고 맨 처음 눈이 머무른 곳을 읽으라고 하는 신으로부터의 메시지로 받아들였다. 바울의 책이 놓여 있는 장소에 되돌아가서 맨 처음 눈에 들어오는 부분을 읽었다. 그러자 거기에는 "주연酒宴과 명정酩酊, 음란과 호색, 다툼과 질투를 버리고, 주 예수 그리스도를 몸에 입으라. 욕망을 채우려고 육肉에 마음을 써서는 안 된다"라고 쓰여 있었다.

이 말은 방종한 생활에 젖어있던 아우구스티누스에게 있어 자신에게 들어맞는 것으로 받아들여지게 된 것이다. 그는 『고백록』 안에서 이 체험에 대해서 "나는 그때 이후 먼저 읽으려고 하지 않고, 또한 읽을 만한 것도 없었다. 이 절을 다 읽자, 홀연히 평안의 빛이라고 할만한 것이 나의 마음속에 가득 넘쳐서 의혹의 어둠이 모두 사라져버렸기 때문이다"라고 그 감동에 대해서 열렬하게 말하고 있다.

바울의 서신에 쓰여있는 것이 아우구스티누스의 삶의 방식을 변화시키는 결과로 나타난 것이다. 아우구스티누스는 바울에 의해 인도되는 형태로 회심체험을 했다. 바울도 또한 그 구체적인 체험은 반드시 명확하지는 않지만, 기독교에로 개종하는 체험을 거치고 있는 것이다.

원죄를 강조하며 '성욕=죄'라고 하는 가치관의 기초

아우구스티누스의 회심체험의 중요성은 첫째는 기독교에 개종하는 것이 음탕한 생활로부터 멀어지는 것을 의미하게 된다는 것이다. 그리고 아우구스티누스는 원죄라고 하는 것을 강조하게 된다. 아우구스티누스 이전부터 원죄를 강조하는 기독교의 지도자는 존재했다. 예를 들면, 2세기의 교부인 이레네우스(Irenaeus, 130?~202?)[14]는 모든 인류의 조상인 아담

---

14   이레네우스는 오늘날의 프랑스 리옹에 해당하는 갈리아 지방의 기독교 주교이자, 초대교회 신학사상을 구축한 교부이다. 또한 그는 로마 가톨릭교회, 동방 정교회, 성공회에서 성인으로 공경하는 인물이며, 축일은 6월 28일이다. 이레네우스는 사도

을 통해서 인류 전체가 죄를 범했다고 파악했다. 아우구스티누스는 그러한 인식을 답습하고 덧붙여 스스로 방탕한 생활을 부정하는 것에 의해서 원죄를 강조하게 된 것이다.

아우구스티누스는 금단의 나무열매를 먹었던 아담과 이브가 수치스러워하며 음부를 가린 것은 두 사람이 성행위를 행했기 때문이라고 파악했으며, 그러한 죄는 양친에 의한 유전을 통해서 전달된 원죄라고 하였다. 아우구스티누스는 『고백록』안에서 인간이 '원죄의 굴레에 매어 있다'는 말을 하고 있다. 이러한 아우구스티누스의 해석에 의해, 기독교에서는 원죄의 관념이 강조되었으며, 인간은 태어나면서부터 죄인이라고 생각하게 되었다. 그리고 이브를 유혹한 것은 창세기에서 단지 뱀이라고 되어 있지만, 그 뱀이 실은 악마라고 인식하게 되었다.

이에 따라, 기독교에서는 원죄와 결부시킨 성적인 욕망의 충족은 부정적인 가치밖에 주어지지 않게 되었다. 예수가 결혼도 하지 않은 채로 죽게 된 것도 있고, 본 장의 제일 처음에 서술한 것처럼 성직자에게는 평생독신의 의무가 주어지게 되었다. 일반 신자의 경우에는 평생독신이라는 것이 요구되지 않았지만, 성적인 쾌락이나 세속적인 욕망의 추구는 죄가 깊은 행동으로서 부정적인 가치밖에 주어지지 않게 되었다. 그러한 죄는 최후의 심판을 받을 때에 속죄받게 될 텐데 그것은 전혀 찾아오지 않았다. 그래서 일반 신자가 죄를 범한 경우에는 교회에서 '고해(참회)'하는

요한의 제자였던 폴리카르포 주교의 문하생이기도 했으며, 그의 대표 저서인 『이단논박』은 영지주의 계통의 이단에 대항하여 정통 교리를 수호하는 내용을 담고 있다. 역자주.

것을 요구하게 되었다.

선악이원론을 부정한 아우구스티누스

또 한 가지, 아우구스티누스의 회심체험에는 중요한 의미가 있다. 그것은 이 체험이 아우구스티누스가 그때까지 믿어왔던 마니교를 부정하는 의미를 갖고 있다는 것이다. 마니교 교의의 기본에는 선악이원론이 있다. 이 인식론에 의하면 이 세계에는 최초부터 선한 것과 악한 것이 따로 생겨났다는 것이다. 그 이후 세계는 선과 악의 대립을 축으로 하여 전개되어 간다. 선은 악을 넘어뜨리려고 하지만 그것이 실현된다는 보증은 없다. 그것이 이원론의 특징이며, 마니교는 이 부분을 특히 강조한다.

거기에 비해서 기독교는 일원론의 입장을 취한다. 신은 절대적인 선이며, 이 세상을 창조한 유일한 존재이다. 그 세계에는 최초에는 악이 존재하지 않았으며, 악이 생겨나면 신은 노아의 방주 이야기가 보여주듯이 악을 일시에 쓸어버렸다. 그러나 그러한 일원론을 강조하면 악은 끊임없이 생겨나기 때문에 신이 창조한 선한 세계에 왜 악이 존재하는가라는 문제에 직면하지 않으면 안 된다. 오히려 마니교와 같은 선악이원론의 쪽이 악의 발생을 설명하기 쉽다. 하지만 그렇게 되면 기독교의 신앙은 그 가치를 부정당하게 된다. 악이 최초부터 계속 존재했다는 것이 신의 절대성을 위협하게 되어버리는 것이다.

세계의 악을 어떻게 설명할까?

기독교에서는 악의 세계를 관장하는 악마는 원래는 천사이지만 타락하여 악한 존재가 되었다는 해석을 취한다. 타락한 존재가 그 사실을 받아들이고 선으로 돌아간다면 세계가 구제된다. 기독교는 악에 대응하는 선의 최종적인 승리를 약속하는 것이다.

아우구스티누스의 회심체험은 단순히 그가 기독교의 신앙을 얻었다고 하는 것에 그치지 않고, 일원론의 기독교가 선악이원론의 마니교에 승리했다는 것을 알리는 것이었다. 회심을 통해서 자신이 죄 많은 존재임을 자각하며, 모든 것을 신에게 의지하여 욕망에 물든 생활로부터 해방되며, 악에 빠지는 것을 면할 수 있다. 기독교로 개종한 아우구스티누스는 『마니교 반박서』라는 책을 써서 자신이 버린 마니교를 철저하게 비판했다. 그것은 아우구스티누스 개인에 있어서 의미가 있는 행위였으며, 기독교와 마니교와의 근본적인 차이를 명확히 하는 것으로 기독교의 신앙의 가치를 높이는 역할을 맡았다.

죄를 고백하는 '고해告解'가 기독교도의 의무가 되다

이러한 아우구스티누스의 회심체험도 영향을 주게 되면서, 이미 서술한 것처럼 기독교회에서는 죄를 고백하여 신으로부터 용서를 얻는 고해의 제도가 확립되었다. 그것은 교회가 베푸는 '7성사聖事'의 하나로 자리잡았으며, 신자의 의무가 되었다.

미국의 종교심리학자인 에드윈 스타벅(Edwin Diller Starbuck, 1866~1947)
은 1899년에 간행된 『종교심리학』이라는 책에서 프로테스탄트 청년들
이 회심을 체험하는 것은 사춘기에 도달하면서 성적인 욕망을 자각하
게 되면서부터라고 하는 것을 조사에 기초하여 입증했다. 기독교도가 된
다는 것은 결국에는 성에 대한 욕망을 죄로 인식했던 아우구스티누스가
밟은 길을 걸어가는 것을 의미하는 것이다.

이미 서술한 것처럼 기독교의 역사에 있어서 결정적인 사건은 예수의
죽음과 그 이후의 부활이다. 그것은 머지않아 찾아오게 될 최후의 심판
을 거쳐서 인류 전체의 구제를 약속하는 사건으로서의 의미를 갖는다.
예수는 구세주인 메시아로서 인식되는데, 그것은 기독교의 독자적인 신
앙이다. 그러한 사상은 유대교에는 없는 기독교의 독특한 것으로서 그것
이 신앙으로서 확립되는 것으로 인해 기독교가 탄생했다고 말할 수 있
다. 예수의 부활과 전 인류의 구제를 신앙하는 자가 기독교도가 되는 것
이다.

그러나 이 사건은 개개의 신자들에 있어서 그 바깥에서 일어난 것이
며, 자신의 내면과 관련이 없는 것이다. 예수의 생애에 있어서도 바울이
나 아우구스티누스의 체험에 필적할만한 회심은 일어나지 않았다. 확실
히 예수는 황야에서 40일간 악마에 의해 시험받는 체험이 있었다. 예수
는 그 유혹을 물리치는 것에 성공했다. 이는 예수에게 있어 회심체험의
의미가 있는 일이었다. 하지만 그때의 악마는 예수의 바깥에 있는 존재
로서 내면적인 부분에는 관여하지 않는 것이었다. 예수는 이 체험을 통
해서 자신의 죄 많음을 자각한 것도 아니었다. 거기에 비해서 바울이나
아우구스티누스의 체험은 개인의 마음의 깊은 부분인 성性의 영역에까

지 깊이 뿌리내리고 있다.

아우구스티누스는 자신의 회심체험을 통해서 기독교도다운 자세를 보여주었다. 어떤 교의에 의해서 설명하더라도 생생하게 수용되기는 힘들다. 하지만 모델이 되는 체험을 보여주면 사람은 자신의 앞에서 길이 열리고 있는 것을 느끼게 된다.

5
교회제도는
어떻게 탄생하고 발달했는가

―――――
기독교를 조직화한 교회제도의 확립

기독교가 세계종교로 발전해가는 과정에서 교회제도가 구축된 것은 커다란 의미를 갖는다. 그로 인해 기독교가 강고하게 기능적인 조직을 만들어내는 것으로 이어진 것이다. 초기 기독교의 신앙에서는 최후의 심판이 금방이라도 찾아올 것을 전제로 하고 있었기 때문에 교회와 같은 조직을 만드는 것에는 관심을 두지 않았다. 바울서신에서도 교회를 세우는 것이 권유되고 있지 않았으며, 복음서에 통합된 예수의 행적 중에서도 교회에 대한 언급은 없다. 그러나 금방이라도 찾아올 것 같던 최후의 심판의 시간이 전혀 오지 않았으며, 기독교가 로마제국 안에서 그 세력을 확대시키게 되면서 신자들이 의지할만한 조직이 필요하게 되었다. 그

것이 교회의 건설이라는 결과로 나타난 것이다.

어느 종교에서도 예배를 위한 시설이 만들어진다. 불교라면 사원이 있으며, 신토[神道]라면 신사가 있다. 유대교의 종교시설은 시나고그이고, 이슬람이라면 모스크이다. 각각의 종교시설에서는 그 종교의 독자적인 의식이 행해지며, 그것을 통해서 신자는 신과 불타에게 기도를 드린다. 기독교 교회에서는 의식을 주재하는 성직자인 신부가 상주하게 된다. 이미 서술했던 것처럼 신부는 평생 독신을 지키면서 신에 봉사한다. 그 성직자의 정점에 군림하는 이가 교황(로마교황)이다. 초대 교황은 예수의 제자들 사이에서 리더 격이었던 베드로였다.

바울서신의 하나인 '코린트 신도에의 편지1'에는 베드로가 선교활동을 할 때 처를 데리고 갔다고 기록되어 있다. 복음서에서도 베드로는 결혼을 했다고 되어 있다. 이러한 기록에서 보면 당초의 단계에서는 아직 성직자에게 독신이 요구되지 않았다. 다만 바울은 같은 '코린트 신도에의 편지1' 안에서 "미혼자와 홀아비에게 말하지만, 모두 나처럼 혼자 지내는 것이 좋을 것이다"(제7장 8절)라고 독신을 권유하고 있다. 제도적으로는 12세기 제2 라테라노 공의회(Lateran Council)에서 독신제가 확립되었다. 또한 '사도행전' 안에서 베드로는 "예수 그리스도가 치유해주신다"(제9장 34절)라고 말하며, 병 치료도 행하고 있다. 이는 베드로에게 예수와 같은 힘이 머무르고 있음을 의미한다.

교황은 '베드로의 대리인'에서 '그리스도'의 대리인으로

　최초에 교황은 베드로의 대리인을 임명했지만, 차츰 '그리스도의 대리인'이라는 호칭이 사용되게 되었다. 그리스도는 삼위일체의 교의에 의하면 아버지인 신과 동격이 되기 때문에 교황은 지상에서 신의 대리인이라고 말하게 된다. 이에 따라 교황은 신성한 존재로 모셔지게 되었다. 오늘날까지도 널리 사용되고 있는 교황의 속칭에 'Papa'가 있는데, 이는 그리스어로 부친이라는 단어에서 유래한다. 교황은 가톨릭교회 전체의 부친과 같은 존재이니, 결국은 아버지인 신에 가장 가까운 존재로서 인식되는 까닭이다.

　이 교황을 정점으로 하여 기독교회에는 중앙집권적인 조직이 형성되

바티칸시국의 산베드로대성당. '산베드로'는 '聖베드로'의 의미. 세계에서 기독교도가 찾아오고 있다.

　　　　　　　　　　　　　　　　교양으로 읽는 세계종교사

었으며, 그것이 오늘까지 지속되고 있다. 교황이나 교회의 권력은 기독교가 확산된 지역 전체에 미치고 있다. 기독교회는 세계조직이 되어갔지만, 예전에는 그에 필적하는 조직이 존재하지 않았다. 기독교회는 지금의 글로벌기업의 선구적인 형태였던 것이다.

6
가톨릭교회의 '7성사(聖事)'에는 어떤 의미가 있는가

7성사는 인생 프로그램의 통과의례

기독교회는 신의 은혜의 구체적인 표현으로서 '7성사'를 정하고 있다. 그것은 한꺼번에 성립된 것이 아니고, 서서히 이루어진 것이다. 여기에서는 현재의 가톨릭교회에서 정한 성사聖事의 내용을 설명한다. 성사는 세례, 견진, 성체, 성품, 병자, 고해, 혼배의 7가지로 되어 있다.

세례는 예수보다 앞서서 나타났던 세례자 요한이 행했던 행위로 소급한다. 복음서에서는 예수 자신도 요한으로부터 세례를 받았다고 하고 있다. 세례를 받은 것에 의해서 교회의 구성원으로서 인정받게 된다. 가톨릭에서는 출생한 단계에서의 '유아세례'가 기본이며, 그때 성인의 이름에서 유래한 세례명을 받게 된다.

견진은 유아세례를 받은 자가 성장하여 자신 안에 확실한 신앙이 싹 터 자라나는 단계에서 주는 것이다. 견진성사에 의해 미사(성찬)에서 '성체'를 먹을 자격을 부여받는다.

미사는 교회에서 가장 중요한 의식이다. 이는 예수가 최후의 만찬을 할 때 빵을 취해서 '이것은 나의 몸이다'라고 말하고, 잔을 들어 '나의 피'라고 하면서 제자들에게 준 것에서 유래한다. 이 의식을 통해서 신자는 예수와 일체화되는 것이다.

성체聖體는 무발효 빵인 '호스티아(hostia)'를 가리키며, 이는 예수의 몸이다. 한편 예수의 피에 해당하는 포도주도 성체에 포함될 수 있다. 미사를 집전하는 사제에게는 빵과 포도주를 '성변화聖變化'시키는 힘이 있다고 믿어지고 있다.

고해성사는 이제까지 설명했던 고해 혹은 참회, 고백으로도 불린다. 교회에는 '고해실'로 불리는 작은방이 준비되어 있어서 신자는 그곳에서 신부에 대해 세례 후에 범한 죄를 참회하며, 그에 의해 면죄 받게 되는 것이다.

병자성사는 후술할 제2장 바티칸 공의회 이전에는 '종유終油성사'로 불렸다. 그 시대에는 죽음으로 떠나가는 자에게 죄를 면해주는 것이었지만, 현재는 죽음의 침상에 있는 자뿐만이 아니라, 병든 자 전체를 대상으로 하게 되었다.

성품성사는 성직자를 임명하기 위한 의식을 의미한다. 따라서 성직자가 아닌 일반 신도에게는 관계가 없다. 그 대신에 일반 신도의 경우에는 혼배성사가 있다. 남녀가 결혼하여 가정을 일구는 행위는 신성한 것으로 인식되고 있는 것이다.

이 7가지 성사가 중요한 의미를 갖고 있는 것은 그것이 신자 개인의 통과의례와 겹쳐지기 때문이다. 태어났을 때는 세례를 받고, 성장해서 철이 들면 견진을 받는다. 그것에 의해 교회의 정식 구성원이 되는 것이다. 게다가 일상생활 중에 범한 죄나 병에 대해서는 교회를 통해서 면제를 얻지 않으면 안 된다. 결혼 또한 신성한 일로서 교회가 개입한다. 그리고 죽음을 앞두면 최종적인 면죄를 얻지 않으면 안 된다. 이렇게 인생에서 경험하는 중요한 일에 교회가 관여하게 되며, 신자를 교회에 강하게 유착시키는 시스템이 확립된 것이다.

공의회에 의해 '정통'과 '이단'이 명확하게 구별되다

덧붙여 교회의 중요성은 '공의회'의 존재에서 드러난다. 공의회는 세계 안에 널리 확산된 기독교의 교회조직의 대표자인 사교司敎나 주교가 모여서 개최하는 회의이다. 각각의 회의는 그것이 열린 장소의 이름으로 불린다. 최초의 공의회는 325년의 '제1 니케아(Nicaea) 공의회'로서, 이는 소아시아에 있는 니케아[현재 터키의 이즈니크(Iznik)]에서 열렸다.

공의회가 중요한 것은 그 회의장에서 교의가 결정되기 때문이다. 제1 니케아공의회에서는 삼위일체의 교의를 부정하는 아리우스파의 사상이 문제시되어 그것이 부정되기에 이르렀다. 이에 따라 교회가 인정하는 교의인 '정통'과 교회가 인정하지 않는 '이단異端'이 명확하게 구별되게 되었다.

이 정통과 이단의 구별은 기독교회의 독특함이라고 말할 수 있다. 어느 종교에서도 교의가 있어서 바른 교의와 틀린 교의를 구별하려고 한다. 하지만 공의회를 열어서 정통의 교의를 조직으로서 결정하며, 이단을 철저하게 배척하려고 하는 종교는 기독교 외에는 존재하지 않는다.

7
성인 신앙은
어떻게 자리매김 되는가

'성인'이 되려면 엄격한 요건을 갖추어야 한다

기독교의 가톨릭에는 성인 혹은 성자에 대한 신앙이 존재하고 있다. 공적으로는 신 이외의 대상을 신앙해서는 안 된다고 하기 때문에, 이미 서술한 것처럼 현재의 가톨릭교회에서는 신앙이 아닌 '공경[崇敬]'[15]이라는 용어가 사용된다.

성인공경은 순교한 인간을 대상으로 하는 것이다. 2월 14일은 '발렌타인데이'로 우리에게도 친숙하지만, 여기에서 말하는 발렌타인은 로마제국의 박해에 의해 3세기에 순교한 발렌티누스(Valentinus)에서 유래한 것

---

15   번역문에서는 한국에서 보편적으로 사용되는 '공경(恭敬)'으로 대체함. 역자주.

이다. 성인은 기독교 안에서 동방교회, 가톨릭, 성공회에서 인정되고 있으며, 개신교는 전혀 그것을 인정하고 있지 않다. 가톨릭의 경우에는 성인으로 인정하기 위한 제도가 확립되어 있으며, 순교한 것과 함께 사후에 기적을 행하는 것도 성인으로서 인정받는 요건이 된다. 여기서 말하는 기적이라는 것은 유체가 부패하지 않는다든가, 기도했던 사람의 병이 치유된 것 등을 가리킨다.

제2장에서도 서술했지만, 신의 절대성을 강조하는 입장에서 보면, 성인공경은 다신교 혹은 우상숭배로 타락할 가능성이 있는 위험한 신앙이다. 확실히 많은 성인이 숭배의 대상이 되고 있는 상황을 보면 일본에서 팔백만의 신들이 신앙의 대상이 되고 있는 것과 다르지 않은 것처럼 생각된다.

성인공경은 '성유물聖遺物공경'을 통해서 행해진다

성인공경은 중세에 기독교가 유럽에 침투하는 과정에서 중요한 역할을 했다. 유럽에서는 기독교가 확산되기 이전에 게르만과 켈트의 민족신앙이 널리 퍼져 있었으며, 거기에는 다신교의 세계가 전개되어 있었다. 다신교도가 일신교를 신앙하게 되면서 성인공경은 양자를 매개하는 역할을 했던 것이다. 그 경우 주목되는 것은 성인공경이 '성유물공경'이라는 형태를 취했다는 것이다. 성유물이라는 것은 성인의 유해, 유골, 유품을 가리킨다. 그러한 성유물에는 병 치유 등 기적을 일으키는 힘이 있는 것으로 믿어졌다.

아우구스티누스에 대해서는 이미 설명했지만, 초기 단계의 그는 성인 공경에 대해서 비판적이었기 때문에 성인이 일으킨 기적에 대한 얘기도 믿을 수 없다고 생각했다. 성유물이 매매되는 것에 대해서도 비판적이었다. 하지만 기독교에서 최초의 순교자인 성 스테판의 성유물이 아우구스티누스가 있던 힙포(Hippo)에 옮겨와서 수많은 기적적인 병 치유를 일으키게 되자, 그는 성유물에 대한 시각을 근본적으로 전환했으며, 주요 저서인 『신의 나라』 등에서 성유물이 일으키는 기적을 기록하고 그 신앙을 정당화했다. 이는 성인공경, 성유물공경에 보증을 하는 역할을 하게 되었다.

6세기가 되자, 성유물공경은 상당한 확산을 보였으며, 동로마제국에서는 교회를 곤혹스럽게 하기에 이르렀다. 4~5세기 시리아에서는 일반 교회당과 별도로 순교자의 교회당이 세워졌으며, '마르티리움(Martyrium)'으로 불렸다. 마르티리움에는 성유물이 안치되었으며, 성인에게 봉헌하는 제단에서는 순교자를 찬미하는 봉헌이나 기도, 찬가의 영창 등이 행해졌다.

성행하는 성유물을 교회 측이 받아들이다

이러한 신앙이 성행하게 된다는 것은 교회의 권위를 위협할 위험성이 있었기 때문에 교회 측에서는 그것을 흡수하는 방향으로 전환하게 되었다. 5~6세기에는 통상의 교회당에서도 성유물을 입수했으며, 교회당 내부에 마르티리움을 소제단으로 건립하게 되었다. 그 결과, 4세기 말부터

6세기에 걸쳐서 성유물공경은 서로마제국 전체에 확산되었다. 대도시 교외의 묘지에 있는 순교자의 묘는 장엄한 건축물로 대체되었으며, 기독교도의 종교생활의 중심이 되었다.

그러한 묘의 앞에서는 이러저러한 의식이 행해졌으며, 묘는 행진이나 순례의 목적지가 되고 있었다. 이 시대에는 꿈을 꾼다고 하는 행위나, 뭔가 비전(vision)을 얻는 것이 중시되었으며, 그러한 것들을 통해 성유물이 발견되는 것을 '인벤티오(invéntio)'라고 불렀다. 이 인벤티오에 의한 성유물의 발견은 종교적인 열광을 낳는 것으로 이어졌으며, 성유물은 무한히 분할되어 유럽 전체에 확대되어 갔다(성유물공경에 대해서는 엘리아데 『세계종교사』 문고판 제5권 참조).

가톨릭에서 3대 순례지라고 한다면, 바티칸이 있는 이탈리아의 로마, 마리아가 출현했던 프랑스의 루르드(Lourdes) 그리고 이베리아반도 북서부 갈리시아(Galicia)에 있는 산티아고 데 콤포스텔라(Santiago de Compostela)이다. 콤포스텔라에의 순례는 성유물을 모신 각지의 교회당을 순회하는 형태로 행해진다.

기독교회는 성유물이 매매되는 것을 금지하고자 했으나, 현실에서는 매매가 반복되었으며, 약탈도 행해졌다. 6세기 말 벨기에 코르비온의 수도승들은 수도원을 열었던 성 로메르의 성유골이 프랑스의 샤르도르에서 여러 기적을 일으키고 있다는 것을 듣고 수도원장이었던 레그노벨을 선두로 하여 샤르도르에 몰려가서 성 로메르의 성유골을 탈취했다. 하지만 그들은 '성스러운 격려(inspiratio)'를 받은 것이라며 약탈이라는 행위를 정당화했다(와타나베 마사미[渡邊昌美] 『巡禮の道』 中公新書).

거기에는 현대의 우리들이 품고 있는 기독교의 이미지와는 다른 신앙세계가 펼쳐지고 있었던 셈인데, 이러한 성유물공경은 다음에 서술할 십자군과도 관련이 있다. 십자군은 기독교회가 성지 예루살렘을 이슬람교도의 손으로부터 탈환하기 위해서 원정군을 파견한 것이다.

8
십자군은 어떻게 시작되었으며,
어떻게 종결되었는가

세 종교의 성지, 예루살렘

예루살렘만큼 복잡한 성지는 없다. 일반적으로 종교의 성지라고 말할
때, 그것은 어느 특정한 종교의 성지를 가리킨다. 하지만 예루살렘의 경
우에는 유대교, 기독교 그리고 이슬람교의 공통의 성지가 된다. 그것은
이 세 종교가 각각의 성격이 다르지만, 가까운 지역에서 생겨났으며, 서
로 깊이 관련을 맺고 있기 때문이다.

유대교도에 있어서 예루살렘은 BC 10세기부터 BC 6세기에 걸쳐서
존재했던 유대인의 왕국인 유다왕국의 수도로서, 옛날에는 유대교의
신앙의 중심이었던 예루살렘 신전이 세워졌던 장소이다. 그러나 그 신
전은 AD 70년에 로마제국에 의해서 파괴되었으며, 신전의 벽만 남았다.

그것이 바로 현재에도 유대교도가 그 앞에 서서 기도를 올리는 '통곡의 벽'이다.

기독교도에 있어서의 예루살렘은 예수 그리스도가 그 활동을 전개하고, 십자가에 매달려 죽임을 당하고, 부활했던 장소이다. 예수가 매장되었다고 하는 장소에는 성묘지 교회가 세워져서 아직도 많은 순례자를 모으고 있다.

이슬람교도에 있어서의 예루살렘은 예언자 무함마드가 하룻밤에 승천했던 장소이다. 이 경우의 승천은 무함마드의 죽음을 의미하지 않는다. 무함마드는 예루살렘의 신전 위에 있는 돌에서 말을 타고 하늘로 올라가서 신 앞에 이르렀다고 한다. 그곳에는 나중에 바위의 돔이 건설되었는데, 이슬람교가 탄생한 최초의 단계에서는 메카의 방향이 아닌 예루살렘의 방향으로 예배를 했다.

세 종교가 우호적인 관계를 지키고 있다면 성지를 공유한다고 해도 문제가 생기지는 않는다. 그러나 예루살렘은 다른 시대에 이민족, 혹은 왕국에 의해서 지배당해왔다. 유대왕국이 멸망하고 나서 로마제국에 의해 지배되었지만, 로마제국은 기독교를 국교로 삼았다. 그러나 이슬람교가 발흥하자 예루살렘은 이슬람세력에 의해 지배되었으며, 11세기 이후에는 투르크인인 셀주크왕조에 의해 지배되었다. 현재의 예루살렘은 유대인의 국가인 이스라엘의 동부에 위치한 형태로 되어있으며, 이스라엘은 그곳에 수도를 두고 있지만, 팔레스티나와의 관계도 있어서 국제적으로는 승인되어 있지 않다(2017년에 미국의 트럼프 대통령이 예루살렘을 이스라엘의 수도로서 인정하는 일이 있었다). 이스라엘의 주위에는 이슬람교를 신앙하는 국가들이 존재하고 있으며, 양자는 네 차례나 교전을 치를 정도로 이스라엘의 건국 이래 오랜 대립 관계에 놓여 있다.

이는 유대교와 이슬람교의 대립이라고 하는데, 기독교의 경우에는 중세에 예루살렘이 이슬람교의 세력에 의해서 지배되었던 시대에 '십자군'을 파견해서 그곳의 탈환을 도모했다.

십자군에 얽힌 여러 가지 동기

기독교는 당초에 예루살렘 주변에서 탄생했던 종교임에도 불구하고, 오히려 로마제국 전역에 확산되어 갔다. 베드로가 묻힌 장소가 바티칸으로서 기독교회의 중심이 되어감에 따라 예루살렘은 그 중요성을 잃었으며, 얼마 지나지 않아서 이슬람교도에 의해 지배를 받게 되었다.

그러한 상황에서 1095년에 로마교황인 우르바누스 2세(Urbanus II; 재위 1088~1099)의 손에 의해서 프랑스 중남부의 오베르뉴(Auvergne)에 있는 끌레르몽(Clermont)에서 열린 교회 회의에서 십자군이 소집되었다. 다만 당초의 단계에서 십자군이라는 단어는 사용되지 않았으며, 그 시도는 단지 '여행' 혹은 '순례'로 불렸다.

우르바누스 2세가 십자군을 소집했던 시점에서 구체적으로 어떠한 것을 말했는지는 명확하지 않지만, 투르크인의 침공에 의해서 고난에 직면하고 있는 동방의 기독교도를 구원할 필요가 있으며, 그 전쟁은 신에 의해서 인도되는 성스러운 전쟁이라고 한 것으로 생각된다.

마츠모토 노리오[松本宣郎] 編『기독교의 역사1』(山川出版社)의 제3장 「서유럽의 성립과 기독교」의 부분을 담당한 인데 타다오[印出忠夫]

는 십자군과 성유물공경의 관계에 대해서 언급하고 있다. 당시, 성유물의 이전이나 증여에 의해서 그것을 안치할 교회가 유럽 전체에 건설되고, 그러한 장소를 순회하는 순례길의 정비가 진행되었으며, 로마교황은 그 정점에 로마를 위치시켰다고 고찰했다. 그 때문에 우르바누스 2세는 프랑스 국내를 순례하면서 방문한 교회나 제단, 묘지를 자신의 손으로 성별聖別화했다. 그 과정에서 많은 성유물이 있는 것으로 예상되는 예루살렘이 교황의 염두에 있었던 것이 아닌가 한다. 인데[印出]는 이 우르바누스 2세의 십자군 소집의 선언이 커다란 반향을 불러일으킨 것은 그 경우에 예루살렘이라고 하는 장소가 갖는 힘이 중요한 역할을 해낸 것이라고 지적하고 있다.

"먼저 전 기독교도에게 공유되는, 예수를 시작으로 하는 성서의 등장인물의 기억이 넘쳐흐르는 도시 예루살렘이 갖는 '순례지'로서의 압도적인 매력이 있다. 그 이미지는 천국(하늘의 예루살렘)과 중첩되며, 그곳에서의 죽음을 소원하는 자도 있었으며, 지상의 유토피아를 꿈꾸며 들어가 살기를 원하는 자, 드디어 성유물을 들고 돌아가서 한몫 잡으려고 기획하는 자도 존재했다"고 한다.

게다가 끌레르몽 교회 회의의 결의록에서는 "누구든 명예나 금전을 손에 넣기 위해서가 아니라, 단지 신앙만을 위해서 신의 교회를 해방하기 위해 예루살렘으로 출발했던 자에는 그의 여행 전체를 속죄를 위한 것으로 간주되어야 한다"라고 했다. 이는 우르바누스 2세가 십자군의 참가자에 대해서 '속유贖宥'가 주어진다는 것을 약속한 것으로 생각된다. 속유는 교회가 신자의 죄를 용서해 주거나, 경감해주는 행위로서 나중에 종교개혁이 일어났을 때 루터에 의해서 엄격하게 비판되었다.

교양으로 읽는 세계종교사

결국 십자군의 목적은 성지 예루살렘의 탈환이라는 것에 있었지만, 그 참가자들에게는 죄의 사면을 기대할 수 있는 종교적인 행위임에 틀림 없었다. 그것은 성유물을 모시는 교회 등을 순례하는 행위의 연장선상에 위치하는 것이었으며, 그렇기 때문에 순례로 불리기도 했던 것이다.

'거병하고 싶다' 일행들도 모두 동참하라

다만 신앙만이 십자군에 참가하는 동기가 된 것은 아니다. 인데[印出]도 지적하고 있는 것처럼 거기에는 돈벌이라고 하는 세속적인 동기도 개입 되어 있었다. 실제로 제1회의 십자군에 참가한 제후 중에는 왕가에 관련 되어 있어도 정통적인 계승자가 아니고, 지위가 불안정한 자가 적지 않 게 포함되어 있다. 그들이 십자군에 참가하며 예루살렘의 탈환을 이루 는 것으로 거병하려고 생각했다고 해도 이상하지는 않다. 십자군에 참가 하면 예루살렘까지의 장기간의 원정이 필요한데, 거기에는 비용이 들고, 전투를 하게 되면 목숨을 잃을 위험성도 있었다.

제1회의 십자군은 1096년 8월 말 이후에 출발했으며, 육로를 통해서 예루살렘으로 향했다. 다음 해 4월, 보스포러스해협을 거쳐서 소아시아 에 들어가기는 했지만 투르크인이 지배하고 있는 도시를 공격하는 것은 어쨌든 격전이 되기 마련이었다. 십자군이 예루살렘의 탈환에 성공한 것 은 소집으로부터 3년이 지난 1099년 7월의 일이었다.

예루살렘이 탈환되고 나서 그곳에는 예루살렘왕국이 수립되었다. 그 러나 십자군에 참가했던 제후들 사이에서 대립이 일어나고, 게다가 이슬람교도에 의한 반항도 있었기 때문에 주변의 도시가 탈환되기도 하고, 원군으로 보내진 제2차 십자군이 격퇴를 면치 못해서 점점 열세로 몰리게 되었다. 그리고 1187년에는 이슬람교 측에 살라후딘(살라딘)이라고 하는 영웅이 나타나서 예루살렘은 이슬람교도의 손에 의해 탈환되어 버렸다.

성지 예루살렘 탈환이 실패로 끝나다

그 후, 몇 차례인가 십자군이 소집되었으며 재차 예루살렘 탈환을 위해 보내졌지만 성공한 것은 제6차 십자군뿐이었다. 그때도 재점령했던 기간은 불과 15년 정도에 지나지 않았다. 결국에는 성지 예루살렘을 탈환한다고 하는 야망은 종지부를 찍게 되었다.

다만 성유물에 관해서는 십자군은 일정한 성과를 올렸다. 예를 들면, 제1차 십자군은 예루살렘의 북쪽에 있는 중요한 도시인 안티오키아(Antiochia; Antioch)를 공격했는데, 그때 그곳에 있던 성 베드로 교회의 지하에서 '성창聖槍'이 발견되었다. 이는 예수가 십자가에 매달렸을 때 그 몸을 찔렀던 창이다. 1,000년 전의 창이 남아있는 것은 거의 생각하기 힘들지만, 십자군에 참가했던 사람들은 그것이 예수를 찔렀던 창이라고 믿었다. 그리고 살라후딘에 의해서 예루살렘이 재차 탈환되었던 1187년에는 십자군의 병사들은 대량으로 사들인 성유물을 커다란 상자에 담아서 근거지로 보냈다. 결국에 가서는 십자군의 시도가 실패로 끝났으며, 파견하려는 시도가 반복되었어도 신통한 성과를 올리지 못하게 되면서 당초의 열광은 희미해져 갔다. 프랑스로부터 예루살렘까지는 상당한 거리가 있다. 그러나 예루살렘은 이슬람교가 확장한 지역 안에 있기 때문에 예컨대 그곳을 일시적으로 탈환한다 해도 곧 고립되고 반격을 당할 수밖에 없었다. 그 점에서 십자군은 처음부터 무모한 시도였던 것이다.

9
이단은
어떻게 탄생했는가

십자군에 공격당한 카타리파(派)라는 이단

십자군은 기본적으로 이교도인 이슬람교도로부터 성지 예루살렘을 탈환하는 것이 목적이었다. 그렇지만 그 시도가 반복되는 과정에서 이교도가 아닌 이단을 정벌하기 위해 소집되었던 십자군도 생겨났다. 그 대표적인 것이 '알비십자군'이다. 이는 제4차의 십자군을 소집했던 인노첸시오 3세(Innocenz Ⅲ, 재위 1198~1216)의 시대에 조직되었으며, 남프랑스에서 세력을 확대시키고 있던 알비파 혹은 카타리파라고 하는 이단을 섬멸하는 것을 목적으로 했다.

그 배경에는 기독교 교회가 공의회를 반복적으로 개최하여 정통의 교리를 정하면서 그에 반하는 교리를 이단으로 해 온 일이 있다. 이단은 탄압의 대상이 되었지만, 그러한 교리를 신봉하는 사람들은 끊이지 않았다. 특히 12세기 이후에 이단이 빈발했기 때문에 인노첸시오 3세는 알비 십자군을 파견하는 것을 선포하게 되었던 것이다.

1229년에는 툴루즈(Toulouse) 교회 회의에서 그 악명 높은 '이단심문'이라는 특설법정이 설치되었다. 1233년에는 그레고리우스 9세(Gregorius IX, 재위 1227~1241)가 이단자의 인정과 처벌의 권한을 지역의 사교司敎의 손에서 빼앗아 로마교황 직속의 이단심문관에게 위탁하는 제도를 만들었다. 이단심문의 전성기가 극에 달했던 시대에는 '마녀사냥'도 행해졌다. 마녀사냥은 15세기부터 18세기까지 지속되었으며, 유럽에서는 4만 명에서 6만 명이 처형되었다. 또한 이단심문이 성행했던 시대에는 유대인도 그 대상이 되면서 유대인 사냥도 행해졌다.

이러한 이단심문이나 마녀사냥은 암흑시대로서의 중세의 이미지를 강화하는 것이지만 이단으로 탄압의 대상이 되었던 세력이 신봉하는 교의도 극단적인 것으로서 탄압을 부를 소지가 있었다고 말해진다. 바로 그 점을 간과해서는 안 된다.

여기에서는 카타리파를 중심으로 이단에 대해 보고 있는데, 카타리파에 대한 상세한 연구가 와타나베 마사미[渡邊昌美]『이단 카타리파의 연구 : 중세 남프랑스의 역사와 신앙』(岩波書店)이다. 그 책에서는 남프랑스에 퍼져 있던 카타리파가 어떠한 교의를 신봉하며, 특이한 조직을 발전시키고 있었는지 그 전체상을 보여주고 있다.

구약성서의 신을 악신으로 만든 카타리파

와타나베[渡邊]는 카타리파의 기본적인 교의가 이원론이라고 말하고 있다. 이원론이란 선한 신과 동시에 악신의 존재가 전제되어 있다. 선한 신은 불변불후의 불가시적인 영성을 속성으로 하며, 그의 영역은 영계靈界라고 한다. 한편, 악신은 악마이기도 하며, 항상 변화를 반복하고 있는 물질의 세계, 형이상의 세계의 존재이며, 현실세계를 그의 영역으로 하고 있다. 흥미로운 것은 구약의 신은 현실세계를 만든 존재이기 때문에 악신이라고 하는 점에서 일반적인 가톨릭교회에서는 성전으로 인정되는 구약성서는 한결같이 배격의 대상이 되었던 것이다.

한편, 선한 신이 창조한 영은 육체라고 하는 감옥에 갇혀 있으며, 현세에 묶여 있다. 예수 그리스도는 인간이 선한 신에 의해서 창조되었다는 점에서 신성한 기원을 갖고 있다는 것을 증명하며, 게다가 구제를 계시하기 위해서 강림한 천사이지만 복음서에 기록된 예수의 탄생, 기적, 수난이라는 사건은 어디까지나 환상이라고 한다. 왜냐하면 천사가 물질에 관여되는 일은 없기 때문이다. 거기에서 가톨릭교회에서 신봉되는 속죄의 교리나, 게다가 삼위일체론이 부정되었다. 삼위일체론은 기독교계 전체에서 승인된 기본적인 교리임에도 불구하고, 카타리파는 그것을 부정했던 것이다.

구제받기 위해서 육욕과 육식을 철저히 배제

그렇다면, 기독교계의 기본적인 교의를 차츰 부정하고서 어떻게 인간은 구제받는다는 것일까. 구제를 위해서는 그리스도가 세운 교회인 카타리파의 교단에 가입해서 엄격한 계율을 지킬 필요가 있다고 한다. 그 경우에 결정적으로 중요한 것은 악신이 창조한 물질의 세계와 될수록 교섭하지 않고 사는 것이다. 특히 육욕과 육식은 철저한 혐오의 대상이 되었다.

로마교회는 악신이 창조한 것이기 때문에 교회에서의 기적, 직급, 모든 제도, 십자가, 회당, 성유물, 묘지 등은 전면적으로 부정되었다. 사회생활에 대해서도 권력, 가족, 소유, 생산 등의 전부에 가치가 인정되지 않았다. 가장 극단적인 점은 자살이 '내인례耐忍禮'라는 형태로 제도화되기까지에 이른 것이다. 다만 이는 '완덕자完德者'로 불리는 카타리파의 성직자에게 권유되는 것이며, '귀의자歸依者'로 불리는 일반 신자는 대상이 아니었다.

현재의 기독교도가 이러한 카타리파의 교리에 접한다면 과연 이것이 기독교인가 하고 의문을 느끼게 될 것이다. 실제로 후세에 카타리파의 사상은 비관주의, 혹은 허무주의로 인식되었으보며, 기독교와는 관련이 없는 교설이며, 거기에 불교사상의 영향이 있다고 하는 설까지 생겼다.

카타리파의 원류가 되는 것은 발칸반도에서 생겨난 보고밀파(Bogomil)라고 한다. 발칸반도는 유럽 동남부에 있으며, 현재의 국가명은 그리스, 알바니아, 불가리아, 세르비아, 몬테네그로, 크로아티아, 보스니아, 헤르체고비나 및 터키의 유럽 부분 등이 포함된다. 보고밀파는 그 중 불가리아왕국에서 발생했으며, 주변 지역으로 확대되었다.

카타리파의 원류; 보고밀파의 신앙생활

와타나베는 이 보고밀파에 대해서 '중세 동구의 이원론 이단 중에서도 최대'라고 평하고 있는데, 형이하의 세계, 물질의 세계를 악에 속하는 것으로 파악하고, "악신을 가시적 세계의 창조자로 한다"(테오필락토스(Theophylactos)), "실제로 그들이 주창하는 것은 무엇인가. 하늘도 대지도, 그리고 눈에 보이는 이 온 세계도, 신이 창조한 것은 아니다", "악마가 인간 및 모든 신성한 피조물의 창조자이다"(다 같은 코스모스)라고 하는 인식론을 세웠다. 게다가 구약성서를 배격하고, 최후의 심판 전에 출현하는 적그리스도 이전의 세례자 요한을 악한 자로서 자리매김하고 있다. 예수 그리스도 이상으로 공경을 받게 된 성모 마리아의 실재를 부정하기 때문에 공경의 대상으로 삼지 않았다. 그리스도의 탄신, 수난, 부활도 현실의 일이 아니라고 부정하고, 당연한 일이지만 교회의 제도, 의례, 혹은 성유물 등의 신앙은 전면적으로 부정했다.

노동에 대해서도 이 세상의 것으로 가치가 부정되고, 게다가 세속권력도 부정되었다. 그 대신에 금욕의 계율이 철저하게 중시되었으며, 그중에서도 생식生殖이나 고기 자체가 악으로서 부정하게 여겨져 증오의 대상이 되었다. 틀림없이 보고밀파는 카타리파의 원류였던 것이다.

왜 카타리파는 지지를 받았는가

카타리파가 남프랑스에서 그 세력을 확대해간 것은 12세기 후반부터 13세기에 걸쳐서였다. 여기서 주목하지 않으면 안 되는 것은 이 시대에서 종래의 수도회와 다른 '탁발수도회'가 창립되었다는 점이다. 탁발수도회로는 도미니크회나 프란치스코회가 있는데, 모두 청빈을 중시했다. 탁발수도회로 불린 것은 매일 식사를 육체노동이나 탁발로 얻었기 때문인데 그 경우에 돈을 받지는 않았다.

그들은 가난한 자 속에 섞여서 생활했으며 그들을 구제하기 위해 노력했다. 그것은 체제화된 기독교회에 대한 비판으로서의 의미를 갖고 있었으며, 거기에는 교회의 부패와 타락이라는 것이 관련되어 있었다. 탁발수도회에서 청빈이 추구되고, 금욕이 실천되는 것은 카타리파나 보고밀파와 통하는 것이었다. 탁발수도회는 이단에 의한 기존의 교회 체제에 대한 비판에 일정한 의미가 있다고 인식했는데, 이를 자살을 장려하는 극단적인 방향으로 향하게 하지 않으려는 시도이기도 했다고 볼 수 있는 것이다.

본질적인 것은 카타리파의 중심적인 사상이 세계를 선과 악으로 양분하는 이원론에 있었던 것이다. 아우구스티누스 관련 장에서 서술한 것처럼 일원론의 입장을 취하는 기독교는 선악이원론을 극복해나가야만 했다. 그러나 아무리 신의 절대성을 강조해도 이 세상의 악이 생겨난다고 하는 모순을 해소할 수가 없다. 그 안에서 선악이원론에 기울어져 가는 인간들이 끊임없이 생겨났다. 그리고 선악이원론을 신봉하는 자들은 이단이 되고, 그 원류인 마니교의 신도와도 동일시되었다.

10
금융은 어디에서
시작되었는가

일신교 세계에서는 '이자를 받지 않는' 것이 일반적

이미 보았듯이 기독교의 교리가 확립되어 가던 중에, 원죄라고 하는 관념이 생겨난 것은 극히 중요하다. 인간은 죄 많은 존재이기 때문에 교회에 의한 구제를 필요로 하게 된 것이다. 그것은 기독교의 신자를 교회에 결속시키는 것과 동시에 속죄에 대한 갈망을 만들어냈다. 성유물공경의 유행이나 십자군의 파견에는 그것이 관련되어 있다. 이단 또한 속죄를 극단적인 형태로까지 진행시킨 것으로 볼 수 있다.

중세에 이러한 것이 금융과 깊숙이 관련을 맺게 된다. 동양의 종교에서는 볼 수 없지만, 유대교에서 시작된 일신교 계보에서는 이자를 금지하는 인식이 강하다. 그것은 일신교의 원류인 유대교가 이자를 금지하고 있기 때문이다. 구약성서에서는 "이방인에게는 이자를 매겨서 빌려줘도 좋지만, 너의 형제에게 빌려줄 때는 이자를 받아서는 안 된다"(신명기 제23장 20)라던가, "그 사람에게 돈이나 식량을 꿔줄 경우, 이자나 이식(利息)을 받아서는 안 된다"(레위기 제25장 37)라고 규정되어 있다.

이는 일신교에서만 볼 수 있는 것은 아니고, 다신교로 알려진 고대 그리스에서도 같은 사고방식이 있다. 고대 그리스의 철학자인 아리스토텔레스는 '정치학'이라는 저서에서 화폐를 빌려주고 이자를 취하는 행위에 대해서 그것은 가장 자연에 어긋나는 것이라고 엄하게 금했다. 공동체나 부족의 동료들 사이에서 이자를 받게 되면 경제적인 격차가 확대되며, 그 질서를 지키는 것이 어려워진다고 생각했기 때문이다. 그렇기 때문에 구약성서에서는 다른 신앙을 가진 이교도로부터는 이자를 받는 것이 용인되어 있다.

이러한 전통은 유대교로부터 기독교에도 전승되었다. 예를 들면, 중세 최대의 신학자인 토마스 아퀴나스는 그의 주요 저서인 『신학대전』 안에서 라틴어로 이자를 의미하는 '우슬라'를 금하고 있다. 이처럼 이자를 받는 것이 금지되어 있는 이상, 기독교세계에는 고리대금업 따위는 존재하지 않을 것이다.

고리대금업은 항상 죄의식을 품고 있는 것

그러나 현실은 그렇지는 않았다. 경제가 발전해가는 중에, 이자를 지불하고라도 돈을 빌려서 그것을 운용하여 돈을 벌려고 하는 사람이 나타나게 되었기 때문이다. 그로 인해 기독교 입장에서 이교도인 유대교인이 고리대금업을 하여 기독교도에게 돈을 빌려주게 되었다. 그러한 상황은 셰익스피어의 '베니스의 상인'에 묘사되어 있다. 그러나 경제가 확대되어 가면서 유대인뿐만이 아니고 기독교도 중에서도 고리대금업이 나타나게 되었다. 그래도 고리대금업은 천한 직업이라고 여겨졌으며, 사후에는 지옥에 떨어지는 것으로 인식되었다. 고리대금업자 측에서도 심한 죄를 범하고 있다는 자각을 하면서 그것을 두려워하고 있었다.

사회사학자인 쟈끄 르 고프(Jacques Le Goff)의 『중세의 고리대 : 돈과 목숨』(法政大學出版局)에서는 당시의 고리대금업자가 품고 있던 죄의식에 대해서 설명하고 있다. 예를 들면, 어느 부유한 고리대금업자는 평소 신을 두려워하는 것도 아니었지만, 어느 날 밤, 아내 곁에서 자고 있을 때, 돌연 몸을 떨면서 일어나서는 의아해하는 아내에게 "이제 막 최후의 심판에 데려가서 헤아릴 수 없는 죄상으로 소추되었지만 나는 당황해서 말도 못하고, 고해를 바라지도 못했다. 마침내 지고의 심판의 손이 나를 악마에게 인도하도록 판결을 내렸다. 오늘이라도 악마가 나를 납치하러 찾아올 것이다"라고 답하면서 가까이 있던 장물인 윗옷을 걸쳐입고 나가버렸다. 그 고리대금업자는 교회로 도망쳤지만 방심한 상태에서 결국에는 배에 태워져 악마에게 끌려가고 말았다고 한다.

이 이야기는 당시의 고리대금업자가 자신들의 일에 깊은 죄의식을 품고 있었으며, 어디에선가 회개를 하고, 죽을 때까지는 취한 이득을 갚아두지 않으면 안된다고 생각하고 있었던 것이 드러나고 있다. 본인이 갚으려고 하지 않으면 가족이 설득했다. 교회도 또한 고리대금업자에 대해서 "돈인가, 목숨인가. 어느 한 쪽을 선택하라"고 압박했다. 이자의 금지는 이슬람교에도 전승되었다. 또한 현대에도 이러한 인식은 살아있으며, 그것이 이자를 받지 않는 '이슬람금융'을 만들어내는 것으로 이어졌다. 거기에 대해서 다음 장에서 상세하게 서술하도록 하겠다.

11
종교개혁은
어떻게 세력을 확장했는가

세계적인 전개와 함께 쇠퇴된 중세 교회세력

기독교회는 지금까지 살펴 본 것과 같은 역사를 거쳐서 유럽 전체에 확장되었으며, 그 교리가 침투해갔다. 게다가 대항해시대에 들어서면 아시아, 아프리카, 아메리카의 각 대륙에도 확장되었으며, 강대한 세력을 자랑하게 되었다. 그러나 중세적인 교회권력은 쇠퇴의 방향으로 향하게 되었으며, 서유럽에서 근대적인 국민국가가 대두되던 중에 교회의 혁신운동이 일어났다. 그것이 '종교개혁'으로서 프로테스탄의 여러 종파가 생겨난 것이다. 프로테스탄트가 탄생하게 되면서 그때까지 로마교회로 불리고 있던 세력은 가톨릭교회로 불리게 된다.

프로테스탄트에서는 교회권력 대신에 성서중심주의의 입장을 취했으며, 그때까지 라틴어로만 읽어야 했던 성서의 각국 언어 번역이 탄생했다. 가톨릭과의 결정적인 차이는 성직자의 존재를 부정하는 것으로서, 세속을 버리고 출가하여 신만을 섬기는 사제나 수도사는 프로테스탄트에서는 존재하지 않는다. 프로테스탄트의 종교적인 지도자인 목사는 결혼을 하게 된다. 또한 그 결과, 성직자의 정점에 위치하는 로마교황과 같은 존재도 프로테스탄트에서는 나오지 않았다. 이에 따라 성스러운 세계와 속된 세계가 결정적으로 대립하는 구조가 붕괴되고, 두 개의 세계는 융합하게 되었다. 이는 성스러운 세계를 관장하는 교회권력의 약체화로 이어지게 된다. 이는 어떤 의미에서 유대교의 방식으로 회귀하는 방향성이며, 기독교가 탄생한 후에 생겨난 이슬람교와도 공통된 구조를 취하게 된 것을 의미한다.

가톨릭과 프로테스탄트의 중간적인 형태를 보이는 것이 영국 국교회이다. 영국 국교회에서는 로마교황의 지배로부터는 벗어나고, 성직자의 결혼을 승인했으며, 가톨릭과 유사한 성찬식(미사)은 계승하고 있다. 가톨릭이나 동방교회가 성직자와 재가 평신도로 구성되는 것에 비해, 프로테스탄트에서는 목사도 재가이며, 평신도와 신분상으로 결정적인 차이는 없다. 7성사 의식도 행하지 않는다. 유아세례는 행하지 않고, 신앙을 자각하는 단계에서 세례를 받도록 하고 있다.

프로테스탄트의 활동을 어떻게 평가할 수 있을까

프로테스탄트는 여러 종파로 분열되어 있지만, 국가나 지역, 인종, 계층 등에 의해서 어떠한 신자가 모일지가 결정되는 경우가 많다. 교의는 종파에 따라 다르지만, 새로이 등장한 신종교적인 종파를 제외하면 가톨릭처럼 교의가 엄격하게 정해져 있지는 않다. 여기서 하나 지적하지 않으면 안 되는 것은 종교개혁에 대한 평가이다.

종교개혁에 의해서 프로테스탄트가 탄생했기 때문에 프로테스탄트의 각 교회는 종교개혁이 일어난 것으로부터 시대에 걸맞는 새로운 신앙의 형태가 만들어진 것을 높게 평가한다. 하지만 가톨릭 측에서는 프로테스탄트의 탄생은 분파활동이며, 그때까지의 신앙을 부정하는 것이기 때문에 종교개혁을 평가하지는 않는다. 잘 인식되지 않고 있는 점이지만, 종교개혁을 선善으로 인식하는 시각은 프로테스탄트의 사고방식에 기초한 것이며, 반드시 보편적인 것은 아니다.

12
마리아는
어떤 존재인가

예수를 대신하여 공경을 받다

종교학자인 미르치아 엘리아데는 여러 종교에서 주재신이 후퇴하고 뒤로 물러나는 현상이 있는 것을 지적하고 있다. 그에 대신해서 다른 신이 신앙의 대상이 된다는 것이다. 유대교에서는 이 세계를 창조한 신은 절대의 존재이지만 기독교에서는 삼위일체의 교의가 확립되어, 아버지인 신보다도 예수 그리스도가 전면에 나서왔다. 실제로, 기독교 미술의 세계에서 아버지인 신의 모습이 묘사되는 것은 드물다. 바티칸의 시스티나 예배당에 그려진 미켈란젤로의 '천지창조'에서는 아버지 신의 모습도 묘사되어 있지만 주역은 역시 예수이다.

그러나 예수도 역시 머지않아 뒤쪽으로 물러가게 된다. 중심이 되는 신으로서 묘사되면 그 권위는 강화되지만, 그만큼 일반 민중에 있어서는 먼 존재이며, 자신들과는 관련이 없는 존재로 생각하게 된다. 그렇다면 이번에는 새로운 신앙의 대상이 필요하게 된다. 그 역할을 맡게 된 것이 마리아이다. 제2장에서도 봤던 것처럼 일본에서는 성모 마리아로 불리는 것이 일반적이지만, 그것은 일본 기독교 사회의 특유의 호칭 방식이다. 여기에서는 기본적으로 마리아로 부른다.

마리아가 성령에 의해서 잉태한 것은 복음서에 나온다. 다만 마리아가 등장하는 것은 그 장면뿐이며, 다른 곳에서는 등장하지 않는다. 부활한 예수가 마리아의 앞에 나타나고 있지만, 그때의 마리아는 예수의 어머니 마리아가 아니고, 막달라 마리아였으며, 야곱의 어머니 마리아이기도 하다. 결국 복음서에서 마리아는 예수를 낳았다고 하는 것 외에 어떠한 역할도 하지 않은 것이다.

마리아 공경의 시작은 동방정교회에서

최초에 마리아 공경이 성립된 것은 로마교회와 분리된 동방정교회에서였다. 신의 어머니를 의미하는 '테오토코스(Theotokos)'라는 개념이 성립되었으며, 교회에는 마리아와 어린 아이 예수를 묘사한 모자이크화가 장식되게 되었다. 거기에서 동방정교회의 특징적인 '아이콘'이 만들어지게 되었으며, 아이콘에도 마리아의 모습이 묘사된 것이다.

유럽 서쪽에서도 15세기에는 커다란 망토를 입고, 어린 예수를 안은 '자비의 마돈나' 그림이 퍼지게 된다. 혹은 16세기의 멕시코에서는 한 인디오 앞에 마리아가 나타나는 일이 생겼으며, 갈색의 피부를 한 '과달루페의 마리아'로서 멕시코사람들의 신앙을 얻게 된다.

다만 서유럽에서 마리아 신앙이 퍼지게 된 것은 꽤 늦었으며, 19세기에 들어서고부터의 일이다. 최초는 1830년의 일로서, 파리에 있던 애덕자매회愛德姉妹會라는 수도회의 수녀였던 카트린느 라부레(Cathérine Labouré)의 앞에 마리아가 출현했다. 라부레는 출현한 마리아로부터 메달을 만들도록 명을 받아서 그것을 주조하여 배포했다. 당시는 파리에서 콜레라가 유행하고 있던 시기였기 때문에 그 메달은 민중에게 환영받았다.

이보다도 더욱 유명한 마리아 출현은 1858년 프랑스의 피레네 산록에 있는 루르드(Lourdes)라는 마을에서 일어난 사건이다. 14세의 소녀인 베르나데트 수비루의 앞에 마리아가 나타났다. 또한 마리아는 그녀의 앞에 여러 차례 나타나서 그 소문이 주위에도 퍼지게 되었기 때문에 많은 사람들이 마리아가 출현한 동굴에 모이게 되었다. 그러던 중에 베르나데트가 마리아로부터 명을 받아서 땅을 파자, 물이 솟아나는 일도 일어났다. 이것이 머지않아 성지가 된 루르드를 상징하는 샘이 되었다. 결정적인 일은 16번째 출현할 때 일어났다. 베르나데트는 지역의 사제로부터 동굴에 나타난 여성의 이름을 들어보라는 얘기를 듣고 그대로 실행하자, '나는 원죄가 없는 잉태'라는 대답이 돌아왔다.

이 '원죄가 없는 잉태'라는 것은 가톨릭 교의의 하나로, 마리아는 원죄에 물들지 않고 수태했다는 것이다. 로마교황인 비오 9세(Pio IX; 재위

1846~1878)가 회칙回勅[16]에 의해서 이 교의를 공인한 것은 루르드에 마리아가 출현한 것보다 불과 4년 전인 1854년이었다.

그 회칙에서는 "인류를 구하신 주 예수 그리스도의 공적을 고려하여 처녀 마리아는 전능한 신의 특별한 은혜와 특전에 의해서 그 수태의 최초의 순간에 원죄에 온전히 물들기 전에 보호되셨다"고 서술되어 있다. 원죄는 인류 전체에 미치기 때문에 마리아가 얼마나 특별한 존재로서 공인되었는지 알 수 있다.

마리아는 '다정함'을 담당하여 지위를 높였다

그 후에도 각지에서 마리아의 출현이라는 사건이 이어졌다. 루르드는 성지로서 신자를 모으게 되었으며, 특히 그 샘에는 병을 고치는 힘이 있다고 믿어지게 되었다. 이제 루르드는 가톨릭의 중요한 성지의 하나가 되었다.

한편 신학적인 면에서 마리아의 지위는 높아져 갔다. 1950년에는 교황인 비오 12세(Pio XII; 재위 1939~1958)에 의해서 이번에는 '마리아 승천 [被昇天]'의 교의가 공인되었다. 이는 마리아가 사후에 부활하여 예수의 계획에 의해 육체와 영혼이 함께 하늘의 부름을 받았다고 하는 것이다. 아버지인 신은 구약성서에서처럼 상당히 엄격한 존재이다. 복음서에 묘

---

16   교황이 전 세계 가톨릭 주교에게 사목(司牧)적 차원에서 보내는 라틴어 서한. 역자주.

사된 예수도 입으로는 율법이 중요하다고 하면서 실제로는 그것을 지키지 않는 인간들에 대해서 꽤 엄격한 자세로 대하고 있다. 그에 비해, 마리아의 경우에는 엄격함과는 관련이 없다. 도대체 복음서에는 마리아에 관한 것은 거의 서술되어 있지 않기 때문에, 그만큼 후세에서는 마리아의 다정함을 자유롭게 강조할 수 있게 되었다. 수태고지受胎告知[17]를 모티브로 하는 그림에서는 생각지도 않았던 임신에 복잡한 표정을 하고 있는 것이 많은데, 어린 예수와 함께 묘사된 성모자상에서는 모두를 사랑하는 어머니의 이미지가 강조되어 있다. 기독교도가 마리아를 성모로 부르고 싶어 하게 된 기분도 이해된다.

마리아는 삼위일체 교의의 안에 짜 넣은 것은 아니다. 그러나 그 지위는 시대와 함께 상승하여, 오늘날에는 일반 신자에게 첫 번째 신앙의 대상이 되고 있다. 이러한 상황을 기독교의 바깥에서 보면 다신교로도 보일 수 있을 것이다. 사실, 이슬람교도 중에는 기독교도는 아버지 신과 어머니 신, 그리고 아들로서의 신을 신앙하는 다신교도라고 하는 인식을 가진 사람도 있다.

---

17   마리아가 성령에 의해 잉태했음을 천사 가브리엘이 마리아에게 알린 일. 역자주.

13
기독교는
지역적으로 어떻게 변용되었는가

가리비 조개를 몸에 지니고 가는 산티아고 순례

가톨릭의 3대 순례지라고 하면 바티칸이 있는 로마, 마리아가 출현한 루르드, 스페인 서북부의 갈리시아주의 주도에 있는 산티아고 테 콤포스텔라이다. 그곳에는 대성당이 세워져 있으며, 예수의 사도 중 한 사람인 야곱의 성유물이 모셔져 있다. 산티아고는 스페인어로 성 야곱을 의미한다.

사도행전에서는 야곱은 헤롯왕에 의해 살해되었다고 말하고 있다. 그러나 9세기가 되어 그 유해가 예루살렘으로부터 멀리 떨어진 산티아고 데 콤포스텔라에서 발견되는 일이 생겼다. 그 시대에는 스페인이 있는 이베리아반도에서 기독교도와 이슬람교도가 전쟁을 벌였기 때문에 성

야곱은 스페인의 수호성인으로 숭배되었다. 그리고 산티아고 데 콤포스텔라는 가톨릭의 순례지가 되어갔다. 이 땅에의 순례는 도보로 하는 것이 관습이 되어 있다. '산티아고의 길'로 불리는 순례길이 있는데, 그 길은 프랑스에서 시작된다. 프랑스 국내의 순례길은 4곳이 있는데, 피레네 산맥을 넘어서 스페인에 들어오는 1루트이다. 가리비 조개를 프랑스어로는 '성 야곱의 조개(coquille Saint-Jacques)'로 부르는데, 순례자는 이 가리비 조개를 몸에 지니고 간다.

토착신앙과의 융합 : 부활절과 크리스마스

한편, 기독교가 유럽에 침투하고 있는 중에 토착신앙을 받아들이게 된다. 그 대표적인 사례가 크리스마스와 부활절이다. 크리스마스는 예수 그리스도가 탄생한 날이며, 부활절은 십자가에 매달려 죽은 예수가 3일 만에 부활한 것을 경축하는 날로 되어 있다. 크리스마스에 대해 중요한 것은 복음서에서는 예수가 언제 태어났는지 그 날짜가 특정되어 있지 않다는 것이다. 어떤 계절에 태어났는지도 알 수 없다. 결국, 예수의 탄생일은 확실하지 않은 것이다. 그 때문에 오늘날처럼 12월 25일에 정해지기 전의 단계에서는 1월 6일에 경축하기도 하고, 3월 21일에 경축하기도 했다. 지금도 정교회의 일부에서는 1월 7일을 크리스마스로 하고 있다.

날짜가 12월 25일로 정해진 경위에는 여러 가지 설이 있다. 일설에는 기독교가 로마제국에 전개된 시대에 다른 유력한 종교인 '미트라교(또는 미스트라교)'[18]가 있었으며, 동지冬至에 주신인 태양신의 부활을 경축하는 것이 기독교의 크리스마스로 이어졌다고 한다. 혹은 로마인은 농경의 신으로 사투루누스(Saturnus)신을 숭배하고 있었는데, 역시 동지에 그 축제가 치러졌다는 것도 크리스마스 기원과 결부되어 있다.

기독교는 그 후 유럽으로 확장되어 갔는데, 토착의 켈트인과 게르만인도 역시 동지의 축제를 거행했다. 이에 따라 예수는 12월 25일에 탄생했다고 하는 신앙이 수용되기에 이르렀다는 것이다. 결국 크리스마스의 기반이 된 것은 동지의 시기에 행해지고 있던, 기독교에서 보면 '이교'의 축제였다. 그 때문에 17세기 초에 아메리카로 이주했던 청교도들은 성서에 충실했으므로 크리스마스를 불순한 신앙으로 인식해서 경축하지는 않았다. 그 전통은 19세기까지 지속되었다. 크리스마스는 본래 계절 축제였으며, 신년의 도래를 축하하기 위한 행사였다는 것이다. 아시아적인 감각으로 말하자면, 정월과 같은 것이다.

부활절의 경우에도 크리스마스와 사정이 유사하다. 원래 부활절은 기

---

18 미트라교는 미트라 밀교(Mithraic Mysteries 또는 Mysteries of Mithras)로도 불리며, 주로 미트라(Mithras)라는 신을 숭배하는 일종의 밀의종교(mystery religion)이다. 기원후 1세기부터 4세기까지 로마제국에서 로마 군인들 사이에서 널리 믿어진 컬트 종교였으며, 로마인들은 이 종교를 페르시아 밀교(Mysteries of the Persians)라고도 칭하였다. 미트라교는 주로 비의(秘儀)를 실천했기 때문에 자신들의 교의나 신학을 기술한 문헌을 남기지 않았다. 따라서 관련 유물들에 새겨진 글들로부터 제한적인 정보를 얻을 수 있을 뿐이며, 고대 그리스와 라틴 문학 속에 간단한 언급들이 있을 뿐이다. 미트라스는 아리아인의 오래전부터의 신 미트라와는 어원적으로 관계가 있지만, 신앙내용은 현저하게 다르다. 신도들은 현세의 고난에서 미트라스의 영웅적 행위로 자신들이 구제된다고 믿었다. 이 종파의 그리스도교에 대한 영향에 대해서는 반드시 명확하지는 않지만, 그리스도교 공인 후 많은 미트라스 신전이 고의로 파괴된 것은 확실하다. 역자주.

교양으로 읽는 세계종교사

일이 확실히 정해져 있지 않았다. '춘분일 후의 최초의 만월滿月 다음 일요일'로 되어있어서 해에 따라 3월 하순이 되는 때도 있고, 4월 하순이 되기도 한다. 최초의 부활절은 유대교에서 가장 중요한 '유월절'의 날에 경축되고 있었다. 최후의 만찬은 유월절의 시기에 행해졌다. 그러나 기독교도는 유대교도와의 차이를 명확히 하기 위해서 부활절을 유월절로부터 거리를 두고자 했다. 그 결과 지금과 같은 방식으로 결정된 것이다. 다만 유월절도 해에 따라 달라지며, 3월부터 4월 사이에 치러지기 때문에 부활절은 역시 그 영향을 지속적으로 받게 되었다고 할 수 있다.

부활절에 토착적인 신앙이 흘러들어온 것은 날짜보다도 그 사용되는 물건에서 드러나고 있다. '부활절 달걀'이나 '부활절 토끼'라는 것이 있는데, 그것은 게르만인의 습속에서 유래한다. 달걀은 껍질을 깨고 병아리가 태어나는 것으로 인해 부활의 상징이 되었다. 토끼는 달에 있는 동물로서, 달의 차고 이지러짐이 죽음과 부활을 상징하기 때문에 예수의 부활을 축하하는 부활절의 상징으로 받아들여진 것이다.

14
기독교의
미래는 어떻게 될까

신천지를 구해서 아메리카에 건너간 분리파 사람들

영국에서는 헨리 8세의 이혼문제를 계기로 하여 가톨릭교회에서 분리, 독립이 행해졌다. 1534년에는 영국의 국왕을 '국교회의 지상地上 유일·최고의 수장'으로 자리매김하는 '국왕지상법國王至上法'이 성립되었으며, '영국 국교회'가 탄생했다. 그러나 국교회는 정치와 종교가 일체화되어 있다는 점에서 체제적으로 보수적인 제도였기 때문에, 이에 반발하며 보다 자유로운 형태로 신앙활동을 실천하려고 하는 사람들이 생겨났다. 그들은 국교회로부터 이탈했기 때문에 '분리파'로 불렸다. 분리파의 사람들은 당초에 런던 주변에서 활동했다가 네덜란드로 이주했다. 다만 네덜란드는 안주할 땅은 아니었으며, 신천지를 찾아서 아메리카의 뉴잉글

교양으로 읽는 세계종교사

랜드로 건너가게 되는데 이것이 'Pilgrim Fathers'이다.

그들은 신앙심이 강했으며, 이주 정착한 메사추세츠에서 가톨릭교회와 같은 권력구조를 부정하는 종교활동을 실천했다. 찬미가를 부를 때 악기를 사용하지 않고, 일요일에는 예배와 성서의 강의에 많은 시간을 할애했다. 그러나 아메리카에 건너온 사람들이 모두 신앙이 독실한 것은 아니었다. 또한 프론티어를 희구하며 서쪽으로, 서쪽으로 향해 가던 과정에서 개척이 우선시되어 신앙은 방치했다. 그러한 상황 중에 '대각성大覺醒'으로 불리는 신앙부흥운동이 일어났다.

야외예배를 행하는 '대각성' 운동

대각성의 파도는 처음에는 뉴잉글랜드에서 18세기 전반부터 중반에 걸쳐서 일어났다. 그리고 중서부로부터 남부로 확산되었으며, 남부에서는 18세기 중반과 세기말에 두 번에 걸쳐서 '야외예배(Camp Meeting)'가 대각성의 무대가 되었다. 이는 농한기인 여름에 열리는 경우가 많았으며, 순회전도사가 순회하면서 옥외에서 집회를 개최하는 것이다. 집회가 개최된다는 소식을 들으면 주변의 지역에서는 수백인 혹은 수천 인의 사람들이 모여들었다. 집회는 수일에 걸쳐서 계속되었다.

야외예배에서는 순회전도사에 의한 설교와 예배가 반복되었다. 전도사는 얼마나 자신들의 죄가 많은 지를 강조하면서 죄를 참회할 필요가 있다는 것을 열정적으로 설교했다. 그에 의해서 청중은 흥분상태에 빠져들어 소리를 지르기도 하고, 착란상태가 되기도 했다. 이에 따라 미국의 중서부에서 동남부에 걸쳐서 기독교 신앙에 열성인 사람들이 사는 '바이블 벨트'가 형성되게 되었다.

'오로지 성서에 충실'한 복음파의 대두

이는 최근의 일이지만, 1970년대부터 1980년대에 이르면 그러한 지역에서 성서에 충실하고자 하여, 학교에서 진화론을 가르치는 것이나, 인공임신중절에 반대하는 '복음파'로 불리는 세력이 대두하게 되었다. 미국에서도 도시지역에서는 자유주의 기독교인이 증가하고 있으며, 세속화도 진행되고 있지만, 복음파는 엄격한 가르침을 신봉하는 것으로서 '기독교원리주의'의 입장을 명확히 하게 되었다. 복음파는 공화당 대통령후보의 유력한 기반이 되어 정치적인 영향력을 지키고자 했다.

복음파가 대두하고 있는 것은 미국만은 아니다. 제2차 세계대전 후에 경제발전이 진행되고 도시화가 진전되는 가운데 복음파 신앙은 각국에서 확산세를 보였다. 그 대표적인 것이 한국이며, 현재는 국민 전체의 30퍼센트 이상이 기독교도이다. 그중에서는 복음파가 많으며, 대각성을 통한 회심체험을 중시하는 것과 함께 병 치유 등의 현세 이익을 강조한다. 한국에서는 샤머니즘의 전통이 있으며, 복음파에도 그것이 흡수되었다. 따라서 한국의 복음파는 일본의 신종교에 가깝다. 근자에 한국에서도 복음파 신앙이 확장세를 보이고 있다고 한다.

게다가 지금까지는 가톨릭신앙이 강했던 중남미 제국에서도 가톨릭의 신앙을 버리고, 프로테스탄트의 복음파에 개종하는 움직임이 생겨나고 있다. 그 기세가 상당한 것이라서 바티칸은 그에 대해 강한 위기의식을 갖고 있다.

쇠퇴해가는 유럽의 기독교 신앙

유럽에서는 복음파가 대두하는 상황은 발생하지 않고 있다. 역으로 기독교 신앙이 대폭으로 퇴조하고 쇠퇴하는 현상이 일어나고 있다. 일요일에 교회의 미사에 참여하는 사람 수가 격감하고 노인들뿐이다. 교회를 이탈하는 사람도 많아서 꾸려갈 수 없게 된 교회가 매각되는 일도 드물지 않게 되었다. 대신에 이민자가 늘어나면서 이슬람교가 확장세를 보이고 있다. 그 때문에 '유럽의 이슬람화'라고 하는 것이 화제가 되기도 한다. 기독교도의 수는 세계 전체에서 약 23억 명이라고 한다. 이는 종교 전체에서 가장 신자 수가 많은 것이 기독교라는 것을 의미한다. 다만 기독교가 쇠퇴하고 이슬람교가 증가하고 있는 상황이 지속된다면 금세기가 끝날 무렵에는 이슬람교가 기독교 수를 능가하게 되지 않을까 얘기되기도 한다.

기독교는 복음파의 대두가 있다고 해도 전체적으로는 위기에 직면하고 있다고 할 수 있다. 본 장의 서두에서 기독교가 성직자에게 독신을 의무로 부과하는 것에 대해 설명했지만, 최근에는 성직자에 의한 성적 학대라고 하는 것이 큰 문제가 되고 있다. 그 점에서도 현대의 기독교는 길모퉁이에 다다른 것이라고 할 수 있을 것이다.

제 4 장

이슬람교는 어떻게 생겨나고, 전개되었는가

피로 물든
이미지의 유래

1
이슬람교는 유대교, 기독교와 어떠한 관계인가

후발 일신교로서 아라비아반도에 태어나다

이슬람교는 대략 18억 명의 신자를 갖고 있으며, 오늘날에는 기독교에 이어서 세계 제2위의 종교가 되었다. 이슬람교는 기독교나 그 모체가 되는 유대교에 비해서 후발 종교이다. 이슬람교가 탄생한 것은 7세기 초의 일이다. 이슬람교가 탄생한 당시의 아라비아반도에서는 이미 유대교나 기독교가 확산되어 있었다. 따라서 이슬람교의 성전인 꾸란에서는 모세나 예수 그리스도가 등장한다. 모세는 '무사'로 불리고, 예수는 '이사'로 불린다. 이사는 '마르얌'에 의해서 처녀 잉태되었다고 서술되어 있는데, 마르얌이란 예수의 모친 마리아를 말한다.

이슬람교는 후발 일신교로서 유대교나 기독교의 영향을 농후하게 받았다. 그것이 가장 명확하게 드러나고 있는 것이 신앙의 대상이 되는 신을 인식하는 방식이다. 이는 이슬람교에 대해 고찰하는 것에 있어서 가장 중요한 의미를 가지고 있다. 이슬람교에서 신앙의 대상이 되는 것은 '알라'라고 하는 신이지만, 이는 정확한 인식은 아니다. 왜냐하면 '알라'라는 것은 신을 가리키는 아라비아어의 보통명사로서 특정한 신을 가리키는 고유명사는 아니기 때문이다. '알라 신'이라고 말하는 방식으로 한다면, '신의 신'이라고 하는 것이 되어 의미가 없어져 버린다.

유대교의 신=기독교의 신=이슬람교의 신

꾸란 안에서 '알라'는 경건한 '이브라힘'이 신앙한 신이라고 되어있다. 이브라힘은 유대교에서는 토라, 기독교에서는 구약성서의 '창세기'에 등장하며, 유대교인이나 아랍인의 조상이 되는 아브라함이다. 아브라함은 간신히 얻은 아들을 희생으로 바치라는 신의 명령에 주저 없이 따르고, 신에게 충실함을 보였다. 이는 이슬람교도에게 있어서 신앙상의 모범이 되는 행동이다. 이슬람교는 이 아브라함의 신앙을 이어받고 있는 것으로 파악할 수 있다. 결국 이슬람교는 7세기에 새로이 탄생한 것이 아니라, 그 역사는 아득히 오래 되었다고 할 수 있다.

알라가 아브라함이 신앙한 신이라고 한다면 그 신은 유대교도가 신앙하는 야훼 내지는 엘로힘과 같다. 기독교는 유대교로부터 발단한 것으로, 기독교도가 신앙하는 주, 아버지인 신은 유대교의 신과 다르지 않다. 그렇다면 유대교, 기독교 그리고 이슬람교에서 신앙되고 있는 신은

교양으로 읽는 세계종교사

유일신이라는 점에서 공통되고 있을 뿐만 아니라, 실제로 같은 신인 것이다.

유대교도·기독교도는 '성서[啓典]의 백성'으로서 보호되었다

다만 이러한 해석은 어디까지나 이슬람교 측에서 본 것으로, 유대교나 기독교 측의 시각은 아니다. 따라서 유대교도나 기독교도에게는 자신들이 신앙하는 신이 알라와 동일하다는 인식은 없을 것이다. 이슬람교에서는 먼저 생겨난 두 종교를 자신들과 형제의 종교로 생각하며 그 신자를 '성서의 백성'으로 인식했다. 이슬람교가 지배한 지역에 거주하는 유대교나 기독교도는 '지즈야(jizyah)'로 불리는 인두세를 부담하는 한 그 신앙을 지킬 수 있도록 보호받았던 것이다.

유대교에서부터 기독교 그리고 이슬람교에 이르는 세 종교는 '셈족 계열의 일신교'로도 불리며, 공통점을 가지고 있다. 더구나 세 종교에서는 각각 다른 신을 신앙하는 것도 아니다. 어디까지나 동일한 하나의 신이 신앙의 대상이 되고 있다. 세 종교 사이에서는 역사상 여러 형태로 항쟁과 대립이 반복되기는 했지만 세 종교가 근본적인 기반을 공유하고 있기 때문이었다.

2
왜, 이슬람교에는
위험한 이미지가 있는가

현대에도 살아있는 '칼이냐, 꾸란이냐'

이슬람교에 대해 생각할 때, 어떻게든 주목하지 않으면 안 되는 것이 그 신앙과 폭력과의 관계이다. 근년에는 미국에서의 동시다발적인 테러나, 이른바 '이슬람제국(IS)'의 문제도 있어서, 이슬람교는 위험한 종교가 아닌가 하고 전 세계적으로 생각하고 있다. 다만 이는 여태까지 처음으로 부상한 것은 아니고, 옛날부터 이슬람교에 따라다니고 있다.

이전에는 '칼이냐, 꾸란이냐'라는 말이 회자되었다. 이슬람교는 그 신앙을 받아들일 수 있는 자는 용서하지만, 거부하는 자에 대해서는 검에 의한 살육도 마다하지 않는다는 것이다. 이슬람국가에 대해서는 틀림없이 이 말이 딱 들어맞는다. 그 점에서 '칼이냐, 꾸란이냐'는 결코 사어가

된 것은 아니다. 다만 이슬람교의 캐치프레이즈가 '칼인가, 꾸란인가'로 파악하는 것에 대해서는 전문가들로부터 그것은 착오라는 견해도 나오고 있다.

호전적인 이미지는 기독교 사회의 편견이라는 지적도 있다

전전戰前의 이슬람교 연구자에 오카와 슈메이[大川周明]라는 인물이 있다. 오카와[大川]는 동경제국대학에서 인도철학을 전공하고, 졸업 후에는 인도의 독립운동에 참가했다. 게다가 3월 사건, 10월 사건, 혈맹단 사건, 5·15 사건 등의 국내의 쿠데타나 테러에도 관여했다. 그 때문에 패전 후에는 민간인으로서 유일한 A급 전범으로 기소당했다. 이러저러한 점에서 흥미로운 인물이지만 동경재판에서는 정신에 이상이 있다고 판단되어 정신병원인 마츠자와[松澤] 병원에 입원당했다. 그 결과 유죄 판결을 받는 일은 없었고, 처형은 면했다. 동경재판의 법정에서 앞에 앉아있던 토죠 히데키[東條英機]의 머리를 두드린 것은 잘 알려져 있다.

다만, 오카와[大川]는 마츠자와 병원에서 꾸란 전문의 번역을 했는데, 이 점에서는 과연 정말로 정신에 이상이 있는지 의심스럽기도 하다. 오카와는 전시 중인 1942년에는 『회교개론(回敎槪論)』(中公文庫)라는 책도 저술했다. 회교回敎라는 것은 이슬람교이다. 『회교개론』 안에서 오카와는 '칼이냐, 꾸란이냐'라고 하는 인식에 대해 다음과 같이 서구사회의 편견으로 파악하고 있다.

"기독교도의 역사가가 질풍노도의 기세로 행한 아라비아인의 서아시아 정복과 그 주민의 개종에 넋이 달아나서, 회교의 홍포(弘布)는 전적으로 '칼이냐, 꾸란이냐'하고 외치는 전사(戰士)에 의해 이루어진 것으로 잘못 전달한 이래 무함마드의 종교는 주로 칼과 창의 힘에 의해서 확장된 것처럼 인식되고 있다. 그러나 세상에 널리 유포된 이러한 인식은 오류이다. (중략) 회교가 신속하게 홍포된 최대의 원인은 그 신앙의 순일함, 교의의 간결함, 전도자의 열성 및 당시 동방제국의 정치·종교적 혼돈이었다"

오카와[大川]는 '칼이냐, 꾸란이냐'라고 하는 이슬람교에 대한 이미지가 기독교사회의 편견에 기초한 것이라는 것을 이미 전시 중에 지적했던 것이다.

세금을 바치면 개종할 필요가 없다

현대에도 자신이 이슬람교도인 이슬람교 연구자인 나카타 코우[中田考]는 오카와와 마찬가지로 '칼이냐, 꾸란이냐'의 이미지가 오류라는 것을 지적하고 있다. '칼이냐, 꾸란이냐'라고 하는 것으로부터 이슬람교도는 호전적이라 난폭하며, 그들이 이교도에 대해서 폭력으로 개종을 압박하는 듯한 이미지가 만들어져 있다. 그렇지만 나카타[中田]는 정확히 "칼이냐, 세금이냐, 꾸란이냐"라고 한다. 결국 세금만 납부하면 이슬람교로 개종할 필요가 없고, 이교도에게도 영주권이 보증되며, 그것이 자손에게까지 미친다는 것이다. 이는 이미 서술했던 '성서의 백성'을 가리키고 있다. 나카타는 그것이 "학계에서는 상식이다"라고 서술하고 있다(나카타 코우[中田考] 『이슬람-생과 사의 성전』 集英社新書).

그러나 오랫동안 이슬람교에 대해서 부여되어 온 이미지가 그리 간단하게 사라져버리지는 않는다. 도리어 최근에는 '칼이냐, 꾸란이냐'가 단순히 기독교도의 편견에 의한 것이 아니라, 이슬람교라고 하는 종교 고유의 것이라고 하는 인식이 강화되는 것으로도 이어지고 있다. 이 점을 어떻게 생각할 수 있을까. 이슬람교를 이해하기 위해서는 피해서는 안되는 문제이다.

3

교조 무함마드는
어떠한 인물인가

무함마드야말로 '최후의 예언자'

공통의 뿌리에서 뻗어나간 유대교, 기독교, 이슬람교의 차이점을 고찰하기 위해서 반드시 주목하지 않으면 안 되는 것이 세 종교에 있어서 '예언자'에 대한 인식이다. 셈족 일신교에서는 신의 메시지를 인간에 전해 주는 예언자의 존재가 중시되어 왔다. 유대교에 있어서는 여러 예언자가 출현하여 인간에 대해 경고를 주었다. 그것은 구약성서의 각 문서에 기록되어 있다. 유대교에서는 기독교의 개조인 예수 그리스도도 무수하게 존재하는 예언자의 한 사람에 지나지 않는다.

그러나 기독교에서는 예수를 예언자로서 생각하지 않고, 인간과 신 양쪽의 성격을 갖는 특별한 존재로 인식한다. 그로 인해, 예수는 기독교의 중심적인 교리인 삼위일체의 한 위격을 구성한다. 그 점에서는 기독교와 유대교는 근본적으로 서로 상충하는 것이다. 한편, 이슬람교에서 예수는 유대교와 마찬가지로 예언자의 한 사람으로 자리매김 되며, 특별히 신성한 존재로는 생각되지 않는다. 그 때문에 모세나 예수를 포함하는 과거의 예언자는 신의 메시지를 바르게 전할 수 없었으며, 무함마드야말로 유일하게 그것을 바르게 이해한 예언자라고 한다. 무함마드가 '최후의 예언자'로 불리는 것도 그를 통해서 신의 메시지가 바르게 인류에게 전해졌다고 하기 때문이다.

무함마드는 전설상의 존재인 모세나, 동시대의 기록이 없는 예수에 비교하면 활동했던 시대는 꽤 후대이다. 570년경에 태어났는데, 이는 일본의 아스카[飛鳥]시대에 해당한다. 무함마드는 쇼토쿠[聖德]태자와 동시대인이었다. 그러나 무함마드가 어떤 생애를 보냈는지 정확한 것은 반드시 명확하지는 않다. 게다가 이것이 주목할만한 점이지만 예수에 대한 복음서나 붓다에 대한 불전처럼 성전으로서 자리매김 될 수 있는 무함마드의 전기는 존재하지 않는다.

고뇌하는 상인에게 계시가 내려오다

무함마드는 상인이었던 것으로 되어 있으며, 그것을 반영하여 꾸란에는 사람과 신과의 관계를 맺는 방식이 상거래상의 계약의 예를 들어 표현되어 있는 곳이 있다. 예를 들면, "알라보다도 자신의 약정을 보다 잘 달성하는 자가 누가 있을까. 그 때문에 너희들이 그와 매매한 상거래를 기뻐하나니"(제9장 111절)이 있다. 무함마드의 처나 그 가족도 상인이었다고 되어있다. 이것은 나중에 이슬람교의 신앙이 상인에 의해서 확장되는 것으로 이어지게 된다.

상인으로서 활동하고 있던 무함마드는 중년기에 들어서 커다란 고민을 품게 되었다고 한다. 다만 그 고민이 구체적으로 어떠한 것이었는지는 명확하지 않다. 이슬람교도의 사이에서 추정되어 있지도 않다. 불교에서는 붓다가 품었던 번뇌가 깨달음으로 연결되는데, 그 번뇌가 '사고四苦'로서 중시되고 있는 것과는 대조적이다. 그렇다 해도 중요한 것은 신의 메시지이며, 인간인 무함마드의 생애는 본질적으로는 중요하지 않기 때문이다.

고민을 품었던 무함마드는 메카에 가까이 있는 히라산의 동굴에서 은거하며, 명상의 나날을 보냈다. 그리고 610년경, 명상 중인 무함마드의 앞에 천사 가브리엘이 나타나서 신의 메시지를 차례로 전해주게 된다. 머지않아 무함마드는 그 메시지를 주위의 사람들에게도 말하게 되며, 예언자로서 활동을 시작했다. 그 최초의 신자가 된 것은 처인 하디자였다.

신의 메시지를 모은 '꾸란'이란

신의 메시지를 모은 것이 꾸란이다. 신의 계시는 크게 분류하여 '메카 계시'와 '메디나 계시'로 나뉜다. 이 구별은 무함마드가 처음에 메카에 있었지만, 주위로부터 박해를 받아서 메디나로 이주한 것에서 생겨났다. 이슬람교에서는 무함마드가 이주했던 것을 '헤지라'라고 부른다. 일본

교양으로 읽는 세계종교사

어로는 '성천聖遷'으로 번역된다. 그러나 양자는 단지 신으로부터 계시를 받았던 장소가 다른 것뿐만이 아니라, 내용 면에서도 다르다. 메카 계시에는 종말론적인 색채가 농후해서 세상의 종말에 대한 경고가 많이 포함된다. 그에 비해서 메디나 계시에서는 주위에 무함마드를 신봉하는 신도집단이 형성되었기 때문에 신도에 대한 구체적인 지시가 많이 포함되게 된다.

메카 계시의 대표적인 사례로서는 "또한 알라야말로 바람을 보내주시는 분으로 그는 구름을 일으킨다. 그리고 우리는 메마른 땅에 그(비를 불러오는 구름)를 쫓아 보내서 그것에 의해 대지의 죽음 이후에 식물을 되살아나게 했다. 부활도 이러한 것이다"(제35장 9절)을 떠올릴 수 있다.

이것이 메디나 계시로는 "알라의 모든 모스크는 알라와 최후의 계시를 믿고, 예배를 준수하며, 깨끗한 재물을 기부하고, 알라 외에 두려워하지 않는 자만이 지배하는 것"(제9장 18절)이라고 되어 있다. 이는 이슬람교뿐만 아니라, 개조가 존재하는 창시종교 일반에 해당되는 것이지만, 교단이 형성되는 무렵의 초기 단계에서는 기존의 사회를 강력하게 비판하며, 종말론적인 가르침이 집중적으로 얘기된다. 그러므로 그만큼 사회와의 알력도 커지고, 대립을 만들어내며, 박해를 받는 일이 적지 않다. 그러나 차츰 교단이 그 세력을 확대하고, 사회에 정착하게 되면 가르침의 내용도 변화해가고, 종말론적인 경향도 희미해지게 된다. 이슬람교에서는 메카 계시와 메디나 계시의 차이에 그것이 나타나 있다.

꾸란 안에서 종말론적인 메시지와 신앙생활을 진전시키기 위한 구체적인 지시의 쌍방이 포함되어 있다고 하는 것은 이슬람교가 '이중성'을 가지고 있는 것을 의미한다. 사회에 위기의 사태가 발생하고 신앙자가 박해를 당하게 되는 시대에는 메카 계시가 각광을 받으며, 신앙운동은 종말론적인 색채를 띠게 된다. 그것이 현대에서 '이슬람교 원리주의 과격파'의 연원이 되기도 하지만, 평화로운 시대에는 메디나 계시 쪽이 훨씬 중요성을 띠게 된다.

후자의 성격이 보다 농후한 것이 이슬람교의 성전으로서 꾸란을 잇는 지위를 부여받고 있는 '하디스'이다. 하디스는 무함마드의 언행록으로서 무함마드가 어떠한 행동을 하고, 거기에 대해 어떻게 발언했는지를 기록한 것이다. 하디스에 기록된 것과 같은 자세를 취하는 것이 이슬람교의 신도 '무슬림' 전체에 요구되어 왔다.

무함마드에 대한 증언집 '하디스'

하디스는 상당한 분량이며, 거기에는 무함마드의 주위에 있던 사람들의 증언이 수없이 집성되어 있다. 거기에서 중심적인 테마가 되고 있는 것이 그가 어떻게 해서 신을 모시게 되었는가 하는 것으로서 여러 가지 사례를 통해서 구체적인 방법이 기록되어 있다. 그 중에서도 가장 상세하게 서술되어 있는 것이 무함마드가 신을 모시는데 있어서 어떻게 몸을 정화했는지에 대한 것이다. 예를 들어 '정화의 서書' 64에서는 "슬라이만 분 야세르가 있을 때, 아이샤에게 예언자의 옷에 묻은 정액에 대해 물으면, 그녀는 언제나 그것을 빨아두었으며, 그가 예배에 나갈 때, 옷에는 세탁한 물의 흔적이 생생하게 남아있었다고 답했다"는 기록이 있다. 아이샤는 무함마드의 세 번째 처이다. '월경月經의 서'에서는 월경 기간

중의 여성이 어떻게 행동하면 좋을지 상세하게 기록되어 있다. 성교의 흔적이나 월경은 예배를 행하기 위해서 정화해야 할 대상인 것이다.

그러한 기술을 읽어가다 보면 이슬람교의 본질이라는 것이 실은 일본의 신토[神道]와 가까운 것은 아닐까 하는 인상을 받게 된다. 신토에서도 오염을 정화하는 것이 결정적인 중요성을 지니고 있다. 모스크에는 신사神社의 '데미즈야[手水舍]'처럼 예배하러 온 자가 자신의 신체를 정결하게 하기 위한 세면장이 준비되어 있다.

신의 메시지인 꾸란과 무함마드의 언행록인 하디스는 무슬림이 매일 살아가는데 어떻게 해야 하는지 삶의 방식을 보여주는 기본적인 지침이다. 거기에는 종교적인 행위뿐만이 아니라, 법적인 규제나 에티켓 등도 포함되어 있다. 그것이야말로 무슬림을 규율하는 이슬람법 '샤리아'이다. 샤리아는 바로 생활에 관한 것인데, 무슬림으로서의 당연히 그래야 할 삶의 방식이다. 이는 유대교의 법인 할랄과 공통적인 것이다.

4
어떤 근거에서
타종교에 칼날을 겨누는가

꾸란의 제9장에서 권장하는 다신교의 배제

이슬람교가 위험한 종교인가를 고찰하기 위해서 주목하지 않으면 안 되는 것이 꾸란의 제9장이다. 제9장은 '회오悔悟'로 제목이 붙어있다. 꾸란은 전체 114장으로 되어 있으며, 각각의 장에는 타이틀이 붙어 있다. 수록된 순서는 긴 장부터이며, 마지막 장이 되면 꽤 짧다. 제9장 5절에는 '다신교도들을 찾아내서 차례로 죽이고, 체포하고, 포위하며, 모든 길에서 그들을 기다리라'고 되어 있다. 다신교도란 이슬람교도나 '성서의 백성'인 유대교도, 기독교도 이외의 종교 신도를 가리킨다.

꾸란의 각 장 서두에는 대부분의 경우, "자비롭고, 자비로운 알라의 이름으로"라고 하는 구절이 등장하며, 알라가 얼마나 자비가 깊은 존재인

교양으로 읽는 세계종교사

지가 강조되어 있다. 그러나 제9장만은 이 문구가 빠져있다. 왜 제9장에서만 알라의 자비가 강조되지 않은 것일까. 『일아대역日亞對譯 꾸란』(作品社)에서는 "불신앙자와의 절연과 선전포고이기 때문에 자비의 말이 보태어지지 않은 것"이라고 서술되어 있다. 덧붙여 꾸란은 코란의 아라비아어 독음을 따른 것이다.

여기에 주목한다면, 알라는 이슬람교를 신앙하는 무슬림들에 대해서 자신들을 신앙의 대상으로 하지 않는 다신교도를 모두 살해하도록 명하고 있는 것이 된다. 그것은 틀림없이 다신교도인 일본인의 입장에서는 매우 공포스러운 것이다. 『日亞對譯 꾸란』의 감수자이기도 한 나카타 코우[中田考]는 꾸란이 "예언자 무함마드 단지 1인이 맡은 신의 계시의 책"이라는 점을 강조하고 있다. 무함마드 자신이 꾸란을 기록한 것이 아니라, 무함마드로부터 꾸란을 들은 직제자들이 무함마드 사후 15년 정도 지난 시점에서 그것을 책의 형태로 만들었다고 한다(최근 영국의 버밍검대학에서 가장 오래된 꾸란의 사본이 발견되었는데, 그것은 568년~645년 사이의 것으로 추측되고 있다. 무함마드가 죽은 것은 632년이다.).

중요한 것은 꾸란에서는 그것을 기록한 자의 편집구編集句도, 무함마드 자신의 말도 배제되었으며, "예언자 무함마드가 준 신의 말씀으로만 성립되어 있다"고 하는 점이다. 결국 다신교도를 찾아내서 차근차근 죽이라고 한 말은 신이 직접 한 것이라는 얘기가 된다. 그러나 그것은 무함마드의 사후 얼마 되지 않은 시기에 꾸란에 수록되었다. 후세에 추가되거나, 윤색되었을 가능성은 생각할 수 없다. 그렇다면 다신교도를 죽이라는 것은 이슬람교의 교리인가. 신자는 거기에 복종하지 않으면 안 되는 것인가. 그것이 문제가 되어 왔다.

휴전기간 중에는 다신교도도 자유로운 왕래가 허락된다

"다신교도들을 찾아내서 차례로 죽이고, 체포하고, 포위하고, 여러 길에서 그들을 기다리라"의 부분만을 추출하면 그것이 신의 말인 이상 그 신을 신앙하는 무슬림이 복종하지 않으면 안 되는 가르침이 된다. 다만, 단순히 그렇게 단언할 수 없는 것은 이 말씀에는 "그래서 모든 제성월諸 聖月이 지나면"이라는 전제가 있기 때문이다. '제성월諸聖月'이란 무엇인 가. 그것은 순례월인 드 알 힛짜(12월 10일)부터 시작된다. 혹은 드 알 카 아다(11월)부터 시작되는 4개월 간으로, 그 사이에는 '전쟁도 복수도 금 지된다"라고 『日亞對譯 꾸란』에서는 해설되어 있다.

더욱이 그 뒷부분에서는 "하지만 만약 그들이 참회하면서 울고, 예배 를 준수하며, 재산을 기부한다면 그들의 길을 비워주어라. 진실로 알라 는 잘 용서해주시는 자비 깊은 분"의 구절이 있다. 이러한 전후의 부분이 있는 것을 생각한다면 알라는 이슬람교도에 대해서 언제, 어떠한 경우에 도 다신교도의 살해를 명하고 있는 것은 아니라는 것이다. 알라는 휴전 상태에 놓인 4개월의 제성월의 기간에 다신교도들이 이슬람교세력이 지 배하고 있는 지역을 자유롭게 왕래하는 것을 허락하고 있다. 그것은 다 신교도들이 이슬람교세력이 미치지 않는 지역으로 도망치는 것도 허용 하고 있는 것이다.

그러나 다신교도가 개전하여 이슬람교도가 이행하는 예배나 희사를 행한다면 죽이거나 하지 말고 자유롭게 활동하는 것을 허락하라고 명하기도 한다. 게다가 이에 이어서 제6절에서는 "또한 만약 다신교도 한 사람이 너에게 보호를 요청한다면 너희가 알라의 말씀을 듣기까지는 그를 보호하며, 그때부터 그 자를 안전한 장소에 보내주어라. 그것은 그들이 알지 못하는 백성이기 때문이다"라고 하였는데, 이는 이슬람교의 가르침이 아직 다신교도의 사이에 충분히 전해지지 않고 있는 상황을 전제로 한 것이다.

이슬람교는 부족이 대립하고 있던 아랍의 사회를 통합하고, 그곳에 평화를 가져오는 것으로서 등장했다. 다만 이슬람교가 확산된 지역에서 다른 신을 신앙하는 다신교가 포함되어 있으면 그들과 신뢰 관계를 맺는 것은 어렵다. 실제로 제9장의 여기에 이어지는 부분에서는 다신교와 맹약이나 조약을 맺는 것의 어려움에 대해서 여러 가지로 서술되어 있다. 게다가 신의 말씀을 어떻게 이해하는가라는 문제도 걸려 있다. 신의 말씀은 절대적인 것으로 되어있는데, 그것이 발화되었던 문맥이 있으며, 어느 특정한 시간에 무함마드에게 전달되었다는 것은 틀림이 없다. 그 문맥을 고려하지 않으면 신이 정말로 무엇을 전하려고 하는지를 이해할 수 없다.

그러나 그 문맥을 무시할 수도 있다. 문맥을 고려하지 않고, 신은 다신교도의 살해를 요구하고 있다고 해석하며, 테러를 실행하는 것도 할 수 있다. 실제로 근년에는 그러한 것이 행해지고 있지만, 거기에는 나중에 서술하는 것처럼 이슬람교에서는 조직이 발달되지 않고, 신의 말씀을 자유롭게 해석하는 것에 대해서 막을 방법이 마련되어 있지 않다는 것이 관련되어 있다.

5
이슬람은 어떤 신앙생활을
하고 있는가

생각과 행동을 규정하는 '6信5行'

여기에서 우리가 생각하지 않으면 안 되는 것은 이슬람교의 본질적인 성격에 대해서이다. 생각해보면, 이슬람교라는 종교는 불교나 기독교와 비교할 경우, 놀라울 정도로 단순하다. 그 점이 충분히 인식되어 있지 않기 때문에, 오히려 이슬람교를 이해하는 것이 어렵다고 말하는 지도 모른다. 이슬람교에서 신앙의 기본이 되고 있는 것이 '6信5行'이다.

6신이라는 것은 신앙의 대상을 의미하며, '알라', '천사', '꾸란', '예언자(무함마드)', '내세', '예정'으로 되어 있다. 이 중에서 '예정'은 '정명定命'으로도 번역되는데, 둘 다 모두 이 세계에서 일어나는 일은 신에 의해서 정해지고, 예정되어 있다고 하는 의미이다. 무슬림이라고 하는 것은 이 여섯 가지를 믿는다는 것이다.

5행이라는 것은 신앙생활을 의미하며, 무슬림이 구체적으로 무엇을 해야 하는지를 정해놓은 것이다. 5행에는 '신앙고백(샤하다)', '예배(쌀라)', '희사(자카트)', '단식(쏘움)', '순례(핫즈)'가 포함된다.

신앙고백은 이슬람교에 개종하려고 하는 사람이 "알라 외에 신은 없다. 무함마드는 알라의 사도이다"라고 외는 것이다. 예배는 1일 5회, 정해진 시간에 메카의 방향을 향해서 행한다. 희사는 풍족한 자가 가난한 자에 대해서 기부를 하는 행위를 의미한다. 이는 이슬람교뿐만 아니라, 타종교에서도 일반적으로 권유되고 있는 행위이다. 이슬람교의 특유한 실천이 단식과 순례이다. 1년에 한 번씩 돌아오는 단식월과 순례월에 무슬림은 단식을 하고, 메카에의 순례를 이행한다.

단식은 무슬림이 1년에 한 번 이행해야 하는 것이며, 단식월 중에는 일출부터 일몰까지 식사를 하지 않는 것은 물론 물도 마시지 않는다. 침을 삼키는 것도 하지 않도록 되어 있다. 순례는 몇 번이고 행하는 것은 아니고, 일생에 한 번 행해야 하는 것으로 되어 있다. 메카에의 순례를 이행한 사람은 '핫지'로 불리며, 주위로부터 존경을 받는다. 다만 순례를 희망하는 자는 많고, 현재는 국가에 따라서 그 해에 순례할 수 있는 사람의 수가 제한되어 있기 때문에 무슬림이라도 누구나 순례를 이행할 수 있는 것은 아니다. 그만큼 순례를 이행하는 것이 가능한 사람의 기쁨은 크다. 일반의 무슬림이 일상적으로 행하는 것은 1일 5회의 예배와 단식월에 하는 단식 그리고 희사이다.

단식을 통해서 무슬림은 무엇을 느끼는가

본 장에서 헤지라[聖遷]에 대해 설명했는데, 단식은 그 과정에서의 고난을 따라서 체험하기 위해 행하는 것이다. 완전히 식사를 끊는 것은 아니며, 또한 일찍 시작하는 것이나, 길게 지속하는 것은 사실 장려되고 있지 않다. 그 점에서 일본인이 생각하는 고행으로서의 단식과는 성격이 다르다.

일몰 후에는 먹는 것이 허락되기 때문에 그 사이에 먹을 수 있는 만큼을 보충하려고 석식에는 호화로운 식사가 차려지며, 연회와 같은 상태가 된다. 게다가 단식월이 밝아질 때에 이드 알 피트르라는 축제가 치러지기 때문에 단식 자체가 축제의 성격을 함께 가지고 있다. 그러나 단식이 지속되는 기간에는 당연히 사회생활은 멈추게 된다. 예배를 하더라도 한낮에 일을 중단하고 행하는 일도 있기 때문에 일종의 숨고르기(refresh)가 되는 측면도 있다.

이슬람이라고 하면, 돼지고기를 먹어서는 안 된다던가, 술을 마셔서는 안 된다던가, 계율이 엄하다고 하는 이미지가 있다. 분명히 꾸란에는 음식 규정이 있으며, 먹어도 좋은 것과 먹어서는 안 되는 것이 구별되어 있다. 일본인은 돼지고기를 먹기를 좋아하는데 그것을 먹을 수 없는 것은 고통스럽고, 엄격한 것이라고 생각하게 된다. 하지만 이슬람교가 널리 퍼진 지역의 사람들은 애초에 돼지는 오염된 것으로 생각하여 그것을 먹으려는 생각은 전혀 하지 않는다. 일본인은 개를 식용으로 하지 않는데 "개고기를 먹을 수 없어서 힘들다"라고는 생각하지 않는 것과 같다.

여기서 한 가지 중요하게 여겨지는 것이 '계율'의 문제이다. 사전을 인용해보면 계율이란, "일반적으로 종교에서의 생활규율"(『廣辭苑』)로 되어 있다. 중요한 것은 계율이 '계'와 '율'로 나뉘며, 각각 별도의 의미가 부여되어 있다는 점이다. 계라는 것은 "자율적으로 규율을 지키려고 하는 마음의 작용"으로 되어 있으며, 율은 "타율적인 규제"로 되어 있다. 여기에서 계와 율이 자율과 타율이라는 형태로 구별되어 있는 것은 계가 본인이 그것을 지키는지, 어떤지를 자발적으로 결정하는 것인데 비해서, 율은 집단의 규율로서 강제되는 측면을 가지고 있기 때문이다.

우리들은 계도, 율도 같은 것이라고 생각하면서 일괄하여 계율로 파악한다. 그렇지만 계와 율은 성격이 다른 것으로 그것은 이슬람교의 계율에서도 마찬가지이다. 이슬람교의 경우, 일반적으로 계율로 되어 있는 것은 모두 계이며, 율은 아니다. 따라서 단식의 기간 중에 음식을 먹어도 그것으로 벌을 받게 되지는 않는다. 예배를 행하지 않아도 그것으로 처벌되지는 않는다. 국가에 의해 예배를 강제하는 곳도 있는데, 그 경우에는 벌이 따르지만, 그것은 직접 이슬람교의 교리에서 온 것은 아니다. 이슬람교에 율은 없으며, 모두 계이고 벌칙은 따르지 않는다.

<u>6</u>
왜, 이슬람교에는
조직적인 교단이 없는가

_____
모스크는 예배를 위해 세운 집회소에 지나지 않는다

그러면 왜 이슬람교에서 율에 해당하는 것이 존재하지 않는 것일까. 그것은 조직이라는 것이 존재하지 않기 때문이다. 일반적으로 종교에서는 교단이라는 형태의 조직이 존재하고, 신자는 교단에 결집한다. 이슬람교에서도 모스크라고 하는 종교시설이 있다. 모스크는 일견 조직처럼 보이지만 어디까지나 예배소이다. 가끔 가까이 있는 무슬림이 예배에 올뿐, 각각의 개인이 특정 모스크에 소속되는 형태는 아니다.

이슬람교에는 일반적인 종교의 교단에 해당하는 것이 없다. 이슬람교에서 조직으로서는 이집트의 무슬림동포단이 떠오르지만, 이는 예외적인 것이다. 게다가 현재 이집트 정부로부터 탄압을 받아서 무슬림 동포단은 위기적 상황으로 몰리고 있다.

　이슬람교에는 2대 종파로서 순나파(순니파)와 시아파가 있다. 시아파는 더욱 작은 파로 세분되는데, 이것도 학파로서의 성격이 강하며, 적어도 각각의 파가 교단을 조직하고 있지는 않다. 돼지고기를 먹어서는 안 된다는 계율에 대해서 일본인은 그것을 벌칙을 수반하는 율로 생각하기 쉽다. 그러나 교단조직이 존재하지 않는 이슬람교에서는 원래 율은 존재할 필요가 없다. 모든 것은 자발적인 계이다. 이슬람교도가 돼지고기를 먹는다 해도 그것으로 벌을 받지는 않는다는 것이다.

　"다신교도들을 찾아내어 차례로 죽이고, 체포하고, 포위하고, 여러 길에서 그들을 기다리라"고 꾸란에 얘기되고 있어도 그것을 실행하지 않으면 벌을 받는 것은 아니다. 그것을 실행하는지, 안 하는지는 개개인 무슬림의 임의에 맡겨진다. 그 점에서는 신의 가르침은 강제력을 갖고 있지 않다. 실제로, 일반적인 무슬림은 다신교도를 살해하거나 하지는 않는다. 교단조직이 존재하지 않고, 교의를 실행하는지, 어떤지는 개인에게 맡기고 있다고 하는 점에서 이슬람교는 극히 규제가 느슨한 종교라고 하는 것이다.

이슬람교의 세계는 개인주의인 한편 신의 앞에서는 전원이 평등

　그렇다면 왜 이슬람교에서는 조직이 존재하지 않는 것일까? 그 점에 대해서는 두 가지의 이유를 생각해볼 수 있다.

　첫째는 이슬람교가 확장된 지역의 특수성이다. 이는 시아파가 확산되어 있는 이란에 대해서는 이와자키 요코[岩崎葉子]의 『'개인주의' 대국 이란』(平凡社新書)라는 책이 있다. 저자는 연구를 위해서 이란에 체재 하고 있는데, 생활하는 중에 이란인이 철저하게 개인주의라는 것을 발 견했다. 기업 등의 조직은 발달하지 않았으며, 맨션의 건설 등을 하는 것 도, 각각의 역할을 맡은 직장인으로서 고충을 말해도 조직 차원에서는 대응해주지 않는다고 한다. 이따금 터키인인 나의 의동생의 생활태도 나, 일에 대한 자세를 보고 있으면 이란인과 공통된 점을 느낀다. 터키는 순니파에 속한다. 조직에 의지하는 것이 없고, 어떠한 것이라도 개인적 으로 진행한다. 일본에서는 조직이 발달하여 대개의 인간은 뭔가의 조 직에 속해 있지만, 이란인이나 터키인은 자율적이며 조직으로 움직이지 는 않는다. 그러한 사회에서 확산된 이슬람교에 조직이 생겨나지 않는 것도 당연하다.

또 한 가지, 이 쪽이 훨씬 중요한데, 이슬람교의 세계에서는 신은 절대 적이고, 인간과는 전적으로 다른 존재로서 인식되고 있다. 신은 창조주 이면서 인간이 복종할만한 법을 정한 존재이다. 6신信 안에 예정[定命]의 인식을 보여주고 있는 것처럼 모든 것은 신이 결정하는 것이며, 인간이 그것을 변화시킬 수는 없다는 것이다. 신이 모든 것을 결정하는 이상, 이 슬람법을 정하고, 변경할 수 있는 인간은 존재하지 않는다. 인간은 신 앞 에서 평등하고, 상하관계는 존재하지 않는다. 그것은 있어서는 안 되는 일이다.

조직이 생기면 명령계통이 생기고, 상하관계가 만들어지게 된다. 낮은 입장에 있는 인간은 위에 있는 입장의 인간에 복종하지 않으면 안 된다. 그것은 신 앞에서 인간의 평등이라고 하는 것에 반하는 것이다. 이러한 인식이 있기 때문에 이슬람교에서는 조직이 발달해있지 않은 것이다. 물론 사회가 근대화되면 조직도 발달한다. 개인주의 사회에서도 기업 등이 생겨나고 있지만, 적어도 이슬람교의 신앙세계에서는 교단조직은 생겨나지 않고 있다.

7
이슬람교의 지도자는
어떤 위치인가

성속의 세계가 구별되어 있지 않다

또 한 가지, 이슬람교의 특징으로 제기하지 않으면 안 되는 것이 '성·속일체'이다. 제3장에서 본 것처럼 기독교에서는 성스러운 세계와 속된 세계는 근본적으로 구별되어 있으며, 신에 의해서 지배되는 성스러운 세계에 들어가기 위해서는 세속의 세계를 버리지 않으면 안 된다. 독신을 계속 지켜나가는 사람이 성직자가 되지만, 이슬람교에서는 그러한 입장의 사람이 없다. 이슬람교에서는 성과 속의 세계는 분리되어 있지 않다. 이 점에서 이슬람교는 유대교에 가깝다.

성·속의 분리를 강조하는 기독교의 입장에서 보면, 성과 속을 구별하는 인식이 본디부터 없기 때문에 자신들을 성·속 일체의 종교라고 생각하지 않는다. 그렇지만 '이슬람교 성직자'라고 표현이 되는 존재가 있다. 이슬람교에도 예배를 맡고, 설교를 하는 성직자가 존재한다고 인식되고 있다. 그러나 엄밀히 살펴보면 이슬람교에는 성직자는 없다. 일반적으로 이슬람 성직자라는 사람들은 '이맘'이라든가, '울라마'로 불린다. 그들은 종교상의 지도자이지만, 속인으로서 결혼을 하고, 가정도 꾸리고 있다. 이맘은 모스크에서 꾸란을 낭송하고, 설법을 한다. 울라마는 이슬람교의 법학자이며, 자신의 견해를 '파트와(fatwā)'[19]로서 발표한다. 주변으로부터 신뢰를 얻고 있는 울라마의 파트와는 이슬람법을 해석하는 것에서 많은 사람들에게 참고되지만, 울라마 사이에 상하관계가 있는 것은 아니며, 절대적인 권위는 존재하지 않는다.

이슬람교에 있어서 성과 속의 분리가 보이지 않는 것은 모스크에 대해서도 얘기할 수 있다. 유럽 가톨릭의 교회에서는 성인의 성유물이 숭배되는데, 그것은 신성한 물건으로 인식되고 있다. 예배의 대상이 되는 그리스도 상이나 마리아 상의 경우도 신성시되고 있다. 그러나 모스크의 경우, 그 내부에 신성한 것은 일체 존재하지 않는다. 혹은 무슬림이 매일 예배를 할 때 향하게 되는 메카의 방향인 '키블라(qibla)'를 가리키는 '미즈랍'이라는 구덩이뿐이다. 미즈랍은 색채가 진한 타일이 사용되기도 한다. 다만 중요한 것은 어디까지나 메카의 방형을 나타내는 것이며, 미즈랍 자체는 신성시되지 않는다. 그 외에 모스크의 중앙에는 신성한 것은

---

19   fatwā(복수형 fatāwā)는 이슬람교에서 이슬람 법학에 근거하여 발표되는 권고, 포고, 견고, 재단(裁斷)을 말한다. 법률에 의한 구속력은 없지만, 심리적인 면에서 교도들에게 큰 영향을 미친다. 역자주.

일체 존재하지 않는다.

메카에도 신성한 것은 존재하지 않는다

그렇다면 메카는 성지인 것일까? 순례월에는 세계에서 메카를 향해 순례자가 찾아오는데, 순례자는 먼저 메카의 중심에 있는 카바신전을 일곱 번 돈다. 카바신전은 세로 12미터, 가로 10미터, 높이 16미터의 입방체 건물로서 '키스와'로 불리는 커다란 천으로 덮여 있다. 카바는 아라비아어로 입방체의 의미로서, 문자 그대로 그것은 단지 입방체인 것이다. 이슬람교에서는 그 신앙이 침투하기 이전 시대를 '쟈히리야(Jāhiliyyah; 無道시대)'로 부른다. 무도시대에 카바신전의 안에는 많은 우상이 장식되어 있었다. 그러나 무함마드가 그것을 일소시켜버렸기 때문에 지금은 그 내부에 아무것도 모셔져 있지 않다. 신전의 동측의 벽에는 검은 돌이 끼워져 있어서 순례자는 거기에 접촉하려고 하지만 그것도 신성한 것으로 여겨지지는 않는다. 카바신전 내부의 영상이 공개되기도 하는데, 안에는 기둥이 있을 뿐이다.

모스크에 신성한 것이 없듯이, 메카의 카바신전에도 신성한 것은 없다. 그 점에서는 메카를 성지로 불러도 되는지, 어떤지 그것이 큰 문제이다. 신성한 것이 존재하지 않는 이슬람교에서는 우상숭배의 금지가 철저하다. 모세의 십계에서 유일절대의 신만을 신앙하는 것과 함께 우상을 만드는 것이 금지되어 있다. 유대교에서는 우상숭배의 금지는 엄격하게 지켜오고 있지만, 기독교에서는 상당히 완화되어서 여러 가지 성상이 만

교양으로 읽는 세계종교사

들어졌다. 십자가도 그러한데, 그리스도 상이나 마리아 상은 우상이며, 그것을 만들어 숭배하는 것은 명백하게 십계를 어기는 것이다.

　이슬람교에서는 유대교와 마찬가지로, 혹은 그 이상으로 철저하게 우상숭배를 금지하고 있다. 알라의 상이 만들어지는 일은 절대로 없고, 예언자 무함마드에 대해서도 상이 만들어지는 일은 없다. 무함마드의 모습을 그림으로 묘사하는 경우에도 얼굴의 부분은 공백의 동그라미로 표현되며, 눈과 코는 일체 그리지 않는 경우가 많다.

　우상을 만드는 것이 허용된다면 이러저러한 상이 만들어지고, 기독교가 그러한 것처럼 그 종류도 늘어갈 것이다. 그렇게 되면 일신교가 아니라 다신교의 양상을 드러내게 된다. 일신교의 신앙을 철저하게 하려면 우상숭배를 금지하지 않으면 안 되는 것이다. 우상숭배 금지가 철저했던 결과, 이슬람교의 종교미술 중에 구상적具象的인 것은 등장하지 않는다. 모스크를 장식할 경우, 아름다운 색채의 타일이 사용되고 있지만, 그 모양은 어디까지나 추상적인 것으로서 거기에 인물이나 사물이 묘사되는 일은 없다. 타일 외의 모스크 벽을 장식하는 것은 꾸란에 있는 문구를 적은 아라비아어 문자뿐이다.

　다만 신이 유일하다는 점과 우상숭배의 금지가 철저하게 이루어지면서 신이라는 존재는 극히 추상적인 것이 되었으며, 개개의 무슬림과는 멀리 떨어진 존재가 될 수 있었다. 결국 이슬람교에서도 신자와의 접점을 잃어버리고 말았기 때문에 기독교와 마찬가지로 '성인숭배'가 성행하게 되었다. 본래라면 성인숭배는 우상숭배와 통하는 것이기 때문에 금지의 대상이 되는 것이지만, 성인을 매장한 무덤이 '묘廟'로서 무슬림의 신앙을 집중시켜 왔던 것이다.

8
칼리프는
어떠한 역할을 하고 있는가

칼리프는 무함마드의 대리인으로서 최고의 지도자

　무함마드는 인생의 고난에 직면한 이후부터 종교가로서의 길을 걷게 되었지만, 그런 한 편으로 정치적인 지도자였으며, 이슬람교를 확장해 간 군사적 지도자로서의 측면도 함께 가지고 있다. 무함마드는 이슬람교도의 공동체인 '움마'를 확장해 가는 것을 지향했으며, 그 사업은 무함마드의 후계자가 된 수 대의 '칼리프'에 전수되어 지속되었다.

　칼리프라는 단어는 '대리인'을 의미한다. 다시 말하자면, 예언자 무함마드의 대리인이자, 이슬람교 세계에서 최고의 지도자, 최고의 권위를 가리킨다. 이슬람교에는 '다르 알 이슬람(dār al Islām)'이라고 하는 사상이 있다. 이는 이슬람법이 시행되는 공간으로서, '이슬람의 집'을 의미한다.

이는 단지 이슬람교가 확산된 지역이라는 의미가 아니고, 이슬람법이 엄격하게 시행되는 지역을 의미한다. 그리고 이교도의 법에 의해서 지배되고 있는 공간은 '다르 알 하르브(dār al harb)'로서, 이는 '전쟁의 집'을 의미한다.

역사상 이슬람의 집에 가장 가까웠던 것이 예언자 무함마드의 후계자가 구축한 이슬람 사회이다. 무함마드가 죽고 나서는 그의 친구이자, 원래 이전부터 신도였던 악바르가 칼리프로 정해졌다. 칼리프는 예언자와는 다르며, 새로운 법을 가져온 존재가 아니라, 무함마드가 가져온 법을 따르는 역할이다. 악바르는 무함마드의 사후, 일단은 혼란해지기 시작한 이슬람 사회의 유대를 되찾고 아라비아반도를 다시 통일하는 일을 완수했다.

악바르의 사후에는 역시 옛날부터 신도였던 우마르가 칼리프의 지위를 계승했으며, 그의 시대에 이슬람교는 주위의 지역을 차츰 정복해갔다. 그러한 과업은 3대째의 칼리프인 오스만에게도 계승되었으며, 이슬람사회는 크게 확장되었다. 그것이 오스만 왕조이다. 오스만이 해냈던 중요한 일로는 꾸란의 편찬을 들 수 있다. 다만, 오스만은 자신들의 출신인 우마이야 가문의 사람을 중용했으며, 그에 따라 주위의 불만을 사서 살해당하게 되었다. 그의 뒤를 이은 것이 무함마드의 사촌인 알리였는데, 그의 시대에 내란이 발생하여 알리도 암살당했다. 여기서부터 금일의 이슬람교의 2대 종파인 순나파와 시아파의 구별이 생겨나게 된다. 이러한 점에 대해서는 뒤에 다시 서술할 것이다.

순나파에서는 우마이야 왕조의 뒤를 이어 압바스 왕조에서 칼리프의 지위는 계승되었지만, 머지않아 실질적인 권력을 잃게 되었다. 16세기에 마무르크 왕조가 오스만제국에 멸망당한 것과 동시에 칼리프는 폐지되었다. 최초의 오스만제국에는 칼리프가 존재하지 않았지만, 머지않아 제국의 군주인 술탄이 칼리프를 겸하는 제도가 생겨났다. 그러나 20세기 초에 오스만제국이 멸망하면서 칼리프 제도는 폐지되어 버렸다. 그것이 1922년이었으므로 100년 가까이에 걸쳐서 이슬람 세계에는 칼리프가 부재하게 된 것이다.

칼리프에 선출된 사람은 어떠한 인물인가

칼리프가 되는 것은 먼저 첫 번째로, 예언자 무함마드와 마찬가지로 쿠라이슈족의 남계 자손이다. 현재도 아랍의 세계는 부족사회이며, 누가 어느 부족에 속해 있는 가는 주지의 사실이 되고 있다. 그밖에 심신이 모두 건강하다든가, 공정하다든가, 현명하다든가 하는 것이 안건이 되고 있지만, 아무래도 추상적이며, 명확하고 구체적인 기준을 가지고 있는 것은 아니다. 제일 문제가 되는 것은 조직이 없는 이슬람교 세계에서는 칼리프를 선출하는 기구가 존재하지 않는 것이다. 요컨대 어느 사람이 칼리프라고 자청했을 때 그것을 승인할 것인지 어떤지 결정할 기구가 전혀 존재하지 않는 것이다. 결국은 전 세계의 이슬람교도가 그 사람을 칼리프로 승인했을 때에 그 사람이 칼리프가 된다고 밖에 말할 수 없다.

이슬람교는 750년부터 1258년까지 지속된 압바스 왕조 시대에 아랍인만이 아니라, 페르시아인을 필두로 하여 여러 민족의 사이에 확산되어

갔다. 중근동中近東에서부터 중앙아시아, 나아가 북아프리카에까지 영토를 늘렸으며, 이슬람제국으로서 군림하게 되었다. 이슬람제국이 지배했던 것은 이집트나 페르시아, 그리스 등 고대의 문명이 발전했던 지역으로서, 그러한 문명의 성과를 받아들여서 문화적으로도 발전하게 되었다. 특히 9세기 초엽에 재위했던 제7대 칼리프 마아문(Al-Mamun, 786~833)은 그리스의 과학이나 철학에 조예가 깊어서 그리스어 문헌을 아라비아어로 번역하는 사업에 힘을 기울였다. 그 결과, 이슬람제국에는 고도의 문명이 발전하게 되어 황금시대를 맞이했다. 이 시대에는 이슬람법인 샤리아가 확립되어서 이슬람교의 사회를 규율하는 법의 체계를 형성하게 되었다.

십자군과 몽골군에 의해 이슬람 문화권이 약화되다

이 시대 유럽에서는 그리스어 문헌 등은 전해지지 않고 있었다. 이슬람교 문화권 쪽이 훨씬 문화적으로 높은 수준이었으며, 기독교 문화권은 그에 비해서 상당히 열세였다. 그러나 머지않아 이슬람교 문명은 외적의 침입에 의해서 존립을 위협당하게 되었다. 첫 번째는 제3장에서도 설명했던 십자군의 침입이다. 제1회의 십자군은 1095년에 소집되었으며, 1099년에는 원정의 목적지인 예루살렘에 도착했다. 십자군은 이슬람교도에 의해서 점유되고 있는 예루살렘으로 향했으며, 그 탈환에 성공했다. 그 결과, 십자군에 의한 예루살렘왕국이 수립되었다.

그 후, 이슬람교 측에는 살라후딘(살라딘)이라는 영웅이 나타나서 예루살렘을 재탈환하는데 성공했다. 다만 십자군은 반복적으로 침입해왔으며, 이슬람교도는 그들과 싸워야 했다. 또 한 가지, 13세기 중반이 되면 몽골군이 침입한다. 페르시아를 정복했던 몽골군이 바그다드에 밀어닥친 결과, 장기간에 걸쳐 지속되었던 압바스 왕조가 붕괴되었다. 그 후에는 이슬람교 문명 전체를 통합하는 왕조는 나타나지 않았다. 그렇지만 인도에서는 무굴 왕조가, 페르시아에서는 사파비 왕조가 성립되었다. 14세기 중반에는 투르크인이 비잔틴제국의 수도 콘스탄티노플을 침입해서 그곳을 이스탄불로 개명한 오스만제국이 출현해서 근대에 이르기까지 광대한 지역을 지배하게 되었다. 다만 근대에 이르러 이러한 이슬람교의 왕조나 제국은 붕괴했으며, 구미열강에 의한 식민지 지배의 대상이 되었다. 이에 따라 이슬람교 문명은 기독교 문명에 비교해서 열세의 입장에 몰리게 된다.

교양으로 읽는 세계종교사

9
이슬람교에서는
사람이 죽으면 어디로 가는가

이슬람법을 지키는 것은 천국에 다시 태어나기 위한 것

이슬람 공동체가 확장되어 간 것에 의해서 이슬람법에 따라서 사는 사람이 늘어나게 되었다. 그 경우에 중요해지는 것이 사후의 존재 방식에 대한 것이다. 이슬람법을 지키고 경건한 신자로서 살아가는 것도 사후에 천국에 다시 태어나기 위한 것이다. 천국이 존재하지 않는다면 이슬람법을 지킬 필연성은 없어지게 된다.

꾸란 제2장 제4절에는 "그리고 (그들은) 너에게 주었던 것과 너 이전에 주었던 것을 믿는 자들이며, 그리고 그들은 내세를 확신한다"라고 되어 있다. 여기에서 '너 이전에 주었던 것'은 모세의 십계나 복음서를 가리키고 있다. 이슬람교에서는 내세가 현세와 전혀 다른 세계라고는 생각하지 않는다. 그것은 현세에 이어서 지속되는 것으로 인식되고 있다. 그것과 연관하여 꾸란의 제17장 13절에는 "또한 모든 인간에게 우리는 각자의 '새(길흉선악의 운명)'를 그의 머리에 얹는다. 그리하여 부활(심판)의 날에 그에게 책(생전의 선악 행위의 장부)을 발신하며, 그는 그것이 펼쳐져 있는 것을 보게 된다" 라고 되어 있다.

또한 같은 장의 72절에서는 "그러나 이 세상에서 (진리, 가르침에) 눈을 감았던 자는 내세에서도 눈이 봉사이며, 길을 헤매고 있다"고 서술하고 있는데, 여기에서도 현세와 내세의 연속성이 드러나고 있다. 그렇다면, 이슬람교에 있어서 천국은 어떠한 곳일까. 꾸란에서는 무척 흥미 있는 얘기가 등장한다. 꾸란의 제47장 15절에서는 "두려운 몸을 지키는 자들에게 약속된 낙원을 비유하면, 그곳에는 부패하지 않는 물의 강, 맛이 변하지 않는 우유의 강, 마시는 자를 즐겁게 하는 술의 강이 있다. 또한 그들에게는 여러 가지 과실과 그들의 주로부터의 은사가 있다"고 서술되어 있다.

여기에서는 "마시는 자를 즐겁게 하는 술의 강"이 나오고 있다. 천국에는 그것이 있다는 것이다. 이것을 읽으면서 많은 의문을 품을 것이다. 어쨌든 이슬람교에서는 술이 금지되어 있다는 것이 널리 알려져 있기 때문이다. 그러나 천국에 술이 있다고 하는 기술은 꾸란 외의 문헌에서도 나온다. 제78장 34절에서도 "그리고 가득 채워진 술잔(이 있다)"고 기록되어 있다.

교양으로 읽는 세계종교사

금지된 음주가 왜 천국에서는 허용되는가?

천국에서는 얼마든지 술을 마실 수 있다고 한다면, 술을 금지할 필요는 없지 않을까? 그러한 의문이 떠오른다. 다만 제5장 90절에서는 "믿는 자들아, 술과 내기 화살과 석상과 점치는 화살은 부정한 것이며, 바로 악마의 행위인 것이다. 그러니 이를 피하라. 반드시 너희들은 성공할 것이다" 라고 되어 있다. 술은 악마의 일이기 때문에 신앙자들에게는 금지되어 있는 것이다. 천국에서는 술이 넘치고 있다고 하는 것과 술을 금지하는 것과는 어떻게 관련되는 것일까. 그 수수께끼를 푸는 힌트는 제37장 43~47절에 있는 다음의 구절에 있다.

> "지복의 낙원 안에서 침대 위에서 마주 향한다. 그들에게는 (술의)
> 샘에서 술잔이 차례로 돌려진다. 새하얀 색이고, 마시는 자들에게
> 는 아주 좋은 맛이다. 거기에는 나쁜 술주정도 없고, 그들은 그 술에
> 만취하지도 않는다"

천국의 술은 그것을 아무리 마셔도 술주정을 하는 것이 없다. 그것이 현세에서의 술과 다른 점이다. 현세에서 술을 마시면 만취와 주사를 한다. 만취하면 신을 잊어버리게 되고, 신앙을 능멸하게 되어 버린다.

지옥에서는 업業의 불길과 영원의 징벌

그렇다면 지옥은 어떠한 것으로 묘사되고 있을까. 제9장 63절에는

"그들은 알지 못하는 것인가. 알라와 그의 사도에게 맞서는 자들에게는 지옥의 불(jahannam)이 있는 곳에 영원히 머무르게 된다는 것을. 그것은 커다란 굴욕이다"라고 되어 있다. 불신앙자, 신앙을 거부하는 자는 지옥에 떨어지게 된다는 것이다. 제5장 37절에서도 "그들은 지옥불에서 나오는 것을 바라지만, 그곳에서 나오지 못한다. 그리고 그들에게는 영속의 징벌이 있다"고 서술하고 있다.

꾸란 안의 다른 곳에서도 지옥에 대해서 언급되어 있지만, 그 내용은 이러한 것과 다르지 않다. 이 이상 상세하게 지옥에 대해 묘사하고 있는 것은 없다. 지옥의 업화業火[20]라고 하는 개념 때문에 이슬람교에서는 화장火葬을 꺼린다. 기본적으로 매장을 하며, 이슬람교가 확산된 지역에서는 현재도 화장장은 설치되어 있지 않다. 불교나 기독교에서는 지옥은 상당히 상세하게 설명되어 있어서 이슬람교와 대조적이다. 이슬람교에서는 지옥에 떨어지면 영원히 벌이 내려지게 된다고 할 뿐, 업화 이외의 고통에 대해서는 얘기하고 있지 않다. 그 전에 서술했던 천국에 대해서도 그러하다고 말할 수 있다. 천국의 묘사도 그리 상세하지는 않으며, 구체적인 설명이 부족하다.

기독교에서는 원죄의 관념이 강하고, 인간은 죄 많은 존재로 인식된다. 그리고 죄를 면할 수 있는 속죄라고 하는 행위가 중요시 된다. 속죄를 행하지 않으면 천국에 갈 수 없고, 지옥에 떨어진다고 말하기 때문이

---

20   살아있을 때의 죄로 인해 지옥에 떨어진 뒤에 불길에 타는 고통을 겪는 것을 말한다. 불교에서의 業火가 주로 계율을 어긴 죄업으로 인한 것인데 비해, 이슬람교의 業火는 신앙과 관계된 것으로 해석되고 있다. 역자주.

다. 그에 비해 이슬람교에서는 원죄의 관념은 전혀 생겨나지 않았다. 따라서 속죄라고 하는 인식도 없다. 그만큼 사후의 행방도 심플해서 살아 있는 사이에 정해진 신앙생활을 했다면 천국에 맞아들여지게 된다. 그것도 신이 자비로워서 모든 것을 용서하는 것이 강조되어 있기 때문이다.

10
지하드(聖戰)는
어떻게 시작되었는가

몽골세력과 대치했던 이슬람 법학자 이븐 타이미야(Ibn Taymiyya)

이슬람교가 위험한 종교로 간주될 때, 그 근거로서 제기되는 것이 '지하드(Jihād)'라는 관념이다. 지하드는 '성전聖戰'으로 번역되는 경우가 많다. 다만 지하드라는 용어는 본래 아라비아어로 노력努力과 극기를 의미하는 보통명사이다. 이슬람법이 널리 퍼진 이슬람의 집안을 확장해 가는 것도 무슬림이 노력해야 하는 것이 되었으며, 거기에서 성전이라는 관념이 발전하게 되었던 것이다.

이슬람교에서 지하드가 강조되는 데 있어서 중요한 역할을 맡은 것이 13세기~14세기의 이슬람 법학자인 이븐 타이미야(Ibn Taymiyya)였다. 이븐 타이미야의 사상은 오랫동안 망각되고 있었지만, 현대에 다시 살아나서 여러 가지 이슬람 원리주의의 사상적인 척추의 역할을 담당하고 있다. 이븐 타이미야가 자신의 사상을 구축하려고 했던 때에 큰 영향을 준 것이 몽골제국의 진출이라는 사태였다. 몽골의 침입은 일본에서도 이 시기에 경험했다. 13세기 중반에는 이란을 중심으로 한 지역에 몽골제국의 지방정권으로서 일한왕조(Il Khanate)[21]가 성립했다. 이 정권을 수립했던 이는 몽골제국의 기반을 구축한 칭기스칸의 손자인 훌레구칸(Hūlākū Khān, 1218~1265)이다.

훌레구 왕조의 제7대 군주였던 이가 가잔칸(Ghāzān Khān)으로서, 재위기간은 1295년부터 1304년까지이다. 이 가잔이 군주에 즉위했을 때, 일한 왕조에서는 내분과 정변이 발생했다. 가잔도 종형제를 살해하고서 즉위했다. 그러한 가운데 가잔은 지배체제를 재구축했으며, 재정기반을 안정시켜서 왕조를 번영으로 이끌게 되었을 때 스스로 이슬람교로 개종했다. 본래 가잔의 집안은 불교였으며, 특히 티베트 불교를 신앙하고 있어서 불교사원을 건립하기도 했다. 하지만 일한 왕조의 지배지역에서는 차츰 이슬람교가 세력을 확대했으며, 몽골인 중에서도 이슬람교에 개종하는 사람이 늘고 있었다. 거기서 가잔은 그러한 사람들의 지지를 얻기 위

---

21   1259년 서아시아에서 계속 서쪽으로 진격하고 있던 훌레구(칭기즈칸의 사남 툴루이의 삼남, 1218~1265)는 원의 대칸 몽케의 전사 소식을 접하자, 다마스쿠스 일대의 수비병력 일부만 남겨놓은 채 주력군을 이끌고 회군하였다. 회군 도중 그의 군대가 시나이 반도의 아인 잘루트(Ayn Jalut)에서 이집트군에 패하고, 원에서 쿠빌라이가 황제로 즉위했다는 소식을 듣고 그대로 이란에 남아서 일한국을 건립하였다. 일한국의 수도는 타브리즈(Tabriz)다. 일한국의 세력은 동쪽은 아무다리야강, 서쪽은 지중해, 북쪽은 캅카스, 남쪽은 인도양까지 서아시아 일원을 망라했으며, 제7대 가잔칸 때에 이슬람교 시아파를 국교로 선포하게 된다. 역자주.

해서 이슬람교로 개정하고 그 이후 일한 왕조는 시아파의 신앙에 기반을 둔 이슬람교 정권이 되었다.

그러나 이븐 타이미야는 이 가잔의 이슬람교 개종에 대해 의문의 시선으로 바라보았다. 그는 일한 왕조와는 대립관계에 있었던 순나파의 마무르크 왕조의 군대에 종군하는 법학자이기도 했기 때문에, 일한 왕조의 몽골인은 표면적으로는 이슬람교도이지만, 그 속내는 다르다고 주장했다. 그리고 진정한 이슬람교의 정권이 아니라면 그것을 타도하는 것을 전혀 개의치 않고 성전에 해당된다고 하는 논리를 세웠다. 여기에 근거해서 이슬람교의 정권에서도 그 전쟁의 내용이 여하하든 성전의 대상이 된다고 하는 인식이 생겨났다.

한편 타이미야는 신의 절대성을 강조하면서 시아파나, 나중에 후술하게 될 이슬람교의 신비주의에 대해서는 반대하는 입장을 취했다. 이슬람법의 근원에 대해서 오로지 꾸란과 하디스에 따라야 하고, 더더욱 엄격하게 이슬람법을 따라야 한다는 것을 강조했다. 타이미야의 자세는 신앙의 순수성을 철저하게 추구한다는 점에서 과격했으며, 그 때문에 주위와 대립하고 몇 번이나 투옥되었다가 결국에는 옥사했다.

이븐 타이미야의 사상을 부활시킨 와하브파(Wahhâbîyah)

이븐 타이미야에게는 500권 이상의 저술이 있으며, 그 내용도 꾸란의 해석에서부터 하디스나, 이슬람법에 대해서 광범위한 문제에 미치고 있는데, 사후에 그 사상은 긴 기간 동안 고찰되어지지 않았다. 그것을 다시

교양으로 읽는 세계종교사

표면으로 끌어올린 것은 18세기에 아라비아반도 내륙의 나지드(Najd)라고 하는 지역에서 일어난 이슬람교의 개혁운동인 와하브파(Wahhâbiyah)였다. 그 창시자가 무함마드 이븐 압둘 와하브(Muḥammad ibn ʿAbd al-Waah-hāb, 1703~1792)이다.

순나파의 법학에는 네 가지의 공인 법학파가 있는데, 하나피파, 말리키파, 샤피이파, 한발리파이다. 어느 파에서든 꾸란과 하디스에 기록된 무함마드의 언행인 '순나', 이슬람교 법학자인 울라마에 의한 합의인 '이쥬마' 그리고 역시 법학자에 의한 유추해석인 '키야스'를 중시하는 점에서는 공통적이다. 다만 한발리파에서는 순나를 주로 사용하고, 이쥬마나 키야스에 대해서는 그다지 사용하지 않는 전통이 형성되어 있다.

무함마드 이븐 압둘 와하브의 집안은 대대로 한발리파에 속해 있었으며, 그는 그 계열에 속하는 이븐 타이미야의 제자인 이븐 카임 쟈우드야의 사상으로부터 강력한 영향을 받았다. 그는 순나로서 보여졌던 것 외에는 바른 신앙으로부터 벗어난 것이라고 생각하고, 여러 가지 신학이나 신비주의, 그리고 성인숭배 등을 배제했다. 사우디아라비아라는 국가는 무함마드 이븐 압둘 와하브의 사상에 기초를 두고 건국되었다. 그로부터 사우디아라비아의 이슬람은 와하브파로 불리게 되었다(무함마드 이븐 압둘 와하브와 사우디아라비아의 관계에 대해서는 호사카 슈지[保坂修司]『新版 오사마 빈 라덴의 생애와 전쟁』朝日選書 참조).

현대의 테러행위에까지 이어지는 타이미야의 사상

이븐 타이미야의 사상을 지속적으로 받는 것이 '살라피주의(Salafiyah)'로 불리는 것이다. 살라피는 초기의 이슬람의 시대의 것이다. 살라피주의를 원류로 하여 이집트인인 하산 알 반나가 1928년에 결성한 것이 '무슬림동포단'이다. 이미 서술한 것처럼 조직이라는 것이 보이지 않는 이슬람교의 세계에서는 무슬림동포단은 유일한 종교조직으로 생각된다. 무슬림동포단은 1940년대 후반에 그 세력을 확대했으며, 왕정의 타도나, 이집트의 나세르 대통령의 암살을 기도했기 때문에 탄압을 받았다.

이 무슬림동포단 중에서 가장 과격한 사상을 외친 이는 핫산 알 반나와 동년으로서, 반나가 사망한 후 1950년대부터 1960년대에 걸쳐서 그 이론가가 되었던 사이이드 쿠트브(sayyid quṭb)였다. 쿠트브는 나세르대통령의 지배 하에 있는 이집트는 이슬람교가 생기기 이전의 시대라고 생각했다. 앞에서 서술한 것처럼 이는 '무도시대無道時代'로 불리는 것으로, 쿠트브는 현 정권을 타도하여 참다운 이슬람국가를 건설할 필요가 있다고 주장했다. 거기에는 명확하게 이븐 타이미야의 사상의 영향이 있었다. 더 나아가 쿠트브는 공산주의 혁명이론의 영향을 받아서 현정권의 타도에 매진하는 '전위前衛'를 수립할 필요가 있다고 호소했다. 그러나 이러한 사상은 위험시되었으며, 쿠트브는 사상범으로 처형되었다.

그 후 무슬림동포단에서는 그 온건화된 노선을 싫어하는 사람들이 '지하드단'을 결성했으며, 이 집단은 테러행위를 반복했다. 이러한 흐름 속에서 빈라덴과 알 카에다가 나왔으며, 더 나아가 이슬람국가(IS)에로 맺어지게 된 것이다.

교양으로 읽는 세계종교사

11
시아파는
어떻게 생겨났는가

시아파는 압도적인 소수파이지만 이란에서는 주류

이슬람교에 있어서 종파는 어떠한 것일까. 전체 이슬람교도 중에서 순나파가 85퍼센트에서 90퍼센트를 점유하고 있다. 시아파 쪽은 간신히 10퍼센트에서 15퍼센트를 점유하는데 지나지 않는다. 다만 나라에 따라 이 비율이 달라서 이란은 90~95퍼센트가 시아파이고, 순나파는 소수파이다. 그 밖에도 이라크, 아제르바이잔, 바레인 등은 시아파의 비율이 60퍼센트를 넘고 있다.

이슬람교에 대한 입문서로서 오랫동안 읽히고 있는 것으로 가모우 레이이치[蒲生礼一] 『이슬람(回敎)』(岩波新書)가 있다. 이는 1958년에 간행된 책인데, 거기에 "우리가 이슬람교로 부르는 경우, 통상 그것은 정통파인 순니파를 의미하는 것이다"라고 서술되어 있다. 여기에서는 마치 순나파 쪽이 정통으로, 시아파는 이단인 것으로 되어버렸지만 시아파가 오랜 기간 소수파에 안주해 온 것은 사실이다.

순나파의 '순나'라는 것은 '순나의 백성'을 의미한다. 순나라는 것은 '전승'의 의미이며, 따라서 '순나파'는 '전승주의자'로 번역될 수 있다. 여기서 말하는 전승은 '6전승'으로 불리는 것으로, 6인의 학자가 각각 편집한 하디스에 나타난 사항에 복종하는 것을 의미한다. 순나파의 설명이 조금 에둘러서 번거롭게 되어버리는 것은 종파로서의 의식을 명확한 형태로 가질 기회가 없었기 때문이다. 시아파가 대두하게 되고 나서 그것을 지지하지 않는 사람들이 순나파로 불리게 되었다는 것이 사실에 가깝다. 그것은 '시아'라고 하는 용어가 '당파'를 의미하고 있는 것에서도 드러나고 있다. 이슬람교 세계에서 독자적인 인식을 하는 당파가 생겨난 것에 의해서 그 당파와 당파에 속하지 않는 사람들이 구별되게 된 것이다.

무함마드의 후계자 싸움이 종파를 만들다

시아파의 독자성은 무함마드의 후계자를 어떻게 인식하느냐에 있다. 무함마드의 사후, 제4대 칼리프가 된 것이 알리였다. 알리는 무함마드의 부계 쪽의 종제이다. 무함마드 생전에 알리는 그의 양자가 되었으며, 무함마드의 딸인 파티마와 결혼했다. 그러나 661년 1월 어느 날, 예배에 가려고 했던 알리는 자객의 손에 의해 살해되고 말았다. 알리가 암살당한 원인에 대해서는 무함마드가 메카에 있던 시대로 소급된다. 무함마드는 최초에 메카에서 가르침을 펴게 되었지만, 당시의 메카에서 지도적인 입장에 있었던 것은 무함마드와 같은 쿠라이슈족에서도, 우마이야 집안에 속하는 아부 스피얀(Abū Sufyān)이었다. 한편 무함마드는 하심 가문에 속해 있었다.

이 두 집안의 대립이 격화되었기 때문에 무함마드는 622년 9월 20일에 메카에서 메디나로 이주했다. 이것이 이미 서술한 헤지라이다. 그 후 626년에 메디나는 메카의 세력에 의해서 습격당하지만, 무함마드는 그 전투에서 승리했으며, 메카도 점령했다. 그 이후에 이슬람교가 아랍 전체에 퍼지게 된다. 아부 스피얀도 이슬람교로 개종하였으며, 그 자식인 무아위야(Mu'āwiy'āh, 661~680)도 똑같이 개종하고 무함마드의 비서 역할을 맡게 된다. 머지않아 무아위야는 종형제가 되는 제3대 칼리프인 우스만이 알리 일파에 의해 살해당한 것으로 생각하고 복수에 나섰으며, 칼리프가 된 알리와 대립했다. 그러한 과정에서 알리가 암살당했던 것이다.

그 후 알리의 장남인 하산이 칼리프가 되었는데, 그는 무아위야의 세력에 굴했으며, 칼리프의 지위를 무아위야에게 양도하고 말았다. 이것으로 무아위야는 제5대의 칼리프에 취임했으며, 그를 창시자로 하는 우마이야왕조(무아위야왕조)가 탄생했다. 우마이야왕조는 661년부터 750년까지 지속했다. 다만 하산은 무아위야에게 칼리프의 지위를 양도할 때, 무아위야가 죽게 된 후에 하산의 동생인 호세인(후세인)을 칼리프로 한다는 약속을 했다. 그러나 무아위야는 그 약속을 파기했으며, 자신의 자식에게 칼리프의 지위를 양도했다.

이 때문에 호세인은 아버지와 형의 원수를 토벌하기 위해서 거병했으나, 680년 10월 10일에 전멸하고 말았다. 이것이 '카르발라의 전투'로 불리는 것으로서 카르발라에는 호세인의 묘가 세워져서 시아파의 성지가 되어있다. 그리고 호세인이 죽은 10월 10일에는 그의 죽음에 대한 애도의 의미를 봉헌하기 위해 '아슈라(Ashura)'라고 하는 시아파의 독자적인 의례가 치러지게 된다.

시아파의 최고 권위는 알리의 자손인 '이맘'

이처럼 집안끼리의 항쟁이라는 것이 칼리프를 둘러싸고 지속되었으며, 피로 피를 씻는 싸움이 반복되었다. 이러한 역사가 시아파의 탄생이라고 하는 것으로 연결된다. 아슈라의 경우에도 신자들이 비탄에 젖어 슬퍼하며, 호세인의 죽음을 재현하는 연극이 공연된다. 그것은 기독교에서 수난극과 비슷하다.

다만 기독교와 이슬람의 차이는 예수의 경우, 혼인을 하지 않았고, 자식도 없기 때문에 그의 피를 이을 후계자가 존재하지 않는데 비해서, 무함마드는 속인이었기 때문에 그의 뒤를 잇는 칼리프 중에서 무함마드와 혈연이 연결되는 사람이 포함되어 있다는 점이다. 그렇게 되면 어떻게 해도 후계자 싸움이 일어난다. 누구를 무함마드의 정통적인 후계자로 하는가? 거기에서 시아파가 생겨나고, 게다가 시아파의 내부에 수많은 파가 생기는 원인이 되었다.

시아파가 주류파인 순나파로부터 분리해서 나간 것은 알리라고 하는 존재를 중시하며, 그 자손인 이맘은 오류를 범하지 않는다는 입장을 취

교양으로 읽는 세계종교사

하게 되기 때문이다. 순나파에 있어서 이맘은 이미 서술한 것처럼 꾸란의 낭송을 행하고, 설교를 행하는 지도자를 가리키며, 이슬람교 세계 전체의 권위는 칼리프에게서 구할 수 있다. 여기에 비해서 시아파에서는 이맘이 최고의 권위인 것이다. 시아파에서는 순나파에서는 인정받고 있는 울라마에 의한 (교의적)합의는 인정하지 않는다. 이맘은 무오류이지만 울라마는 잘못을 범할수 있다고 여겨지기 때문이다.

12
순나파와 시아파는
어떠한 관계인가

혈통의 해석으로 분파된 시아파

순나파와 시아파에서는 알리에 대한 인식, 그 이후의 이맘에 대한 인식이 전혀 달라서 양자는 서로 용납하지 않는다. 그러나 시아파 입장에서 보면 알리나 호세인을 죽음으로 몰아넣었던 무아위야나 우마이야 왕조는 불구대천의 원수이다. 게다가 혈통에 의한 계승이라는 것이 되면 알리의 혈통 중에서 누구를 이맘의 후계자로 하는 것으로 대립이 일어날 가능성이 생긴다. 실제로 시아파는 몇 번이나 파가 나뉘었다.

예를 들면, 초기에 생겨난 것으로 '카이산파'가 있다. 이맘이라는 호칭을 최초로 사용한 것은 카이산파였는데, 무후타르라고 하는 인물이 685년에 파티마 외의 여성에서 태어난 알리의 자식인 무함마드 이븐 부르

교양으로 읽는 세계종교사

하나피야를 이맘으로 추대했으며, 동시에 '메흐디'로 삼았다. 메흐디는 아라비아어로 '영도된 자'를 의미하며, 결국 구세주인 것이다. 왜냐하면 무함마드 이븐 부르하나피야가 700년에 사망하자, 카이산파의 사람들은 그가 '숨은 이맘'이 된 것으로 여기고, 최후의 심판의 날에 지상에 재림하며, 정의와 공정을 실현하는 것으로 주장하게 되었기 때문이다. 여기에는 유대, 기독교에서의 구세주 신앙의 영향이 있다.

카이산파에 비해서, 알리와 파티마의 자손에서 이맘의 지위를 계승했다고 하는 것이 '12이맘파'이다. 12이맘파에서는 이맘의 지위는 알리로부터 장남인 하산, 차남인 호세인을 거쳐서 제12대인 무함마드 알 문다자르까지 계승이 지속되었지만, 무함마드 알 문다자르도 역시 숨은 상태로 들어가 버렸다. 이는 카이산파의 영향을 받은 것으로 이 숨은 이맘은 최후의 심판의 때에 '시간의 주'로서 재림한다고 한다.

시아파는 16세기에 이란의 국교가 되었다

시아파가 세력을 확대하는 과정에서 중요한 것은 16세기에 성립된 사파비 왕조로서, 시아파의 신앙은 여기에서 국교의 지위를 획득했다. 사파비 왕조는 이란을 중심으로 하는 지역을 지배영역으로 했다. 16세기의 이란에서는 티무르왕조가 분열하여 쇠퇴한 후, 신비주의 교단의 리더인 이스마일이 현재의 이란의 서북부에 있는 타브리스(Tabriz)에 들어갔으며, 그곳에서 사파비 왕조를 수립했다. 처음 이 교단은 순나파의 신비주의자인 '수피'였지만, 시아파로 전환했으며, 그에 따라 이란 전체에 시아파의 신앙이 확산되었다.

그 중에서 알리의 차남으로서 카르발라의 전투에서 죽은 호세인의 처인 하랄은 이란 제왕의 딸이었다는 전승이 만들어졌다. 이에 따라 제4대 이후의 이맘들은 무함마드의 혈통을 끌어들이는 것과 함께, 이란 사람들이 신과 연계를 가지고 있다고 생각해 온 이란 제왕의 혈통에 연결되게 되었다. 이런 이유에 근거하여 시아파가 이란에 뿌리내리게 될 것이다(시아파의 형성에 대해서는 사토 츠기타카[佐藤次高] 編, 『이슬람의 역사1 : 이슬람 창시와 전개』山川出版社, 전게의 가모우[蒲生] 『이슬람[回敎]』을 참조).

순나파의 칼리프 지위는 다른 혈통에서 계승

이처럼 시아파의 형성은 복잡한 경위를 더듬어 가지만, 순나파 측에서는 칼리프의 지위는 우마이야 왕조나 압바스 왕조에서 세습하여 이어갔기 때문에 시아파의 주장을 도입할 것은 없다. 또한 카르발라의 전투에서 호세인의 죽음을 비극으로 생각하는 감각도 없다. 그 점에서는 순나파와 시아파가 하나로 통합되는 것은 힘들다. 이슬람교에서는 '카피르'라고 하는 용어가 있는데, 이는 불신앙자를 의미한다. 순나파에서 보면 시아파가 카피르가 되고, 시아파에서 보면 순나파가 역시 카피르가 되는 것이다.

다만 역사적으로 순나파와 시아파가 예리하게 대립하면서 항쟁을 펼쳐왔던 것은 아니다. 시아파는 소수파로서, 아무리 해도 순나파에게는

맞겨룰 수 없었기 때문이다(이 점에 대해서는 나카타 코우[中田考] 『나
는 왜 이슬람교도가 되었는가』太田出版社 참조).

13
이슬람교의
신비주의란 무엇인가

이슬람 신비주의 '수피즘'은 무함마드 시대부터

종파라고 하는 것은 아니지만, 이슬람교에는 독특한 신비주의 '수피즘'이 존재한다. 이슬람교에서는 이미 서술한 것처럼 정통이라고 하는 것이 정해져 있지 않기 때문에 이단이라는 것도 없다. 그 점에서 수피즘에 이단이라는 꼬리표가 붙어있는 것은 아니지만 역사적으로 탄압과 박해를 받아왔다.

일반적으로 수피즘이라는 것을 들었을 때, 먼저 생각이 떠오르는 것은 스커트를 입은 남성 신자가 음악에 맞추어 회전하면서 춤을 추는 모습이 아닐까. 이것은 '세마'로 불리는 회전무용으로, 수피즘을 신봉하는 메블레비교단이나 낙슈반디교단이라는 그룹에서 실천되고 있다. 그러나

교양으로 읽는 세계종교사

수피즘은 이러한 회전무용만으로 한정되는 것은 아니다. 수피즘의 개척자는 세속을 떠나서 금욕적인 생활을 하는 사람들이다.

수피즘을 실천하는 사람이 수피가 되는데, 수피는 무함마드와 동시대에 이미 등장하고 있다. 무함마드와 직접적으로 접했던 이슬람교도는 '세하바'로 불리며, 일본에서는 '교우教友'로 번역된다. 세하바의 한 사람이었던 이므란 이븐 후세인은 "나는 바람에 흩날리는 먼지가 되고 싶다. 나는 [신의 심판에 의한] 벌의 두려움을 생각하면 창조되고 싶지 않았다"고 서술하고 있다. 이 세상이라고 하는 것은 어디든 천사의 나팔이 울려 퍼지면 종말을 맞이하는 가상의 것, 덧없는 것일 뿐이다. 그러니 이 세상에 집착하지 말고, 돈이나 여자를 탐한다고 하는 현세적인 욕망으로부터 벗어나는 것이 중요하다고 말하는 것이다.

이것은 기독교에도 공통되는 사상이다. 기독교 세계에서는 금욕의 필요성을 말하는 사람들이 수없이 나타나며, 수도원은 그러한 생활을 실천하기 위한 장場으로서 생겨났다. 종말이라는 것을 전제하게 되면 확실히 이 세상에 집착하는 것은 어리석은 것이 된다.

신을 자칭한 수피 할라쥬(al-Ḥallāj)

수피는 오로지 신을 찾는다. 그 중에서도 가장 극단적인 인물이 858년부터 922년까지 살았던 할라쥬였다. 그는 '나는 신이다'라고, 불손하게 신의 유일성을 위협하는 듯한 말을 남겼기 때문에 울라마들로부터 단죄를 받아 체포되어 처형당하고 말았다. 게다가 처형의 방식은 두 발을 자르고 눈을 도려내는 상당히 잔인한 것이었다. 신은 모든 것의 창조주이며, 세계는 신의 것이기도 하다. 만약 신이 할라쥬의 입을 통해서 이 말을 한 것이라고 한다면, 그것은 반드시 불손한 것은 아니다(수피에 대해서는 전게 『이슬람의 역사1』 및 카마타 시게루[鎌田繁] 『이슬람의 심층 : '편재하는 신'이란 무엇인가』 NHK북스를 참조).

수피가 죽게 되면 성자로서 숭배되며, 그의 묘에는 많은 신자가 몰려와서 그 묘지는 신앙의 대상이 된다. 혹은 수피를 중심으로 한 집단이 생겨나기도 한다. 물론 조직이 발달해있지 않은 이슬람교 세계에서의 일이기 때문에 뚜렷한 교단으로 발전하는 것은 아니다. 다만 살라피주의 등으로부터 살펴보면 수피즘은 이슬람의 본래 가르침으로부터 일탈해 있는 것이다. 신비주의라고 하는 것은 타종교에서도 그렇듯이 신과의 합일을 구하기도 하고, 신비주의적인 존재를 불러내기도 하기 때문에 질서를 어지럽히는 것으로 각 종교의 정통파로부터 비판적으로 인식되었으며, 때로는 탄압의 대상이 되기도 했다.

특히 이슬람교에서는 신의 유일성을 말하는 것이 강조되기 때문에 수피즘이 위험한 움직임으로서 인식될 가능성이 높다. 역으로, 수피즘이 생겨났기 때문에 살라피주의처럼 그것을 부정하는 원리주의적인 사상이 생겨났다고도 말할 수 있으며, 그 존재가 이슬람교 안에서 대립을 낳게 되었던 것이다.

14

현대 이슬람교를
어떻게 볼 것인가

세계에 대한 발언권을 높인 '오일 쇼크'

근대에 들어서 이슬람교의 왕조나 제국은 붕괴했으며, 구미열강에 의한 식민지배의 대상이 되어서 이슬람교 문명은 기독교 문명에 비교해서 열세에 처하게 되었다. 이슬람교에서는 살라피주의로 대표되는 것처럼 무함마드가 살았던 시대를 신앙적인 이상으로 삼는 경향이 있다. 게다가 5행으로서 정해진 실천은 매일 반복되며, 거기에는 진보라고 하는 관념은 어울리지 않는다. 그 점에서 이슬람교는 근대라고 하는 시대에 적합하지 않으며, 시대에 뒤떨어지는 종교라고 하는 면이 있다.

하지만 이슬람교 문명이 확장되었던 지역에는 현대의 에너지혁명의 주역이 된 석유산출국이 많다. 아랍을 중심으로 이슬람교를 신봉하는 제국은 차츰 세계에 대한 발언력을 키우고 있다. 그것이 명확하게 드러난 것이 1973년에 일어났던 '오일 쇼크'에서이다. 그때까지 선진국은 석유를 싼 가격에 손에 넣을 수 있었으며, 그것이 경제발전의 원동력이 되었지만, 오일 쇼크는 원유가격의 결정권이 산유국 측에 있는 것을 보여주었다. 게다가 1979년에 이란에서 일어났던 '이슬람혁명'의 영향도 컸다. 이것은 이슬람교라고 하는 종교의 존재가치를 세계에 향해서 어필하는 것으로 연결되었다.

이슬람혁명을 주도한 아야툴라 호메이니는 '이슬람 교법학자에 의한 통치'라는 인식을 드러냈으며, 샤리아를 원칙으로 하는 정치지배의 실현을 지향했다. 이슬람혁명은 시아파의 세계에서 발생한 일이며, 다른 순나파의 국가에서는 직접적인 영향을 받지 않았지만, 이슬람교 세계 전체에서 원리주의의 경향이 강해지고, 과격파 중에서 테러행위를 하는 곳도 나오게 되었다. 그러한 움직임이 2001년 미국에서 동시다발 테러로 귀착했던 것이다.

기독교 사회에는 십자군의 시대부터 이슬람교에 대한 공포가 있었지만 이러한 테러 행위는 그 공포를 강화시키고, 기독교 문명과 이슬람교 문명과의 사이에 '문명의 충돌'이 일어나고 있다는 인식이 생겨나는 것으로도 이어졌다. 거기에는 글로벌화의 진전에 따라 유럽 국가들에 수많은 이슬람교도가 노동력으로서 이민을 온 상황이 깊이 관련되어 있다. 또한 제2차 세계대전 후에 시나이반도에 유대인의 국가인 이스라엘이 탄생하고, 팔레스타인인에 대한 억압과 함께 주위의 이슬람 국가들과 대립관계에 빠지게 된 것도 사태를 어렵게 만들어왔다. 그러나 석유 수출을 배경으로 이슬람교국이 경제력을 갖게 된 것은 커다란 변화이며, 이

교양으로 읽는 세계종교사

슬람 머니의 존재는 세계경제에도 영향력을 미치게 되었다.

이슬람 금융에 관심이 집중되다

그 중에 주목되는 것이 '이슬람 금융'의 발전이다. 이는 유대교나 기독교에서도 볼 수 있지만 이자를 받는 것은 이슬람교에서는 금지되어 왔다. 꾸란에서는 "이자를 탐하는 자는 악마에게 기운을 접촉한 자처럼 일어나려고 할 뿐 일어날 수가 없다. 그것은 그들이 '상거래도 이자와 같은 것에 지나지 않는다'라고 말하기 때문이다. 그러나 알라는 상거래를 허용했으나, 이자를 금지하셨다"(제2장 275절) 다만 실제로는 이슬람교국에서도 이자는 허용되며, 일반적인 금융의 시스템이 운용되고 있다. 하지만 샤리아에 충실하려고 하는 이슬람교 부흥국의 움직임이 활발해지고 있는 중에 이자를 받지 않는 이슬람 금융의 방법이 개발되었으며, 그것을 전문으로 하는 금융기관이 작동되어 지속적으로 확장되고 있다. 이슬람 금융에는 이자를 부정하는 것 외에도 샤리아에서 금지된 주류나 돼지고기에 관계된 기업에의 대출이나 금융파생상품(derivative) 등의 투기적인 투자를 피하도록 한다는 점에서 특징이 있으며, 절도 있는 금융의 시스템으로도 주목받고 있다.

이슬람교는 아랍의 사회에서 생겨났다. 그 때문에 중동의 종교라는 이미지가 강하지만, 현재는 오히려 남인도나 동남아시아에 확산되어 있다. 세계 최대의 이슬람교 국가는 인도네시아로서 거기에는 2억 명의 이슬람교도가 있다. 머지않아 인구의 성장세가 높은 파키스탄이 제1위가 되는 것도 전망되고 있다. 게다가 많은 이슬람교도가 유럽으로 이민하면서 국가에 따라서 인구의 5퍼센트에서 10퍼센트를 점유한다. 그로 인해 '유럽의 이슬람화'라고 하는 목소리까지 나오고 있다. 기독교의 쇠퇴가 나타나는 현대에서 이러한 이슬람교의 움직임은 주목할만한 것이다.

제 **5** 장

이란 종교와 몽골제국이 수행한 역할

동서 종교의 만남

1
동서의 종교세계는
어떻게 교류했는가

불전이나 불교미술에 나타난 동서문화의 교섭

세계의 종교에 대해서 그 개요를 해설하려고 할 때, 일반적으로는 동양세계의 종교와 서양세계의 종교를 나누어서 설명하는 방식을 취한다. 동양종교에서는 인도의 브라만교에서 시작하여 불교, 힌두교를 더듬어 가면서 더 진전하여 유교나 도교라고 하는 중국의 종교를 따라가게 된다. 그리고 서양의 종교에서는 유대교로부터 기독교, 이슬람교에로 이어지는 일신교의 계보를 따라가게 된다. 그것이 세계의 종교에 대해서 개설하는 통상의 스타일이다.

지금까지 시도해온 것도 서양의 종교를 일신교로서 파악하고 유대교에서 시작하여 기독교, 이슬람교에로 훑어가는 방식이다. 이 다음에 동양의 종교에 대해서도 그 근원에서부터 훑어가게 될 것이다. 그러나 그러한 방식을 취하는 것만으로는 동양종교의 세계와 서양종교의 세계와의 연결을 볼 수 없다. 과연 그것으로 세계종교의 개요를 파악할 수 있을 것인가? 당연히 그러한 의문이 솟아난다. 실제로 양자는 전혀 관계없이 발전해간 것은 아니다. 예를 들면, 불전 중에서 『밀린다왕문경』이라는 것이 있다. 이는 그리스의 밀린다왕 혹은 메넨드로스 1세와 불교의 승려 나가세나[那先]와의 사이에 오간 문답을 기록한 것으로 개인의 수준을 넘어서 그리스 사상과 불교사상과의 대화를 의미하고 있다.

혹은 불상의 배후에는 '광배光背'라는 둥근 빛바퀴가 있는데, 예수 그리스도나 기독교의 성인들도 '님버스(Nimbus)'로 불리는 빛의 바퀴가 머리 주위에 그려져 있다. 아마도 그 원형은 그리스 조각의 영향을 받아서 불상이 조형된 간다라미술에서 찾을 수 있을 것이다. 동양종교의 세계와 서양종교 세계와의 사이에는 여러 가지 형태의 교류가 있었던 것이다.

이란으로부터 확산된 조로아스터교와 마니교

이 두 가지의 종교세계를 연결하는 역할을 해냈던 지역이 고대의 페르시아, 현대의 이란이다. 이란에는 독자적인 종교가 생겨났는데, 그것이 조로아스터교와 마니교이다. 마니교에 대해서는 기독교의 교부 아우구스티누스에 대한 서술에서 이미 설명했다. 그는 일찍이 마니교의 신자였으며, 기독교에 개종하고부터는 마니교를 철저하게 비판했다. 마니교에는 그 이전에 존재했던 조로아스터교의 영향이 있다. 그리고 이 두 가지의 종교는 페르시아의 동쪽에도, 서쪽에도 그 세력을 확대해서 동서의 종교세력을 연결하는 역할을 했다. 그 점은 지금까지 충분히 인식되지 않았을지도 모르겠다.

세계종교의 역사에서 이란종교의 중요성을 강조한 이가 있는데, 이때까지 몇 번인가 설명했던 세계적인 종교사가인 미르체아 엘리아데이다. 엘리아데는 그의 저술을 집대성한 『세계종교사』 안에서 이란종교의 중요성을 강조하고 있다. 그는 이란에서 "많은 이원론적 체계의 구분(우주적, 윤리적, 종교적 이원론), 구세주의 신화, 고도의 '낙천적' 종말론, 선의 궁극적 승리와 우주의 구제선언, 망자의 부활의 교의 등"을 말한 종교관념이 생겨났으며, 그 영향은 르네상스시대의 이탈리아에서 유행했던 '신플라톤파'에까지 미치게 되었다고 말한다.

엘리아데는 『세계종교사』에서 주로 서양종교의 형성에 대한 이란의 공헌에 대해서 논하고 있지만, 조로아스터교나 마니교는 한때 동양종교 세계에도 깊숙이 침투했다. 인도에서 중국으로 경전을 가지고 돌아오기 위해 실크로드를 여행했던 현장삼장(玄奘三藏;『서유기』의 삼장법사의 모델)은 그 여행기인 『대당서역기大唐西域記』에서 그가 방문했던 각지에서 조로아스터교나 마니교가 신앙되고 있는 모습을 접했던 것을 보고하고 있다.

우즈베키스탄의 고도인 사마르칸드 등에서는 불교는 전혀 신앙되지 않고, 오히려 '요교祆敎'로 불리던 조로아스터교가 신앙되고 있었다고 한다. 그 후 당의 수도인 장안에서는 조로아스터교 사원이 세워졌을 뿐만 아니라, '경교景敎'라고 불린 기독교 네스토리우스파나, 마니교의 사원도 건립되어 있었다. 현재도 마니교도가 산다고 하는 마을이 있다. 다만 그

마을에서 행해지고 있는 제사에서 마니교적인 요소를 발견하기는 상당
히 어렵다(카네시로 이토에[兼城系繪]『중국의 '마니교'에 관한 일고찰 :
복건성 하포현의 사례로부터』『鹿兒島大學法文學部紀要人文學科論集』
80).

교양으로 읽는 세계종교사

2
조로아스터교는
어떤 종교인가

우주의 성립을 이원론으로 설명하다

  동양과 서양의 종교세계에 깊숙이 침투하여 커다란 영향을 준 이란의 종교가 지금까지 그다지 주목받지 못했던 것은 조로아스터교도, 마니교도 쇠퇴해 있었기 때문이다. 현재, 조로아스터교의 경우에는 인도나 파키스탄에 소수의 신자가 있으며, 이전의 세는 완전히 잃고 있다. 이란이나 인도에 현존하는 조로아스터 교도는 양쪽 다 수만 명 정도이며, 다른 나라들에서는 일만 명에도 이르지 못하는 국가들이 많다. 마니교도는 중국에 그 신자가 남아있다고 되어있지만, 과연 신앙이 전달되고 있는지는 불확실하며, 실질적으로 종교로서는 소멸하고 있다.

  종교라는 것은 상당히 뿌리가 강한 것으로서 그것이 소멸하는 일은 거의 없다. 교의를 처음 얘기한 교조의 죽음은 교단에 중대한 위기를 가져오지만, 그것으로 소멸하지는 않는다. 기독교의 사례에서 볼 수 있는 것처럼 오히려 교조의 죽음에 대해서 구원론적인 의미를 부여하는 것으로 새로운 신앙세계를 확립하며, 그것을 기반으로 발전해간다. 불교도 붓다의 죽음에 열반이라는 의미를 부여하는 것으로 세계종교에의 길을 걸었다. 게다가 종교는 혹독한 탄압을 거친다 해도 살아남는다. 그 점에서는 마니교가 거의 소멸하고 말았다고 하는 것은 세계의 종교사 중에서 드문 현상이라고 할 수 있다.

이란 종교의 특징은 엘리아데의 지적에도 있는 것처럼 이원론, 특히 선악이원론을 강조했던 것에 있다. 이 특징이 두드러지게 되는 것은 유대교로부터 기독교, 이슬람교로 이어져 온 일신교와 대비되었을 때이다. 일신교에서는 유일절대의 창조신을 신앙의 중심에 두고, 기본적으로 일원론의 입장을 취하고 있다. 신은 선한 존재이며, 그 신이 창조한 세계에는 본래 악은 존재하지 않았다. 양자의 대립과 대비에 대해서는 제3장의 아우구스티누스에 관한 부분에서 언급했다. 아우구스티누스는 회심回心을 통해 이원론의 마니교에서 일원론의 기독교에로 전환을 했다. 그것은 기독교의 마니교에 대한 최종적인 승리를 예견하는 사건이었다.

조로아스터교의 시작은 수수께끼에 싸여 있다

역사적으로는 마니교가 기독교보다도 나중에 생겨난 것에 비해서 조로아스터교 쪽은 훨씬 오래된 것이다. 조로아스터라고 하는 호칭은 그리스어를 기본으로 한 영어 번역으로서 페르시아어로는 자라스슈트라로 불린다. 여기서 한 가지 문제가 되는 것은 자라스슈트라가 태어나서 조로아스터교의 개조로서 활약했던 연대이다. 그것은 기원전 13세기의 일이었다는 설도 있고, 기원전 7세기였다는 설도 있으며, 연대는 확실하지 않다. 도대체 자라스슈트라가 한 사람이었는지, 어떤 지에 대해서도 의심의 눈길로 바라보고 있다.

자라스슈트라의 생애에 대해서도 확실한 것은 알 수 없으며, 그 전체적인 것은 전설이나 마찬가지이다. 살았던 장소도 동방의 박트리아라는 설도 있고, 서방의 메디아라는 설도 있어서 대립하고 있다. 젊어서 제관祭官이었는데, 결혼 후에 계시를 받아서 각지를 돌아다니면서 그 교의를 알렸다고 한다. 조로아스터교의 성전은 아베스타(Avesta)[22]이며, 그 중 '가자'로 불리는 시편에 자라스슈트라 본인의 교의가 남아있다. 자라스슈트라라고 하는 이름도 일본에서는 널리 알려져 있지 않지만, '자라

---

22   아베스타는 조로아스터교의 주신인 아후라 마즈다 또는 그의 제령(諸靈)이 예언자 조로아스터에게 계시한 경전이다. 수백 년에 걸쳐 구전되다가 문자화되었으며, 우주의 창조, 법, 전례, 조로아스터의 가르침 등이 아베스타어로 기록되어 있다. 현존하는 아베스타는 사산왕조페르시아 초기인 3세기에 옛날 단편들을 모아 21책으로 된 경전이 편집된 본이며, 제의(祭儀)와 관계없는 부분들은 실전된 상태이다. 현존하는 아베스타는 5개 부분으로 구성되어 있다. 종교적 핵심을 이루는 부분은 제의(祭儀) 의식문인 야스나(Yasna)로, 조로아스터의 언행이나 그에 대한 찬송들이 주를 이루고 있으며, 그 중에서도 가장 중요하게 평가되는 것은 찬송가들의 수집물인 가타스(偈文, Gathas)이다. 가타스는 야스나 중에서도 가장 오래된 부분이며, 조로아스터에 의해 직접 지어진 것으로 전해진다. 주로 주신인 아후라 마즈다와 천사, 불, 물, 지구에 대한 경의를 표하는 기도와 찬송으로 구성되어 있다. 이 외에 주요 부분으로 아베스타 원본에 대한 해설서인 젠드 아베스타(Zend-Avesta)와 조로아스터력(曆)이 기록된 시오르자(Siroza) 등의 경전이 존재한다. 역자주.

투스트라'라고 하는 이름은 꽤 알려져 있다. 자라투스트라는 자라스슈트라의 독일어 번역으로 철학자인 니체의 유명한 저작 『자라투스트라는 이렇게 말했다』(또는 『자라투스트라는 쓰고 말한다』)의 주인공을 가리킨다.

리하르토 슈트라우스의 동명의 교향시는 니체의 저작에 영감을 받아서 작곡된 것이다. 니체가 묘사한 자라투스트라는 신의 죽음이라는 사실을 인식하며, 기독교의 사상을 비판하고, 초인의 출현을 얘기한다. 다만 이것은 자라스슈트라의 종교사상과는 직접적으로 관계되는 것은 아니다. 자라스슈트라는 최고신 아후라 마즈다에의 신앙을 말하며, 그 점에서 일신교의 개척자로서의 측면을 가지고 있다. 그렇지만 그의 종교사상은 엄밀한 의미에서는 아직 일신교라고는 말할 수 없다는 것이 종교학에서 일반적인 견해이다.

일신교라고 해도 그 방식은 한 가지가 아니다. 일반적으로 이미지화된 유일절대의 창조신을 숭배하는 일신교는 종교학에서는 '유일신교'로 불린다. 그밖에 다른 집단이나 민족이 신앙하는 신들을 용인하면서 자신들만은 유일한 신을 신앙대상으로 하는 '배일신교排一信敎'나, 다신교 중에서 하나의 신을 선택하여 오로지 그 신을 신앙하는 '단일신교單一神敎', 그리고 신앙대상을 차츰 바꾸어가는 '교체신교交替神敎'가 있다.

선의 세계와 악의 세계가 따로 있다

자라스슈트라는 아후라 마즈다를 '예지叡智의 주'인 창조신으로 파악하고, 선한 존재인 아후라 마즈다로부터 선한 세계, 생명 그리고 빛이 창조되었다고 하였다. 그러나 세계에는 아후라 마즈다와 대립하는 앙굴라 마이뉴라고 하는 대립령對立靈이 존재하며, 그로부터 악한 세계, 죽음 그리고 어둠[闇]이 창조되었다. 아후라 마즈다는 선한 세계, 생명, 빛을 주관하며, 앙굴라 마이뉴는 악의 세계, 죽음, 어둠을 주관한다. 조로아스터교가 불을 신앙의 중심에 두는 '배화교拜火敎'로 불리는 것은 아후라 마즈다가 주관하는 불이 존경을 받기 때문이다.

여기에서 중요한 것은 창조신인 아후라 마즈다와 그의 대립령 앙굴라 마이뉴의 관계이다. 자라스슈트라는 이 중의 한 편으로부터 다른 한 편이 창조되었다고 하는 해석을 취하지 않고, 양자는 함께 최초부터 존재했다는 입장을 취한다. 그것은 구약성서 '창세기'의 서두에 있는 천지창조의 이야기와는 다르다. 창세기에서는 유일절대의 실재가 전제되어 있으며, 세계의 창조는 모두 신에 의해서 행해졌다고 되어 있다. 선한 신과 악한 존재가 처음부터 병립하고 있다고 되어 있지 않다.

아후라 마즈다와 앙굴라 마이뉴는 생과 사, 빛과 어둠이며, 근본적으로 대립하고 있다. 그 사이에 우열이나 강약의 차이는 없고, 마치 쌍둥이와 같은 관계이다. 다만 쌍둥이라면 처음부터 서로의 존재를 눈치채고 있을 텐데 자라스슈트라는 그것을 부정하며, 양자는 본래 관계가 없는 존재이며, 우연히 어딘가에서 조우하면서 싸우게 된다고 해석했다. 그 점에서 자라스슈트라의 종교사상의 근본에 '선악이원론'이 존재하는 것이다.

선의 세계는 최후에 악의 세계에 승리한다

앞장에서 설명한 것처럼, 종교의 세계에서는 선과 악의 관계를 어떻게 생각하는지가 극히 중요한 의미를 가지고 있다. 특히 유일절대의 신에 의한 창조를 전제로 하는 유일신교에 있어서 절대의 선인 신이 창조한 세계에 악이 만연하고 있는 것은 중대한 모순이 되어 버린다. 기독교의 신학은 악이 실재하는 것을 어떻게 설명하는가에 대해 노력을 기울여왔다. 이 설명에 실패한다면 신의 절대성을 주장하는 것이 어렵게 되어버린다. 자라스슈트라는 선과 악의 대립이 영원히 계속되는 것은 아니고, 최종적으로는 선이 승리한다는 입장을 취했다. 그러나 선과 악이 최초부터 대립하고 있는 것에 의해 유일신교가 직면한 난제를 회피하는 것이 가능했다. 악이 실재한다고 해도 그것은 최초부터의 일이기 때문에 그것 때문에 신의 절대성이 위협받는 일은 없는 것이다.

그렇다고 해도 자라스슈트라는 인간에게 선의 쪽에 가담할지, 악의 편에 가담할지 선택의 자유를 주었다. 더 나아가 인간은 선의 쪽에 가담하여 악을 멸하는 전쟁에 참가해야 한다고 주장했다. 그렇게 한다면, 최종적으로는 구세주가 출현하여 선의 쪽에 승리를 가져온다는 것이다. 이 구세주에 대한 인식은 나중에 기독교에도 영향을 주게 된다. 그 점에서 조로아스터교는 일신교로서의 기독교의 형성에 커다란 영향을 준 것이다. 다만 조로아스터교에서는 유일절대의 창조신에게서 세계 창조의 근본을 찾는 인식은 가지고 있지 않다. 그 점에서는 조로아스터교가 최초의 일신교라고 할 수는 없다.

오히려 종교사에 있어서 조로아스터교의 중요성은 명확하게 이원론을 주장한 것에 있다. 그 이원론은 나중에 마니교에도 이어지게 된다. 마니교의 경우에는 조로아스터교의 영향을 받은 것만이 아니고, 유대교나 기독교 혹은 기독교의 범위 안에서 발전한 신비주의적 그노시스(Gnosis; 영지주의靈智主義)[23], 더 나아가 불교나 도교의 영향까지 받았다고 말해지고 있다.

---

23   '그노시스(Gnosis)'란 '지식'을 의미하는 그리스어. 1~2세기에 걸쳐서 로마를 비롯하여 그리스문화의 영향을 받은 유대, 이란, 바빌로니아, 이집트 등의 지역 토착종교와 그리스의 철학이 융합하여 신비적 종교사상으로 재해석되었으며, 기독교에 흡수되면서 그노시스(영지주의)파를 발생시켰다. 신비적이고, 영적인 제1 원인으로서의 신이 만물을 자기로부터 유출시켜 가는 과정에서 스스로를 드러내는 것으로 보고 있다. 또한 물질적 세계는 신에 대립·단절되어 있는 악이라고 주장하였다. 기독교 그노시스 파는 그리스도가 그노시스를 가져와 이러한 악에 사로잡혀 있는 인류를 구원한다고 주장하여 교회로부터 이단판정을 받았다. 이집트의 발렌티누스(Valentinus, 2세기), 시리아의 바실리데스(Basilides, 2세기)가 대표적인 영지주의자이다. 역자주.

3
마니교는
어떤 종교인가

조로아스터교의 선악이원론을 계승하여 전개되다

조로아스터교의 영향을 강하게 받은 가운데 마니에 의해서 주창된 종교가 마니교이다. 중국에서는 '摩尼教'로 표기된다. 마니는 210년에 사산조 페르시아에 태어났는데 조로아스터교를 시작으로 여러 종교의 영향을 받았다. 그의 부친은 마니가 4세 되던 해에 계시를 받아서 유대교로 개종했다. 마니의 처 이름은 '마리암'으로 마리아와 연관되어 있으며, 기독교도였을 가능성도 있다. 또한 마니 자신은 24세 되던 해에 계시를 받아서 인도를 여행했는데, 그때 불교나 힌두교에 대해 배웠을 것이다.

마니는 『샤푸라간(Shāpuragān)』을 시작으로 하여, 여러 책을 저술했는데, 그 책들은 마니교가 확산된 지역의 언어로 번역되었다. 교조 자신이

책을 쓰고, 기록하는 것은 극히 드문 일이지만, 원전은 남아있지 않고 번역본만 전하고 있다. 이는 기독교의 영향일지도 모르겠지만, 마니는 자신의 교의를 전하는 것에 열심이었으며, 스스로 외국에서 전도를 하였다. 그러나 적극적인 전도활동을 하면 기존의 종교와 대립하는 일도 많아져서 탄압을 받기도 했다. 마니는 투옥되었으며, 옥사했다고 하는 말도 전한다.

마니교의 세계관은 조로아스터교의 영향을 받아서 기본적으로 선악이원론이다. 세계는 선한 창조신에 의해서 창조된 것은 아니고, 처음에 '광명의 아버지 주르반(Zurvān)'과 '어둠의 왕자 아흐리만(Ahriman)'이 존재한다. 세계의 창조와 역사는 이 두 존재의 대립으로부터 생겨나게 되는 것이다. 유대·기독교의 영향으로 아담과 이브, 예수 그리스도라고 하는 존재가 마니가 하는 얘기 속에 등장한다. 다만 그러한 얘기에는 번역어의 혼란이 있으며, 복잡하고 심하게 착종錯綜되어 있다.

중요한 점은 마니교에서 현세에 대한 부정과 현세 거부의 경향이 강하게 드러난다는 것이다. 여기에는 불교나 힌두교라는 인도종교의 영향이 나타났을 가능성도 있으며, 그것이 선과 악의 대립의 얘기에 깊숙이 관련되어 있다. 그 경우에 중요해지는 것이 선·악과 함께 마니교에 있어서 이원론의 특징이 되는 영적인 것과 육체적인 것의 대립이다. 그것은 선악이원론과도 깊이 관련되어 있으며, 마니교의 독특한 세계관을 형성하고 있다.

인간의 육체와 영성을 대립시키는 극단적인 금욕을 말하다

마니는 인간은 이 세상에 머무르면서 육체를 부여받은 것에 의해서 고통을 받고 있다고 생각했다. 이것은 정확히 불교의 번뇌에 대한 인식과 통하고 있다. 육체를 부여받은 것에 의해서 악의 희생물이 되어있는 인간이 유일하게 구제되는 길은 참된 지식인 '영지靈知; Gnosis'의 획득을 통해서이다. 이러한 인식은 기독교의 이단사상의 대표인 그노시스(영지)주의와 통하고 있다. 불교에 있어서는 인간이 고통으로부터 해탈하는 것에는 근본적인 무지로부터 해방될 필요가 있다고 설해지며, 그것이 '사제팔정도四諦八正道'나 '12연기十二緣起'의 교의로 맺어지는데, 마니는 거기에 가까운 인식을 취하고 있었다고 말할 수 있다. 여기에서도 마니교는 동양과 서양종교의 절충을 특징으로 하고 있다.

그것은 더더욱 마니교도에게 권유되었던 생활방식과도 연관되어 있다. 마니는 인간은 육체를 부여받았다는 점에서 물질적인 존재인 동시에 빛의 본질을 가지고 있다고 했다. 그러한 점에서 양의적인 존재이며, 자신의 내면에 구원에 도달하는 가능성을 찾아가지 않으면 안 된다고 주장했다. 그로 인해, 인간에게는 수많은 금욕이 부과된다. 살생이나, 육식을 삼가고, 술을 멀리하는 것은 불교, 유대·기독교에서도 권유되는 계율이지만, 마니교의 경우에는 그것이 극단적일 정도로 철저하다는 점에 특징이 있다. 이는 제4장에서 서술했던 기독교의 이단 카타리파와도 통하는 사상이다. 기독교의 이단이 '마니교'로 불렸다는 것도 이처럼 카타리파와 공통적인 부분이 있었기 때문이다.

예를 들어 마니교에서는 식물의 뿌리를 뽑는 것마저도 금지되었으며,

과일이나 투명하게 비치는 야채만이 바람직한 음식물이 되었다. 게다가 쾌락을 위해서 성적인 욕망을 채우는 것이 금지된 것뿐만 아니라, 자손을 늘리는 것으로 물질적인 세계를 강화하는 것도 용납될 수 없었다. 다만 엄격한 금욕이 부과되는 것은 신의 선택된 백성[選民]인 '알다완'뿐이며, 일반 신자에게는 그렇게 엄격한 계율이 부과되지 않는다. 그렇다고 해도 알다완을 지지하는 일반 신자도 머지않아 선민이 되는 것을 기대하고 있었다. 마니교는 카타리파와 마찬가지로 철저한 현세거부, 현세부정의 경향을 보이며, 너무 엄격하게 금욕을 강화했던 것이다.

조로아스터교와 마니교의 확산과 쇠퇴

조로아스터교는 아케메네스왕조, 셀레우코스왕조, 아르사케스왕조, 사산왕조와 페르시아에서 생겨난 왕조 중에서 받아들여져서 발전을 이룸과 함께 사산조에서는 국교로서의 지위를 얻기까지 했다. 그러나 이슬람제국이 그 세력을 확대하고, 페르시아에도 이슬람교가 널리 퍼지게 되자 조로아스터교는 차츰 쇠퇴해갔다. 그러나 그 이전의 단계에서 마니교나 기독교가 확대되는 과정에서 이미 조로아스터교는 열세에 처해 있었다. 이슬람교에서는 유일절대의 창조신이 강조되었으며, 모든 것은 신의 자비 아래 있다고 하는 구원론이 확립되었다. 이슬람교는 우상숭배를 철저하게 금지하는 것으로 유일신교로서의 성격을 강화했다. 그에 비교하면 조로아스터교는 선과 악을 병립시킨 것으로, 선의 최종적인 승리를 약속한다는 점에서 약했다. 바로 그 점이 조로아스터교의 쇠퇴로 이어지게 된 것이다.

한편 마니교는 페르시아를 중심으로 그 세력을 확대시켜 갔으며, 사산조에서 조로아스터교가 국교로 정해지면서 탄압받았다. 또한 페르시아의 국경을 넘어서 로마제국에도 확산되어 갔으며, 한때는 기독교와 패권을 다투기도 했다. 하지만 기독교가 로마제국의 국교로 공인되자, 혹독한 박해를 받게 되었던 것이다. 기독교와 비교해서 명확한 구원론을 가지고 있지 않다는 것이 그 쇠퇴로 연결된 것은 아니었을까.

이는 여러 종교에 공통적으로 얘기할 수 있는 것인데, 종교에는 현실의 질서나 사회체제를 정당화하고, 그것을 유지해가는 기능이 있는 한편, 현실을 비판하고 그 개혁을 촉발하는 기능이 있다. 조로아스터교나 특히 마니교에 나타나는 현세거부, 현세부정의 측면은 그런 의미에서 종교의 본질에 부합하는 것이라고 할 수 있다.

그렇지만 종교가 사회전체에 확산되어 안정된 기반을 확보해가기 위해서는 민중에게 수용될 필요가 있다. 민중이 바라는 것은 난해하고 복잡한 종교철학이나 신학이 아니라 현실의 사회 안에서 어떻게 행복한 생활을 실현시켜 가는가. 거기에 도움이 되는 가르침이며, 의식의 체계이다. 그 점에서 철저한 금욕을 얘기하는 마니교와 같은 종교는 민중에게는 선호되지 않는다. 사회상황이 극도로 악화되어 현실의 세계에 살아가는 것에 전혀 희망을 발견할 수 없는 위기적 사태가 찾아오지 않는한, 민중이 바라는 것은 어디까지나 현세이익이며, 철저한 금욕주의의 신앙은 아닌 것이다.

조로아스터교와 마니교가 태어난 페르시아에서는 나중에 이슬람교의 시아파가 생겨났으며, 현재도 이 지역에서는 시아파가 대세를 점하고 있

교양으로 읽는 세계종교사

다. 시아파는 이슬람교의 유일절대의 신에 대립하는 영적인 존재를 세우는 것이 아니고, 선한 신과 악한 존재가 투쟁을 펼쳐 나간다고 얘기하지도 않는다. 다만 호세인이 카르발라의 전투에서 살해당한 것에서 순니파를 절대 용서하지 않는 것에는 선악이원론의 인식이 나타나고 있는 것처럼 보이기도 한다. 시아파가 확산된 지역이 페르시아를 중심으로 한 지역이라는 것의 중요성은 무시할 수 없는 것은 아닐까. 그리고 또 한 가지, 동서의 종교를 이어주는 역할을 맡은 것이 몽골제국의 확장이었다는 점도 보지 않으면 안 된다.

4
몽골제국은 어떻게
서쪽으로 나아 갔는가

십자군의 아군으로서 기대되었던 '프레스터 존'의 정체

1217년 로마교황의 주도로 제5차 십자군이 소집되었다. 하지만 그때까지의 십자군에서 중심적인 역할을 해냈던 프랑스의 기사들은 이단과의 전쟁인 알비주아(Albigeois)[24] 십자군에만 매달리면서 본래의 십자군에 참가할 여유가 없었다. 따라서 제5차 십자군에 참가한 것은 헝가리왕이나 독일, 이탈리아 등의 기사들이었다. 이 십자군은 이슬람교의 거점

---

[24] 1209~1229. 교황 인노켄티우스 3세가 프랑스의 카타리파를 이단으로 규정하고 카타리파의 중심지인 랑그도크 지역을 공격하여, 약 20만에서 100만 명에 달하는 사람들을 학살했던 전쟁. 역자주.

교양으로 읽는 세계종교사

인 이집트의 카이로를 공략하려고 시도했지만 그곳에서 실패했다. 제1차 십자군이 탈환에 성공했지만, 기독교세력은 그 후 다시 이슬람교 측에 빼앗겼던 예루살렘을 재탈환하지 못했다. 그 전쟁이 한창일 때, 종군해 있던 팔레스티나 북부의 아콘지역의 사교司敎로부터 "프레스터 존의 손자인 다윗왕이 페르시아를 정복하고 바그다드로 향하고 있다"고 하는 보고를 받게 된다.

기독교 세계에서는 예수의 탄생을 알고 온 동방 세 박사의 자손인 장로 요한에 의해서 포교가 행해져서, 동방에 기독교국이 존재하고 있다는 전설이 있었다. 프레스터 존이 바로 장로 요한이었다. 십자군의 시도가 시작되기 조금 전인 1165년경, 프레스터 존으로부터 동로마제국의 황제 마누엘 1세 콤네노스(1143~1180)에게 보내진 편지가 유럽에서 널리 나돌게 되었으며, 각국 언어로 번역되었다. 로마교황 알렉산데르 3세(Alexander III 재위 1159~1181) 등은 1177년에 프레스터 존에게 보내는 편지를 휴대한 사자를 파견했을 정도였다.

프레스터 존의 편지는 일단 틀림없이 날조된 것이지만 이러한 편지가 유포되고 있던 것은 제5차 십자군 시기에 사교의 보고와 결부되어 있다. 그러나 거기에서 말해진 프레스터 존은 십자군의 우군인 동방 기독교국의 왕이 아니라, 현실은 이슬람교 세력 이상의 강적인 몽골제국의 칭기스칸이었다.

아시아와 유럽이 처음으로 하나가 되다

당시 몽골계의 여러 부족은 몽골부와 타타르부로 나뉘어서 대립하고 있었다. 그 중에서 몽골부에 테무친이라고 하는 사람이 나타나서 부족을 통일하고 최고 권력자가 되어 칭기스칸이라는 이름을 부여받았다. 칭기스칸은 1215년에 만주 일대를 지배하고 있던 여진족인 금金을 쳐부수고 현재의 북경을 함락시킨 것을 시작으로 남러시아, 중앙아시아 그리고 이슬람교가 퍼져 있는 지역까지 판도를 확장해 갔다. 칭기스칸 자신은 1227년에 중국 육반산六盤山의 남쪽에 있던 야영지에서 사망했는데, 세계정복의 야망은 아들들에게 이어져서 몽골군은 러시아의 여러 공국을 점령하고 지배하는 것과 함께 유럽에까지 공격했으며, 폴란드, 헝가리, 모라비아, 오스트리아, 크로아티아를 차례로 굴복시키고 최후에는 알바니아까지 도달했다.

몽골제국이 급속히 그 세력을 확대시키는 것이 가능했던 것은 진출했던 지역 특히 중앙아시아 등에는 통일된 제국이나, 왕국이 존재하지 않았기 때문이었다. 몽골은 그 간극을 메워서 영토를 확장했던 것이다. 그런데 몽골제국은 중앙집권적인 조직이 아니라, '천인대(千人隊=千戶)' 혹은 '만인대(萬人隊=萬戶)'로 불리는 부족집단이 기본적인 단위가 되고 있으며, 각각의 부족집단이 각자를 영유領有하면서 지배하는 형태를 취하고 있다. 중앙집권적이 아니라는 점은 몽골제국의 종교의 형태와도 연동되고 있다. 몽골인은 천天에 대한 신앙을 가지고 있는데, 그것은 소박, 단순한 것으로서 단순히 신을 숭배하는 것을 내용으로 하는 것이었다. 몽골인은 진출했던 지역에서 기독교나, 이슬람교 혹은 불교를 접하게 되었는데, 그러한 세계종교와는 비교할 수없이 소박한 신앙밖에 가지고 있지 않았다. 아마도 그 신앙은 일본의 원시 신토와 같은 것이었음에 틀림없다.

그러므로 몽골인은 지배하에 있는 각 민족에 대해서 자신들의 신앙을 강제하지는 않았다. 너무 소박해서 강제할 방법이 없었다고 할 수 있다. 따라서 각각의 신앙을 가진 사람들은 몽골제국의 기반에서 자신들의 신앙을 지켜내는 것이 허용되었다. 이에 따라 몽골제국 안에는 여러 종교를 가진 다양한 민족이 포함되게 된다. 다만 거기에서 중요한 것은 광대한 몽골제국이 성립된 것에 의해서 원래부터 계속 이어져 왔던 아시아와 유럽이 실질적으로 하나로 연결되었다는 점이다. 그때까지 접근하는 지역의 사이에는 밀접하게 빈번한 교류가 있었지만 아시아와 유럽이 하나로 대륙을 형성하고 있다는 의식은 생겨나기 힘들었다. 나중에 19세기가 되면 유럽과 아시아를 합친 '유라시아'라는 개념이 생겨나는데, 몽골의 세계정복은 바야흐로 이 유라시아 형성의 기초를 만들었던 것이다.

동서를 오간 여행가들

유라시아 대륙의 동서가 하나로 이어진 것을 상징하는 것이 몽골제국에 편입된 광대한 지역을 여행했던 여행가들의 출현이다. 그 선구가 된 것이 『동방견문록』을 남긴 이탈리아 베네치아의 마르코 폴로이다. 마르코 폴로의 부친과 숙부는 동방과의 무역을 하고 있어서 몽골제국의 수도 카라코룸에 이르렀다. 두 사람은 귀국 후에 재차 동방으로 여행을 떠났는데, 그때 17세의 마르코 폴로도 동행시켰다. 그것이 1271년의 일이다. 당시 중국은 몽골에 의해서 지배되었으며, 원元으로 칭하고 있었다. 그들은 그 수도인 대도大都; 현재의 북경로 갔다. 젊은 마르코 폴로는 원의 황제에 즉위한 쿠빌라이칸의 마음에 들게 되어서 외교관으로 고용되었다.

그 기간에 그가 중국 각지를 여행했던 기록이 베네치아 귀국 후에『동방견문록』으로서 통합 편집되었다.『동방견문록』에는 일본이 '황금의 나라 저팬'으로서 소개되어 있는데, 마르코 폴로 자신은 일본에는 오지 않았다.『동방견문록』에는 몇 사람의 견문이 포함되어 있다는 설도 있고, 사실 마르코 폴로는 중국에 가지 않았다는 설까지도 있다. 다만 중국에서의 견문은 당사자밖에 알 수 없는 귀중한 내용으로 되어 있다.

또 한 사람, 마르코 폴로와 거의 동시대에 광대한 몽골제국을 여행했던 인물이 있다. 그는 라반 사우마(Rabban Bar Sauma, 1220~1294)[25]라고 하는 네스토리우스파 기독교 승려이다. 네스토리우스파는 431년의 에페소 공의회에서 이단으로 결정되었으며, 동방으로 확산되어서―이미 서술했던 것처럼―중국에서는 '경교景敎'[26]로 불렸다. 사우마는 마르코 폴로와는 반

---

25   13세기의 위구르(혹은 온구트) 출신의 네스토리우스파 기독교의 승려. 역자주.

26   네스토리우스교(Nestorianism)의 동양식 명칭. 635년 네스토리우스교의 선교사
      들이 페르시아로부터 당나라의 장안(長安)에 도착하여 동양에 전파했다. 로마제국
      의 콘스탄티노플 교회 감독이었던 네스토리우스(Nestorius, 381~451)는 예수의 신
      인양성론(神人兩性論)과 마리아의 신성부정론(神性否定論)으로 집약되는 신학적
      견해를 정립하였다. 하지만 그는 교권파인 시릴(Cyril) 일파에게 이단으로 몰려 431
      년 에베소회의에서 정죄되고, 이집트에서 유배생활 중 451년에 사망하였다. 그러나
      그의 설을 신봉하던 사람들은 페르시아로 망명하여 신앙생활을 개척하였다. 교세

대로 1276년에 원 대도에서 서쪽으로 향했으며, 중앙아시아를 통과하고, 콘스탄티노플을 지나서 로마, 파리 그리고 프랑스의 보르도에까지 이르렀다.

또 한 사람 이슬람교도인 여행가로서는 이븐 밧투타(Ibn Battuta)가 있다. 그는 1325년 출생지인 모로코에서 메카 순례를 출발했으며, 순례를 마친 후에 이란, 시리아, 아나토리아반도, 흑해, 킵차크한국을 거쳐서 중앙아시아에 들어갔다. 더 나아가 인도, 수마트라, 자바를 경유해서 원의 수도에 다다랐다. 이븐 밧투타도 『여러 도시의 신기함과 여행의 경이로움에 관한 관찰자들에게 드리는 선물』이라는 여행기를 남기고 있다.

세계사는 몽골제국으로부터 시작되었다고 말해지는데, 그것은 몽골제국의 성립에 의해서 그때까지 나뉘어 있던 동서 세계의 교류가 빈번해지면서 두 세계의 역사가 연동되었기 때문이다. 프레스터 존의 나라와 같은 가공의 기독교 국가의 존재가 알려지게 된 것도 정보가 제한되어서 동서 세계가 서로를 명확히 인식하지 않고 있었기 때문이었다.

원리주의자 이븐 타이미야와 니치렌[一蓮]의 등장

몽골제국의 주변부에서는 또 하나, 오히려 현대에 들어 큰 의미를 갖

가 확장되자 페르시아의 토착종교인 조로아스터교와의 갈등이 불가피하게 되었고, 얼마 후에 이슬람교의 박해가 시작되자 네스토리우스교인들은 인도 및 중앙아시아 일대로 옮겨가게 되었다. 역자주.

는 일이 은밀히 일어나고 있었다. 그렇지만 그 의의는 동시대에는 전혀 이해되지 못했고 단순한 맹아로 끝났다. 몽골제국의 정복에 자극을 받아 그 서쪽 끝과 동쪽 끝에서는 새로운 종교사상이 생겨나게 되었다. 먼저 서쪽 끝에서의 일에 대해 살펴보겠다.

13세기 중반, 다시 말해 마르코 폴로나 사우마가 여행했을 무렵, 이란을 중심으로 한 지역에 몽골제국의 지방정권으로서 일한 왕조가 성립되었다. 이 정권을 세웠던 것은 칭기스칸의 손자인 훌레구이며, 그 제7대 군주가 된 사람이 가잔칸이었다. 가잔에 대해서는 이미 제4장에서 다루었다. 그는 일한 왕조를 번영으로 이끌었으며, 그 때 스스로 이슬람으로 개종했다. 그 사태에 위기감을 품었던 이가 이븐 타이미야이다. 그는 일한 왕조의 몽골인은 표면적으로는 이슬람교도이지만, 그 속마음은 다르기 때문에 그것을 타도하는 것은 지하드에 해당된다는 논리를 세웠다.

흥미로운 것은 몽골제국의 동쪽 끝에서도 타이미야에 필적할 종교가가 등장했다는 점이다. 그것이 일본의 니치렌[日蓮]이다. 천태종 승려로 출발했던 니치렌은 법화경이야말로 불타의 진실한 가르침이 설해져 있다고 하는 입장을 취했다. 그리고 때마침 발발勃發했던 지진이나 역병, 기아 등의 재해가 그의 입장에서는 '사종邪宗'으로 평가되는 호넨[法然]의 정토종淨土宗신앙이 발호하고 있기 때문이라고 파악하고 가마쿠라막부에 대해 사종을 금지시키도록 간언했다. 그러나 니치렌의 주장은 받아들여지지 않았으며, 이즈[伊豆]와 사도[佐渡]에 두 차례에 걸쳐 유배당했다. 니치렌은 이대로 사태를 방치하면 국내에서 내란이 일어나고, 타국으로부터 침략을 당하는 일이 발생한다고 경고했다.

이러한 중에 타국으로부터 침략을 당한다는 예언은 '몽골침략', 즉 원

교양으로 읽는 세계종교사

에 의한 일본침공이라는 사태가 발생해서 적중한 결과가 되었다. 종교가에 의한 종말론적인 예언은 빗나가는 것이 숙명이지만, 니치렌은 세계종교사에 있어서도 드물게 예언을 적중시킨 종교가가 되었던 것이다. 니치렌은 호넨 정토종 이외의 종파도 엄격하게 비판했다. 특히 진언종이나, 밀교를 받아들인 천태종에 대해서 혹독한 비판을 전개했다. 그 때문에 후세에서 원리주의자적인 경향을 갖고 있는 그의 신봉자에게 많은 영향을 주게 된다.

몽골제국의 세계진출에 의해서 서와 동의 끝은 원리주의적인 신앙을 강조하는 종교가가 출현했으며, 후세에 영향을 주었다. 만약 몽골이 광대한 지역에 걸쳐서 그 지배를 넓히지 않았다면 타이미야도 니치렌도 많은 영향력을 행사할 수가 없었을지도 모른다. 몽골인의 신앙 자체는 소박하고, 결코 원리주의적인 경향을 갖고 있지 않았다. 그렇기때문에 몽골제국은 여러 신앙이 존재하는 광범위한 지역에 침투해 있었지만, 아이러니하게도 그 비판자들이 원리주의자적인 종교사상을 탄생시킬 소지를 주었던 것이다.

제 6 장

윤회로부터의
해탈을 애기하는
브라만교

육체로부터
구원을 찾아서

1
인도·중국에서는
어떤 종교가 전개되었는가

신자가 적은 불교가 '세계종교'로 간주되는 까닭

일본인은 '세계의 3대 종교'라고 하는 표현방식을 좋아한다. 그 경우 '3대 종교'에 포함되는 것은 기독교, 이슬람교 그리고 불교이다. 이 중 기독교와 이슬람교를 빼놓을 수 없는 것은 당연하다. 신자의 수가 팽창하고 있기 때문이다. 기독교도의 수는 약 23억 명이며, 71억 명으로 얘기되는 세계 총인구의 30%를 넘는다. 이슬람교도는 18억 명 정도이며 25%를 점한다. 거기에 비해서 불교도의 수는 결코 많지는 않다. 5억 명 정도로 간주되며, 세계의 종교인구 중에서는 7%에도 미치지 않고, 1할 이하이다(뷰 리서치 센터의 조사에 의한 2015년 추계).

불교에 비교하면 인도의 힌두교 쪽은 훨씬 신자 수가 많다. 힌두교도는 11억 명에 달하고 있기 때문에 세계인구의 15%를 넘어섰다. 또한 중국의 종교에 대해서는 공산주의 정권 치하라는 특수한 사정도 있어서 어떠한 상황에 있는지 딱히 명확하진 않지만, 14억 가까이 되는 인구 중에서 상당한 수가 유교나 도교, 거기에 불교가 뒤섞인 중국 특유의 민족종교를 신앙하고 있는 것으로 생각된다. 이처럼 인도나 중국의 종교 쪽이 훨씬 그 규모가 크다.

그럼에도 불구하고, 3대 종교의 일각을 불교가 점하고 있는 것은 일반적으로 인도나 중국의 종교가 '민족종교'로 분류되며, 다른 민족에게는 전달되지 않았기 때문이다. 불교의 경우, 발상지인 인도로부터 각지로 확산되어 '세계종교'가 되었다. 불교는 기독교나 이슬람교와 마찬가지로 민족의 벽을 넘어서 보다 넓은 지역으로 확산된 종교이다. 다만 불교는 그 탄생지인 인도에서 완전히 쇠퇴했으며, 거의 쇠멸하고 말았다. 현재 인도에도 불교도는 있지만, 그들은 근년에 들어서 힌두교에서 개종한 사람들이며, 불교가 탄생한 이래로의 그 신앙이 전해져 온 것은 아니다.

또한 인도에서 불교를 받아들여서 한때 거대한 불교국이 되었던 중국에서도 역사를 거듭하는 중에 특히 유교와의 알력이 있어서 반복적인 폐불을 경험했던 결과로 꽤 쇠퇴해있다. 중국에서 공산당 정권이 탄생했던 것도 거기에 압박을 가하게 되었다. 이처럼 불교가 인도와 중국에서 쇠퇴해버린 것에 비해서 힌두교는 아직도 인도에서 활발하게 신앙되고 있다. 게다가 민족종교라고 불리면서 인도 주변인 네팔, 방글라데시, 스리랑카에도 확산되어 있으며, 인도네시아의 발리섬 등에서는 대략 9할이 힌두교도로 되어있다. 이 힌두교를 민족종교로 파악해도 좋을까. 적어도 세계종교로서의 성격을 함께 가지고 있음에는 틀림이 없다.

공산주의 중국에서도 종교의 수요는 뿌리 깊다

중국에서는 공산주의 정권 하에 있기 때문에 어느 종교에 대해서도 그 활동은 현저하게 제한되며, 반드시 종교의 자유가 보증되어 있지는 않다. 국가가 인정한 종교가 아니면 단속되거나, 탄압의 대상이 되기도 한다. 그렇게 되면 포교 등을 자유롭게 할 수 없다. 실제로 파룬궁[法輪功]처럼 심하게 탄압당하는 신종교도 있다.

그럼에도 중국에서는 경제발전이 지속되는 중에 현세이익적인 신앙이 요구되면서 유교나 도교의 신앙이 만회되고, 불교에 관해서도 부흥의 조짐이 나타나고 있다. 혹은 기독교의 복음파도 공인되어 있지는 않지만, 지하 교회나 가정 교회로서 꽤 확산세를 보이고 있다.

공산주의 체제가 확립되어 있어도 종교에 대한 수요는 단절되지 않고 있다. 공산당 정권도 인심의 안정을 위해서 유교 등을 적극적으로 활용하고 있다. 모택동에 반항했던 임표林彪[27]와 함께 공자가 비판의 대상이 되었던 문화대혁명의 시대와는 많이 다르다. 그러한 중국인의 종교는 중국인이 진출해 있는 아시아 각 지역에서도 활발하게 신앙되고 있다. 만약 중국 본토에서 신앙의 자유가 전면적으로 보증되게 된다면, 중국은

---

27   임표(林彪, 1907~1971)가 모택동과의 권력투쟁 과정에서 아들인 임입과(林立科)를 중심으로 비밀 군사 조직을 구성하고, 이를 '연합 함대'하여 무장 혁명을 계획하였으나 결국 실패했던 사건이 '9.13 사건'이다. 임표는 1971년 10월 전후로 무장 정변을 일으켜 모택동을 살해하기로 결정하였으나, 상해에서의 모택동 살해 공작이 실패하고, 부인인 섭군(葉群), 아들 임입과와 함께 9월 13일에 비행기로 몽골 인민공화국을 지나다 추락하여 모두 사망하였다. 또한 연합 함대의 중요 책임자들도 자살하거나 체포되어 임표의 계획은 완전히 실패로 끝났다. 역자주.

일거에 종교 대국으로 껑충 뛰어오를지도 모른다.

활황을 나타내고 있다고도 말할 수 있는 인도나 중국의 종교가 3대 종교에 비교해서 선명한 이미지를 보여주지 않는 원인은 민족종교인가, 세계종교인가 하는 것보다도, 반드시 교단을 형성하고 있지도 않고, 신자로서의 소속의식이 명확하지 않은 까닭은 아닐까.

인도와 중국의 민족종교에서는 신자들이 모이는 종교시설은 존재하지만, 같은 시설[會合]에서 모이는 구성원들이 같은 종교, 같은 종파에 속하고 있다는 자각이 결핍되어 있으며, 조직화도 진행되어 있지 않다. 이러한 사정은 조직이 없는 종교의 대표인 이슬람교도 공통적인데, 기독교, 가톨릭이나 일본의 불교종파처럼 조직이 확립되어 있는 종교와는 크게 다르다.

다민족을 수용하는 인도·중국만의 어려움

무릇 인도와 중국은 각각 국가라고 하는 형태를 취하고 있지만, 그 안에서는 다른 언어를 사용하고 있는 다양한 민족이 포함되어 있으며, 그러한 면에서의 통일은 진행되지 않고 있다. 인도에서는 주요한 것으로서 22개의 언어가 인정되어 있다. 중국에서는 전체의 95%를 점하는 한족사이에서 중국어가 사용되고 있지만, 소수민족 사이에서는 다른 언어가 사용되고 있다. 그러나 같은 중국어라도 지역에 따라서 발음이 다르다. 요컨대, 북경과 상해의 사람들은 말이 통하지 않는다. 그러한 점에서 인도와 중국을 국민국가로서 생각하기는 어려우며, 최근의 논의에서는 '제국帝國’으로 파악하는 인식이 유력해지고 있다. 이러한 점도 인도나 중국의 종교의 체계화나 통일화를 저해하고 있다.

또는 인도나 중국이 끊임없이 외부로부터 침입, 침략을 받아왔다는 점도 거기에 영향을 주고 있다. 인도는 이슬람교도의 거듭되는 침입을 받았으며, 그것이 불교가 소멸하는 결정적인 요인이 되었다고 한다. 이슬람교도가 많이 거주하는 파키스탄이 인도로부터 독립하여 파키스탄 이슬람공화국이 되었다. 또한 동쪽에서는 방글라데시도 독립했다. 그래도 여전히 인도 국내에는 많은 이슬람교도가 존재하며, 그 수는 1억 8천 명을 넘고 있다. 중국의 경우에도 자주 이민족의 침략을 겪으면서 그것이 왕조의 교체로 이어지게 된다. 특히 제5장에서 서술했던 몽골제국의 지배에 의해서 성립한 원의 시대에는 그때까지 널리 확산되지 않았던 티베트 불교나 이슬람교가 세력을 확대했다.

인도나 중국의 종교가 하나로 정리된 종교로서 체계화나 조직화가 진행되고 있지 않다는 것은 역으로 말하면, 다양성이 확보되어 왔다는 것을 의미한다. 어느쪽 나라에서도 강고한 조직구조를 갖는 종교가 나라 전체를 지배하지는 않았으며, 다양한 종교가 혼돈스럽게 뒤섞인 상태가 지속되면서 그것이 현대에까지 이어지고 있는 것이다.

2
고대 인도에서 생겨난
브라만교는 어떤 종교인가

인도 고대종교에 대한 서구인의 오해

인도종교가 하나의 통합성을 가진 것으로서 인식되는 것에서는 근대 서구에서 동양학이 발전했던 것의 영향이 크다. 인도의 종교는 '브라만교'나 '힌두교'로 불리는데, 이러한 호칭은 서구 사람의 발상에 의한 것으로서 인도사람들이 최초로 부른 것은 아니다. 인도에 브라만교가 존재했던 고대에서 브라만교라는 호칭은 사용되지 않았다. 힌두교도 '인도인의 종교'라는 의미이며, 하나의 고유한 종교를 의미하는 것은 아니다.

일본에서도 메이지[明治]시대 이래로 동양학이 들어왔으며, 그러한 동양학의 입장에서 불교를 포함하는 인도의 종교 연구가 진행되었다. 서구에서 동양학이 발흥하고, 인도의 고대 종교로 관심이 향했을 때, 하나의 결정적인 오해가 생겨났다. 그것은 브라만교보다도 불교 쪽이 오래됐다고 하는 오해이다. 다만 그러한 오해가 생긴 것도 무리가 아닌 부분이 있다. 왜냐하면 서구 사람들이 인도의 종교에 대해서 연구를 시작했던 18세기에 불교는 인도에서 흔적도 없이 사라져 있었기 때문이다.

불교의 신앙은 인도에는 없고, 동남아시아나 동아시아, 그리고 티베트 등 인도에서 보면 주변부에 남아 있었다. 불전도 인도 국내에는 남아있지 않았다. 대승불전은 산스크리트어로 쓰여 있었지만, 그것은 이미 인도 국내에는 없고, 불교가 전해졌던 중앙아시아나 티베트에서도 단편이 발견될 뿐이었다. 다만 산스크리트어 불전은 인도로부터 티베트보다 일찍 불교를 받아들였던 네팔에 남아 있다. 그것을 최초로 수집한 것이 네팔 주재 공사였던 영국인 브라이언 호튼 호지슨이었다. 호지슨은 400부를 넘는 산스크리트어 불전을 수집하여 그것을 프랑스의 동양학자 외젠 뷔르누프(Eugene Burnouf)에게 보냈다. 뷔르누프는 1830년대에 법화경을 네팔의 사본에서 독해했다. 또한 뷔르누프는 한역이나 티베트어역, 몽골역의 대승불전을 섭렵했으며, 1844년에는 『인도불교사서설』을 저술했다(시모다 마사히로[下田正弘]「근대 불교학의 형성과 전개」『新아시아불교사02』佼成出版社 등 참조).

이렇게 동양학이 발전하기까지는 오해가 풀리지 않았다. 사실은 완전히 반대로였으며, 브라만교 쪽이 불교보다 오래된 것이다. 다만 브라만교와 힌두교가 어떻게 구별되는지는 시대에 관해서도, 신앙의 내용에 관해서도 반드시 명확하지는 않고 애매하다.

인도에 침입했던 아리아인으로부터 생겨난 브라만교

일반적으로 인도에 있어서 종교의 전개를 설명하는 경우에는 브라만교로부터 시작되어, 불교, 힌두교의 순으로 나아간다. 그 때문에 불교가 융성을 맞이하자, 브라만교가 쇠퇴했으며, 이번에는 불교가 쇠퇴한 후에 브라만교를 기반으로 힌두교가 탄생한 것으로 생각하기 쉽다. 그렇지만 불교가 유행하고 있던 시대에도 인도 각지에서는 브라만교가 병행하여 신앙되고 있었다. 이에 따라 브라만교를 독립된 종교로서 파악하지 않고, 힌두교의 전개 과정 안에 자리매김하려 하는 시도도 널리 행해지고 있다. 불교가 등장했던 시대에는 자이나교 등 새로운 종교도 발흥했으며, 여러 신앙이 병립하면서 그에 따라 브라만교의 재편성이 촉진되고, 그것이 힌두교의 형성으로 이어지게 되었다고 생각하는 것이 좋을지도 모르겠다.

브라만교는 인도의 토착종교가 아니고, 아리아인이 인도에 침입한 것에 의해서 생겨난 것이다. 인도에는 그 이전에 토착의 선주민족으로서 드라비다인이 존재했으며, 그들의 손에 의해서 인더스 유역에 인더스문명이 번영했다. 인더스문명에서 신앙에 관계된 것으로는 동물 등을 새긴 인장이 유명하지만, 문자의 해독이 진행되어 있지 않기 때문에 구체적인 신앙의 내용에 대해서는 그다지 잘 알려져 있지 않다. 드라비다인은 현재 남인도의 광범위한 지역에 거주하고 있다.

아리아인의 인도 침입은 기원전 2000년경부터 시작되었으며, 차츰 인도 전역으로 침투해 갔다. 선주민인 드라비다인이 남인도로 쫓겨난 것도 이 아리아인의 진출에 의한 것이다. 아리아인은 인도로부터 유럽에 퍼져 있는 인도유럽어족 중에서도 인도·이란어파에 속한다. 브라만교와 제5장에서 본 이란의 종교와의 사이에는 공통성을 찾을 수 있는데, 예를 들어, 브라만교에는 불의 신 아그니에 대한 신앙이 있는데, 그것은 배화교로도 불리는 조로아스터교의 신앙과 유사하다.

브라만교의 독특한 카스트제도와 성전聖典 베다

브라만교의 '브라만'이라는 것은 사제계급을 가리킨다. 산스크리트어로는 '브라흐마나'라고 말하며, 그것을 중국어로 음사한 파라문婆羅門을 일본어 가타카나로 표기한 것이 바라몬(バラモン)이다. 브라흐마나는 우주의 근본적인 원리인 '브라흐만'에서 유래한다. 그 배경에는 '바르나[種性]'라고 하는 신분제도가 있으며, 브라만을 정점으로 하여 그 아래에는 전사계급인 크샤트리아, 서민계급인 바이샤, 노예계급인 수드라가 이어진다. 이것이 이른바 '카스트'라는 제도이다.

카스트라는 호칭은 포르투갈어의 '카스타[血統]'에서 유래했으며, 이역시 외래의 개념이다. 브라만교에서 신봉되는 성전이 '베다'이다. 베다는 지식을 의미한다. 처음에는 브라만 사이에서 구두로 전승되다가 머지않아 그것이 문자화되면서 베다가 성립된다. 베다는 4가지의 문서로 되어 있다. 중심이 되는 것은 찬가나 제사祭詞를 포함하는 '상히타[本集]'이며, 그 외에 제의에 대해 해설한 '브라흐마나[祭儀書]', 비의를 전하는 '아란야카[森林書]' 그리고 철학적인 내용을 전개한 '우파니샤드[奧義書]'가 있다.

좁은 의미에서의 베다는 '상히타'를 의미하며, 그것은 '리그베다', '사마베다', '야유르베다', '아타르베다'로 나뉜다. 그 중에서도 신들에의 찬가를 수집한 '리그베다'가 중심이다. 리그베다는 10권으로 되어있으며, 전체적으로 1,028개의 찬가를 포함하고 있다.

다수의 신들이 등장하는 브라만교의 신화적 세계

브라만교의 신화적 세계는 전형적인 다신교이다. 수많은 신들이 신앙의 대상이 되는데, 주요한 신들을 들자면, 천계의 중심을 차지하는 바루나, 불의 신 아그니, 술의 신 소마, 태양신 수리야, 계약의 신 미트라, 영웅신 인드라 등이다.

제2장에서 제4장까지 살펴본 유대교, 기독교, 이슬람교의 일신교에 대해서는 세계를 창조한 창조신이 절대적인 존재로서 숭배되는데, 그 창조신은 기본적으로 이름을 갖지 않는 신이다. 다신교의 세계에서는 절대적인 창조신은 없으며, 각각의 신들에게는 고유의 이름이 주어지고 그 특성에 의해서 구별되고 있다. 바루나도 신들 중에서 중심적인 존재이지만 창조신은 아니다. 바루나가 신앙의 대상이 되기 이전의 단계에서는 디아우스(Dyaus)라고 하는 천공신이 존재했다. 디아우스는 그리스 신화의 제우스와 어원이 같지만, 곧 중요한 위치를 잃고 바루나에 의해 교체되었다. 그러나 그 바루나도 브라만교가 발전하는 중에 그 중요성을 잃게 된다.

이처럼 중심적인 신이 중요성을 잃고, 다른 신에 의해 교체되어 가는 현상에 대해서는 이미 제3장에서 설명했지만, 엘리아데는 그러한 신을 '퇴거신(혹은 은퇴신 : Deus otiosus)'으로 부른다. 그것은 기독교와 같은 일신교에서도 볼 수 있는 것이지만, 다신교의 세계에서는 신들의 역할의 교체나 혼효라고 하는 현상이 빈번하게 일어난다. 아그니 등은 베다의 찬가 안에서 인드라나 바루나, 미트라 등과 동일시되고 있다.

제의에서 중요시된 불의 신 아그니

브라만교의 신들 중에서 특히 제의와 강하게 연결되어 있기 때문에 중시되는 신이 아그니(Agni)와 소마(soma)이다. 불을 길들인다고 하는 것은 인간이 문화를 구축하기 위한 과정에서 결정적인 의미를 갖는 중요한 행위이며, 거기서부터 불의 신에 대한 신앙이 생겨났다. 아그니는 바로 이 불의 신이다. 아그니는 불이 빛을 가져온다는 점에서 어둠이나, 어둠에 깃들어 사는 마귀를 쫓아내고, 병이나 저주로부터 사람들을 해방시키는 힘을 갖고 있다고 인식되었다.

브라만교에서 제의는 공적인 것과 가정에서 행해지는 사적인 것의 두 가지로 나눌 수 있으며, 불의 의례에 관련해서 전자는 '슈라우타(Śrauta)', 후자는 '그리햐(gṛhya)'로 불린다. 그리햐는 자식의 성장을 축복하는 통과의례나 결혼식 등에 해당하며, 슈라우타의 경우에는 특별한 제단이 설치되며, 많은 브라만이 참가하여 행해진다.

3
현세의 고통에서
어떻게 벗어날 수 있을까

신과의 일체화되는 데에 술이 빠질 수 없다

소마는 주신酒神의 이름이며, 그것을 섭취하면 만취상태가 된다. 다만 소마가 구체적으로 어떠한 것에서 만들어진 것인지에 대해서는 지금도 명확하지 않다. 찬가 안에서는 소마를 마시면 불사가 실현된다고 노래했으며, 이것을 이용한 제의에서는 거기에 참가한 사람이 엑스타시(ecstasy)를 체험했을 가능성도 짐작된다. 엑스타시라는 것은 '탈혼상태'로 번역되며, 종교적인 제의 안에서 혼이 육체를 벗어나는 현상을 가리킨다. 엑스타시에 의해서 천계 등에 오르게 되며, 신과 직접적인 형태로 만나고, 경우에 따라서는 일체화된다. 그에 따라 엑스타시를 체험한 사람은 특별한 힘을 부여받게 된다. 소마와 마찬가지로 불사를 부여하는 것으로

교양으로 읽는 세계종교사

여겨지는 음료가 암리타(Amrita)이며, 이것이 중국에서는 감로甘露로 불린다.

　이러한 신화와 제의의 결합은 브라만교에만 나타나는 것은 아니고, 여러 종교에서 보이는 보편적인 것이다. 제4장에서 이슬람교와 신토와의 공통성에 대해 언급했지만, 브라만교도 신을 숭배하기 위한 종교라는 점에서 이 양자와 공통적이다.

고행을 통한 철학적 사색으로부터 생겨난 '우파니샤드'

　브라만교 고유의 것으로서 중요한 의미를 갖는 것이 고행자의 등장이다. 제의는 공적인 것으로서도, 사적인 것으로서도 개인의 구제라고 하는 것에는 직접적으로 결부되지 않는다. 이에 비해서 고행자는 숲에 은거하는 은자로서의 생활을 하고, '타파스'로 불리는 고행을 실천하는 것에 의한 개인적인 구제를 목표로 한다. 고행에는 단식이나, 불면수행, 혹은 엑스타시를 가져오는 물질의 섭취 등이 포함된다. 불타나 요가행자 등 인도에는 그 후 고행을 실천하는 사람이 줄지어 나타났으며, 그 전통은 현대에까지 이어지고 있는데, 그 시작은 브라만교의 시대에서 찾을 수 있다.

　고행자는 개인적인 구원을 구하는 가운데 철학적인 사색을 전개해가게 된다. 그러한 활동으로부터 생겨난 것이 '베다의 마지막'이라는 의미에서 '베단타'로 불리는 '우파니샤드'이다. 기원전 800년경부터의 시대는 우파니샤드기로 불린다. 우파니샤드에는 '찬드기야 우파니샤드(Chāndogya Upaniṣad)'(전기), '슈베타슈베타라 우파니샤드(Śvetāśvatara Upanishad)'(중기), '마이트리 우파니샤드(Maitri Upaniṣad)'(후기) 등이 존재하는데, 그러한 성전 안에서 특히 강하게 관심을 끄는 것이 아트만과 브라흐만의 관계이다. 아트만이란 개인의 혼인 개아個我를 의미하며, 브라흐만이란 이미 서술했던 것처럼 세계 전체 혹은 우주의 근본적인 원리를 의미한다.

최종 목적은 다시 태어나는 고통으로부터 벗어나는 것

아트만은 브라흐만의 일부를 구성하는 것이지만, 아트만이 '모크샤'로 불리는 해탈을 이루게 되면 양자는 일체화하게 되는 것으로 인식되고 있다. 이 일체화가 브라만교에 있어서 고행의 최종적인 목적이 되는 것이다. 아트만의 인식론은 개인이라는 존재를 실체가 있는 것으로서 파악하는 것으로, 나중에 발전하는 불교에서는 반대로 개아가 존재하지 않는다고 하는 '무아無我'의 인식이 강조된다. 이 점에 있어서 불교와 브라만교 혹은 그것을 계승한 힌두교와의는 구별되지만, 불교 안에서도 밀교는 실재론의 입장을 취하게 되었으며, 그 관계는 복잡하다.

우파니샤드에서는 해탈을 이루지 못한 아트만은 '삼사라[輪廻]'를 반복하며, 죽음을 계기로 하여 다른 육체로 생을 바꿔서 가게 된다고 한다. 다음 생에서 아트만이 어떠한 존재로 다시 태어나는가를 결정하는 것이 '카르마[業]'이다. 현세에서 선행을 한 자는 선한 카르마를 쌓아서 내세에 보응을 받게 되고, 보다 나은 존재로 다시 태어나게 될 수가 있다. 악행을 범한 자는 악한 카르마를 축적했기 때문에 동물이나 벌레 등 인간의 입장에서 보면 보다 하등의 존재로 다시 태어나게 된다.

이러한 윤회를 반복해 가는 것은 결국에는 고통이 영원히 지속되는 것을 의미한다. 윤회가 반복되는 것으로부터 어떻게 벗어나려 했던 것일까. 그것이야말로 브라만교에서 가장 중요한 종교적 과제이며, 불교나 자이나교, 힌두교에도 이어지게 된다. 고행 등의 종교적인 실천이 행해지는 목적도 윤회를 반복하는 것으로부터 벗어나는 것이다. 윤회에 대한 인식은 고대 그리스 등에서도 나타나는데, 인도에서는 태어나는 것부터 고통이라고 보고 있는 점이 특이하다. 중국에도 인도로부터 윤회사상이 전달되지만, 현실의 세계를 살아가는 것을 고통으로 인식하지 않는 중국인들은 인도印度적인 윤회의 사상을 그대로 수용하지는 않았다. 오히려 그것을 변용시켜서 머지않아 정토교에 나타나게 되는 내세신앙을 만들어 간다.

요가는 윤회로부터 벗어나기 위한 기법

일신교의 세계에서도 가장 중요한 것은 사후 어디에 다시 태어나는가 하는 것이었다. 특히 기독교에서는 원죄의 관념이 강조되어 인간은 죄 많은 존재라는 것을 자각하며, 끊임없이 속죄에 힘쓰는 것이 필요하다고 하였다. 기독교의 원죄와 속죄에 대한 관념의 배경에는 특유의 생사관이 존재한다.

한편 브라만교의 생사관은 내세에 다시 태어나는 것을 문제로 삼는 점에서는 일신교와 다르지 않지만, 문제로 인식하는 방식은 크게 다르

해탈을 구하는 방법으로 요가의 실천은 현대 인도에서도 활발하게 행해지고 있다.

다. 특별히 윤회라고 하는 것이 결정적으로 중요한 의미를 갖기 때문이
다. 윤회의 반복으로부터 벗어나는 해탈의 방법으로 개척된 것이 '요가'
의 기법이다. 요가는 매어두는 것, 지배하는 것을 의미하는 산스크리트
어의 'yuj'에서 유래했다. 불교가 탄생한 후에 편찬된 '가타 우파니샤드'(
기원전 350~300년)에서는 감각을 제어하는 것이 요가라고 정의되어 있
다. 이 요가를 이론화한 것은 불교나 자이나교에 대항하는 브라만교의
사상운동인 6파 철학의 하나인 상키야학파였다.

　요가를 실천하는 목적은 망각되어 버린 자기의 본질, 참된 자기에게
되돌아오기 위해서 각성을 하는 것이다. 망각해버린 것은 무지에 의한
것으로, 영적인 지知를 획득하는 것에 의해서 참된 자기를 덮어버리고
있는 환상의 힘, '마야(maya)'를 물리치지 않으면 안 된다. 이 사상은 힌두

교에 이어지게 되었다.

브라만교의 발전으로 마지막에 언급하지 않으면 안 되는 것이 두 가지의 장대한 서사시 '마하바라타'와 '라마야나'의 존재이다. 이 두 서사시는 불교가 탄생하기 전의 시대에 이미 그 개략적인 얼개가 완성되어 있었다. 그 후에도 발전을 이어갔는데, 전자는 기원전 4세기부터 기원후 3~4세기에, 후자는 기원전 2세기부터 기원후 2세기에 걸쳐서 현재의 형태로 편찬된 것으로 생각된다. 이 두 서사시는 기본적으로 왕국의 지배를 둘러싼 대립을 묘사한 세속적인 이야기이며, 각지를 편력하는 음유시인에 의해 이야기가 이어진다. 다만 그 안에는 신들의 얘기도 포함되어 있으며, 브라만교로부터 힌두교로 발전해 간 인도의 종교에 대한 백과사전적인 기술이 되고 있다.

특히 '마하바라타'의 일부를 구성하는 '바가바드기타'는 최강의 전사인 아르쥬나와 비쉬누신의 화신인 크리슈나와의 종교적인 대화를 포함하고 있으며, 힌두교의 교의에 대해서 해설하는 성전으로서 중요한 역할을 맡게 되었다. 또한 이 두 서사시는 인도 주변국에도 전해졌으며, 동남아시아에서는 신화적인 얘기로서 예능에 수용되었다. 그 점에서는 아랍에서 '천일야화'와 같은 기능을 맡고 있다. 두 서사시를 기본으로 한 예능의 대표적인 것으로서는 인도네시아 발리반도의 '와양 쿨리트(Wayang Kulit)'[28]가 있다.

---

28   인도네시아의 자바섬과 발리에서 공연되는 전통적인 그림자 인형극, 내지는 극에 사용되는 꼭두각시 인형을 말한다. 역자주.

제 7 장

불교는 어떻게
태어나고
전개되었는가

그 성립의 수수께끼

1
불교의 독특한
종교사상은 무엇인가

'출가'는 곧 성직자가 되는 것

일신교에 대해 서술할 때, 이슬람교와 유대교의 공통성에 대해서 지적했다. 어느 종교에서도 신이 정한 '법'이 중요한 역할을 맡고 있다. 더구나 성스러운 세계와 속된 세계를 기본적으로는 구별하지 않는 것도 두 종교가 공통적이다. 거기에 비교했을 때 기독교에서는 성스러운 세계와 속된 세계가 명확히 구별된다. 기독교의 독자적인 법으로서 '교회법'도 존재하지 않는 것은 아니지만, 그것은 교회조직에만 관련된 것으로서 세속의 생활을 규율하는 역할을 맡지는 않는다. 불교의 경우에도 '다르마

(Dharma)'[29]로 불리는 법이 중시되고 있다. 그 점에서는 유대교나 이슬람교와 공통되는 것처럼 보인다. 하지만 불교에서 말하는 법은 우주의 법칙으로서의 측면이 강하며, 세속의 생활을 규율하는 규범으로서의 성격은 약하다. 선 수행도량에서의 생활의 방식을 규정하는 '청규淸規'도 있지만, 이는 도량 내부에서의 규정이며, 세속의 세계에는 적용되지 않는다.

그러한 것을 반영했다고도 말할 수 있는데, 불교에서는 기독교와 마찬가지로 성스러운 세계와 속된 세계가 명확히 구별되어 있다. 불교에는 '진속이제眞俗二諦'라는 인식이 있으며, 궁극적인 진리인 '진제眞諦'와 세속적인 진리인 '속제俗諦'는 확실히 구별되어 있다. 이 진속이제의 사유방식에 대응하여 '출가'라고 하는 행위가 중시된다. 불교의 수행에 전념한다면, 세속의 세계를 버리고, 성스러운 세계에서 살아야 한다고 생각되고 있다. 세속의 세계에서 오로지 욕망을 채우는 것이 부정되고, 출가자에게 독신이 요구되는 것도 기독교의 성직자와 공통된다.

세속의 세계로부터 벗어난 성직자라는 개념이 본래의 의미에 딱 들어

---

29   불교에서의 다르마는 궁극적인 해탈을 목표로 하는 수행의 지향점이 되는 교의 내지는 진리를 의미한다. 힌두교에서의 다르마는 베다 성전의 권위를 인정하고, 각 개인의 종성(種性; 카스트)에 따른 사회적 의무와 인생의 주기에 맞는 생활단계를 지키는 것, 베다 성전 등에 의해서 정해진 의식(儀式)을 올바른 순서에 따라서 진행하는 것 등을 가리킨다. 다르마가 올바르게 지켜지지 않을 때, 인간사회는 혼란에 빠지고 허위와 부정의가 횡행한다고 믿는다. 반대로 사회적 규범으로서의 다르마를 준수함으로써 사후에 천계에서 다시 태어나는 좋은 과보를 얻을 수 있다고 한다. 이 경우에는 다르마가 정의, 도덕, 의무의 의미로 해석된다. 이 밖에 인간이 감각기관과 인지작용을 통해 수용하는 것 모두를 다르마로 분류하기도 한다. 역자주.

맞는 것은 기독교와 불교뿐이다. 일본인들은 양자에 친숙해 있기 때문에 그것을 특별한 것으로는 생각지 않고, 종교 일반에 나타나는 것으로 생각하기 쉽지만, 그것은 유대교나 이슬람교를 시작으로 기독교와 불교를 제외한 세계의 종교에는 나타나지 않는 특수한 방식이다.

우상숭배를 금하지 않았기 때문에 불교미술이 발전

나아가 이것은 불교와 마찬가지로 인도에서 탄생했던 브라만교나 힌두교에도 들어맞는 것이지만, 불교에서는 우상숭배가 금지되어 있지 않다. 유대교나 이슬람교에서는 우상숭배는 엄격하게 금지되어 왔다. 역시 이 부분에서도 기독교는 불교와 유사하게 우상숭배의 금지가 완화되었다. 그러한 이유로 기독교미술이 개화해서 종교미술사를 화려하게 물들여왔으며, 불교미술도 크게 발전해서, 다종다양한 예술작품을 탄생시키게 되었다.

불교미술의 대표가 '불상'이며, '불화'가 되는데, 불佛이라는 존재는 본래 깨달음을 얻은 인간을 의미한다. 그러한 점에서 불상은 신과 같은 초월적인 존재를 묘사한 것은 아니다. 그러나 불교도의 종교생활에서는 명확히 신앙의 대상이 되고 있으며, 그 점에서는 다른 종교에서의 신상에 가까운 역할을 하고 있다고 말할 수 있다. 다른 종교에서 우상숭배가 금지되는 것은 사람들이 우상을 숭배하는 것에 의지해 버리는 것에서 신앙의 타락이 발생한다고 인식되기 때문이다.

하지만 불상이나 불화를 신앙의 대상으로 삼는 행위가 현세적인 이익만을 추구하는 단순한 '현세이익신앙'으로 떨어져 버리는 것은 아니다. 왜 불교에서 우상 숭배가 필연적으로 신앙의 타락으로 이어지지 않았는 가. 그것은 세계의 종교사에서 하나의 커다란 수수께끼가 아닐까.

성직자에 의한 권력구조 확립

또 한 가지, 기독교와 불교와의 공통성을 얘기하는 것에서 지적하지 않으면 안 되는 것은 출가한 인간이 성직자로서 권위 있는 입장을 확립한 것을 기반으로 하여 성직자만으로 구성되는 권력기구가 생겨났다는 점이다. 그것은 특히 가톨릭에서 현저하게 나타나는데, 로마교황을 정점으로 성직자에 의한 위계가 완성되며, 그것이 일반 신자를 지배하는 구조가 되었다.

불교의 경우, 모든 종파를 통합하는 강고한 중앙집권적인 조직은 확립되지 않았지만, 각각의 종파에서 종조를 정점으로 하는 권력구조가 만들어졌다. 일본에서는 승려의 위계가 가사의 색이나 거기에 사용되는 옷감 등에 의해서 구별되게 되었다. 한편으로, 기독교나, 불교의 출가자는 세속의 생활을 벗어나 노동에서 해방되는 것에 의해서 신앙생활에 전념할 수 있게 되었다. 그로 인해 그들은 장대하고 난해한 종파철학이나 종교사상을 구축해가게 되었다.

불교는 종파철학인 동시에 세속적인 욕망으로부터의 해방인 해탈을 목표로 하는 실천이기도 한, 어떻게 해탈을 이룰지에 대한 여러 방법론이 생겨나게 되었다. 그것이야말로 종교로서 불교의 매력이라고 말할 수 있다. 고대로부터 중세에 걸쳐서 불교가 생겨난 인도나 중국 등에서 불교는 종교계를 석권했으며, 압도적인 영향력을 자랑했던 것이다.

2
최고最古의 불전은
붓다를 어떻게 말하고 있는가

———

붓다 사후 120년 후에 성립된 '숫타니파타'

불교의 개조는 석가이며, '붓다'로도 불린다. 붓다가 탄생했던 시대는 예수 그리스도보다도 훨씬 이전의 시대이다. 기원전 560년 전후라는 설과, 기원전 460년 전후라는 설이 가장 유력하다. 그것이 맞다면 예수의 탄생보다 500년에서 600년 이전이다. 물론 붓다가 실재했던 것을 증명하는 동시대의 자료 등은 전혀 존재하지 않는다. 무릇 고대의 인도에서는 역사라는 것에 관심이 없었고, 다른 문명권에서는 저술되었던 역사서가 존재하지 않는다. 왜 그러했는가에 대해서는 나중에 설명하겠지만, 역사서가 존재하지 않는 것 때문에 많은 사건이 언제 일어났는지 그것을 전혀 알 수 없게 되어버렸다.

교양으로 읽는 세계종교사

일반적으로 가장 오래된 불전인 '숫타니파타'의 성립은 아무리 일찍 생각해도 붓다의 탄생으로부터 200년 후, 사후라고 한다면 120년 후이다. 게다가 '숫타니파타' 전체가 그 시기에 성립된 것은 아니고, 일부만이라고 한다. 수많은 불전이 존재하는데, 크게 두 가지로 나눌 수 있다. 첫째는 팔리어로 쓰인 초기 불교, 부파불교의 경전이며, 또 하나는 산스크리트어로 쓰인 대승불전이다. 팔리어 불전 중에서 붓다의 직접적인 언어가 남아 있다는 것이 '숫타니파타'의 제4장과 제5장이다. 왜 이것이 오래된 것으로 말해지는가에 대해 나미카와 타카요시[並川孝儀]는 『新아시아불교사02』에 수록된 「원시불교의 세계」라는 논문 안에서 그 이유를 설명하고 있다.

첫째는 '숫타니파타'에 수록된 경이나 게송이 다른 성전 안에 나타난다는 것이 제기된다. 게송은 불타나 보살의 덕을 운문의 형식으로 읊은 것이다. 또한 아쇼카왕 비문의 캘커타 바일러트 법칙法勅; dharma 중에 '숫타니파타'에 포함된 '성자의 게偈'나 '적묵행寂默行의 경'에 대한 언급이 있다. 더 나아가 '숫타니파타'의 게문의 부분에는 불교 특유의 표현이나 어구가 거의 보이지 않고, 내용 면에서도 소박해서 대규모의 승원 생활이 아직 시작되지 않은 무렵으로 생각된다.

나미카와[並川]는 또한 제4장과 제5장에 고대 베다어의 어형이 많고, 거기에 나타난 밧타라고 하는 운율이 구조상 '담마파다' 등의 초기경전보다 오래 됐으며, '숫타니파타'의 고 주석서인 '니데싸[義釋]'에서 전체가 대상이 되는 것이 아니라, 제4장과 제5장, 거기에 제1장의 제3경에만 주석이 있는 것, 제4장과 제5장이 그 장의 제목대로 다른 성전에 인용되어 있는 것 등을 제4장과 제5장이 오래된 근거로 들고 있다.

붓다가 실제로 말했던 가르침이 기록되어 있을까?

또한 "최근에는 『숫타니파타』, 특히 제4장과 제5장에 관한 새로운 지적이 나와서 보다 명확하게 고타마 붓다에 가장 가까운 자료라고 하는 견해가 문헌상, 사상적인 면에서 규명되었다. 그 안에는 고타마 붓다의 금구직설金口直說도 있다는 지적도 있다"고 서술하고 있다. 구체적으로는 제4장은 최초기의 불교교단이 그 세력을 확대하는 중에 불교의 수행을 행하기 위한 입문서라는 성격을 갖고 있으며, 불교와 대치하는 다른 사상을 비판하고, 불교가 우위라는 것을 선양하는 것을 테마로 하고 있는 점에 특징이 있다. 그 점에서 불교의 흥기시대를 반영하고 있다고 하는 것이다.

또한 베다의 제의문화가 윤회·업사상이라는 니힐리즘에 경도되어 있는 가운데 우파니샤드의 철인들이 말한 유有에 대한 집착이나, 자이나교에서의 무無에 대한 집착도 부정하는 것을 기반으로 고타마 붓다는 무아를 주창했는데, 그 근원에 있는 진리가 제4장의 근저에 흐르고 있다는 것이다. 한편 제5장은 붓다의 교의를 계승한 제자들 세대의 운문경전이며, 제자들이 붓다의 가르침에 따라서 선정수행을 할 때 어떻게 해서 선정의 경지를 체득했는가를 제자들과 붓다와의 문답형식으로 편집한 것이라고 말한다.

교양으로 읽는 세계종교사

욕망을 피하고, 집착을 극복하라

그렇다면 실제로 『숫타니파타』의 제4장과 제5장에는 어떠한 것이 쓰여 있는 것일까. 제4장의 1절은 '욕망'을 제목으로 하고 있으며, "766 욕망을 이루기를 바라는 사람이 만약 잘 된다면 그는 실로 인간이 바라는 것을 얻어서 마음속으로 기뻐한다"고 되어있다. 여기까지 본다면 욕망의 긍정으로도 생각되지만, 그다음에는 "욕망을 이루고 싶다고 바라면서 탐욕을 내는 사람이 만약 욕망을 완수하는 것이 불가능하다면, 그는 화살에 맞은 것처럼 번뇌로 괴로워한다"라고 되어 있다. 또한 "768 발로 뱀의 머리를 밟지 않도록 하는 것과 마찬가지로 잘 유의해서 모든 욕망을 피하는 사람은 이 세상에서 집착을 극복한다"고 되어있다. 여기에서의 결론은 단순하게 욕망을 피하는 것으로 집착으로부터 해방되는 것이라고 말하고 있다.

다음 2절은 '동굴에 대한 8개의 시구'로 되어있다. 그중에서 대표적인 것을 발췌한다면, "776 이 세상 사람들이 모든 생존에 대한 망집妄執에 사로잡혀서 떨고 있는 것을 나는 바라본다. 하열한 사람들은 여러 가지 생존에 대한 망집을 버리지 못하고 죽음에 직면해서 운다"고 되어있다. 한편, "779 마음을 다 알고, 격류를 건너라. 성자는 소유하고 싶다는 집착에 물듦이 없이 (번뇌의) 화살을 뽑아버리고, 꾸준히 수행한다면 이 세상에서도, 저세상에서도 바램이 없다"고 망집으로부터 벗어난 성자의 삶을 평가하고 있다.

수식 없이 단적으로 제시된 붓다의 언어

대승불전의 경우, 반드시 '여시아문如是我聞'으로 시작되며, 붓다의 설법의 장면이 엮여가면서, 설법의 무대는 아름답게 묘사되고, 그곳에는 수많은 제자와 보살 혹은 신들이 모여있다고 되어 있다. 그러한 장엄하고 화려한 대승불전에 익숙한 자의 눈으로 보면 『숫타니파타』에는 장면의 설정도 없고, 거기에서 말해지는 것도 너무 단순한 것처럼 생각된다. 도대체 이것은 누가 말한 것일까. 그러한 의문마저 떠오르게 된다. 실제로 지금 인용한 779에서는 성자라는 존재에 대해서 언급하면서 그 삶의 방식이 칭송되고 있다. 붓다가 깨달음을 얻은 존재라면 자신이 어떠한 체험을 했는지를 말해야 하고, 성자로 불리는 타인의 삶의 방식을 들고 나올 필요도 없을 것이다. 다만 대승불전에 가까운 형태에서 붓다가 제자와 문답하는 부분도 있다. 그것이 7절의 '딧싸 멧데이아'이며, 그것은 다음과 같은 내용으로 되어 있다.

814 팃사 마이트레야가 말했다. "그대여, 음욕에 빠지는 자의 파멸을 말해 주십시오. 그대의 가르침을 듣고 우리도 홀로 멀리해 사는 것을 배우겠습니다"

815 스승(붓다)은 답하셨다. "마이트레야여, 음욕에 빠지는 자는 가르침을 잃고 삿된 행동을 한다. 이는 그의 안에 있는 천박한 모습이다.

816 일찍이 홀로 살고 있다가 후에 음욕에 빠진 자는 수레가 도로에서 벗어난 것과 같다. 세상 사람들은 그를 '천박하다'고 하며,

또한 '범부'라고 부른다.

817 일찍이 그가 지니고 있던 명예도, 명성도 모두 잃게 된다. 이러한 이치를 보았다면 음욕에 대한 탐닉을 끊는 것을 배워라. (후략)"

불교의 기본적인 계율은 '오계'로 불리는데, 그 안에서는 삿된 성관계를 금하는 '불사음계(不邪淫戒)'가 포함되어 있다. 이 부분은 그 불사음계에 대해 서술한 것이라고 볼 수가 있다.

_____

다만 집착으로부터 벗어나서 과거에 구애되지 말라

나아가 '죽기 전에'로 제목이 붙은 10절에서는 다음과 같은 문답이 펼쳐져 있다.

848 "어떻게 보고, 어떠한 계율을 지키는 사람을 '편안하다'고 말할 수 있는 것입니까. 붓다시여, 여쭙겠습니다만, 그 최상의 사람을 제게 말씀해주시오"

849 스승께서 대답하셨다. "죽기 전에 망집을 버리고, 과거에 구애됨이 없고, 현재에도 고뇌하며 생각에 잠길 것이 없다면, 그는 (미래에 관해서도) 특별히 걱정거리가 없다.

850 저 성자는 분노하지 않고, 두려워하지 않으며, 자랑하지 않고, 나중에 후회할 악행을 하지 않고, 잘 숙고하여 말하고, 안절부

절하지 않고, 말을 신중하게 한다. (중략)

860 성자는 탐욕을 벗어나서 인색함도 없고, '자신은 뛰어나다'라
고도, '자신은 동등하다'라고도, '자신은 못났다'라고도 얘기하
지 않는다. 그는 분별을 받아들이지 않기 때문에 망상분별로
향하지 않는다.

861 그는 세간에서 '내 것'이라고 하는 소유가 없다. 또한 무소유를
한탄하는 것도 없다. 그는 '욕망에 몰려서' 모든 사물에 향해 가
는 것도 없다. 그는 실로 '편안한 자'로 불릴 만하다"

여기에서도 집착으로부터 벗어나지 않는 자와 성자는 구별되는데, 스
승께서는 성자의 삶의 방식을 높이 평가하고 있다. 이 스승에 대해서, 이
미 봤던 곳에서는 괄호를 해서 '붓다'라고 보완 설명했지만, 그것은 역자
에 의한 것이다. 그리고 여기에서는 '고타마'라는 이름이 나온다. 그 점
에서 그 후에 기록된 용어는 붓다에 의한 것이라고 한 것인데, 이 제4장
에서는 붓다가 걸었던 생애에 대해서는 전혀 서술한 곳이 없다. '숫타니
파타'의 다른 곳에서는 붓다에 대해서 전기적인 사실에 대해서 설명되
어 있지만, 그것은 모두 제3장에 나온 것이다.

탐욕을 절제하고, 번뇌를 제거하라

제5장에서도 전기적인 사실은 일체 나오지 않는다. 거기에 나오는 것
은 주로 학생과 스승과의 문답이며, 예를 들면, 그것은 이하와 같은 형태

교양으로 읽는 세계종교사

가 되고 있다.

1096 쟈투칸닌이 방문했다. "나는 용사였으며, 욕망을 구하지 않
는 사람이 있다고 들어서 격류를 타고 넘은 사람(붓다)에게
'욕망이 없는 것'을 여쭤보려고 여기에 왔습니다. 평안함의
경지를 설명해 주십시오. 타고난 눈이 있는 분이시여, 선생께
서는 그것을 있는 그대로 나에게 말씀해 주십시오.

1097 스승(붓다)은 여러 욕망을 제어하여 대응합니다. 비유를 들
면 빛나는 태양이 빛에 의해서 대지에 이기는 것과 같습니다.
지혜가 풍부한 분이시여, 지혜가 적은 저에게 이치를 말씀해
주십시오. 그것을 나는 알고 싶습니다. 이 세상에서 생과 노
쇠를 버리는 것을"

1098 스승(붓다)는 말씀하셨다. "쟈투칸닌이여, 모든 욕망에 대한
탐심을 제어해라. 벗어남을 편안한 것으로 여겨라. 취할 만한
것도, 버려야 하는 것도, 어떠한 것도 그대에게 존재해서는
안 된다.

1099 과거에 있었던 것(번뇌)을 고갈시켜라. 미래에는 그대에게
어떠한 것도 없게 해라. 중간에도 그대가 어떠한 것도 집착하
지 않는다면 그대는 편안하게 행하는 사람이 될 것이다.

1100 바라문이여, 이름과 형태에 대한 탐심을 완전히 벗어버린 사
람에게는 모든 번뇌가 존재하지 않는다. 그러므로 그는 죽음
에 지배당할 두려움이 없다"

이 제4장과 제5장이야말로 붓다가 실제로 설한 가르침에 가장 근접한

것으로 생각된다. 분명히 거기에는 체계적으로 난해한 가르침이 설해져 있는 것이 아니고, 붓다가 서술하고 있는 것은 극히 단순한 것으로서 탐심으로부터 벗어나는 것을 반복적으로 얘기하고 있다. 교의가 단순하다고 하는 것은 거기에 후세의 부가나 윤색이 포함되어 있지 않은 것으로도 생각할 수 있다. 그러나 붓다의 직설이라고 하는 것은 너무나 단순해서 싱겁다. 정직한 부분인 『숫타니파타』의 제4장과 제5장을 읽으면 충격을 받지 않는 것은 물론, 거기에서 강한 깨우침을 발견하기는 어렵다.

교의에는 '부처다움'이 없다.

좀 더 얘기하자면, 정말로 이것이 붓다가 얘기한 것인가라는 의문이 용솟음치게 된다. 과연 이것은 역사상으로 존재했던 한 인물이 말한 것일까 하는 것도 의문스러워지게 된다. 그러한 생각이 떠오르는 것도 『숫타니파타』의 제4장과 제5장에서는 스승의 말씀이나 학생과의 문답이 있을 뿐, 거기에는 서사적인 줄거리가 전혀 나타나지 않기 때문이다. 그 점에서는 성서와는 크게 다르다. 여러 예언자들에 대해 얘기하는 구약성서, 예수 그리스도의 말과 행동에 대해 서술한 신약성서, 어느 쪽도 서사성이 있는 줄거리가 풍부하다. 그것은 이슬람교 꾸란의 경우에도 마찬가지이다.

이러한 것이 대승불전이 되면 각각의 불전에는 여러 이야기가 나오게 된다. 거기에서 붓다가 말하고 있는 것도 『숫타니파타』에 비교하면 훨씬 복잡하게 체계성을 갖추고 있다. 거기서부터는 붓다라고 하는 존재가 어떠한 것인지를 상상할 수가 있다. 다만 『숫타니파타』를 읽어도, 특히 가장 오래된 제4장과 제5장에 관해서는 거기에서 붓다의 모습이 떠오른다고는 말할 수 없다.

붓다는 정말로 역사상의 인물일까?

『숫타니파타』를 번역한 나카무라 하지메[中村元]는 이와나미[岩波] 문고판 『붓다의 언어 : 숫타니파타』 안의 해설에서 불전의 성립과정을 정리하고 있는데, 붓다가 사망한 후에 제자들은 가르침의 내용을 간결한 형태로 정리하여 그것을 암송하기 쉽게 일정한 규칙에 맞춘 운문으로 했다고 서술하고 있다. 그때 나카무라[中村]는 시의 형태로 정리되어서 "그대로 큰 변경도 더해지지 않고 후세에 전해졌다"고 서술하고 있다. 다만 왜 변경이 가해지지 않았다고 단언할 수 있는지, 그 근거는 제시되지 않았다. 그리고 "다수의 시 중에는 혹은 고타마 붓다 자신이 지은 것도 포함되어 있는 것은 아닌가 생각된다"고 하였다. 이것도 매우 애매한 표현이며, 적어도 『숫타니파타』의 제4장과 제5장에 수록된 것이 붓다의 직설이라고 분명히 선언되어 있는 것은 아니다.

이렇게 본다면, 역사상의 인물로서 붓다가 존재했다고 하는 것에 대해서 명확한 증거도 없고, 그 붓다가 무엇을 얘기했는가에 대해서는 거의 분명치 않다는 것이 드러난다. 만약 붓다가 실재했으며, 그의 가르침이 『숫타니파타』의 제4장과 제5장에 나타나 있다고 해도 거기에서 세계종교로서의 불교가 생겨났다고 생각하는 것은 매우 힘들다.

정말로 역사상의 인물로서의 붓다는 실재했던 것일까. 그 문제에 대해 고찰하기 위해서는 붓다의 생애에 대한 이력을 기록한 불전이 어떤 경과를 거쳐서 생겨났는지, 그 점을 봐야 할 필요가 있다.

3
붓다는 역사적 인물로
얘기할 수 있는가

흔들리는 '붓다=고타마 싯다르타'의 도식

붓다는 정말로 실재했던 것일까.『숫타니파타』의 제4장과 제5장에는 스승으로 불리는 인물이 등장하며, 붓다로 보충 설명되고 있다. 혹은 '고타마'도 등장한다. 붓다는 팔리어로는 고타마 싯닷타(Gotama Siddhattha)로 불린다. 산스크리트어로는 가우타마 싯다르타(Gautama Siddhārtha)이다. 일반적으로도 고타마 싯다르타로 불리는 경우가 많다. 다만 '고타마'라는 성을 가진 일족은 바루나에 있어서 브라만(사제계급)에 속하며, 붓다가 속한 샤카족이 크샤트리아(왕족·전사계급)이라는 것과 모순된다는 지적도 있다.

한편 붓다는 산스크리트어로 '깨달은 인간'이라는 것을 의미한다. 그

한역이 불타가 되는데, 중국에는 불교가 전해지기까지 '불佛'이라는 한자
가 없었다. 기존에 없던 단어가 만들어진 것인데, 이는 불교가 전해지기
이전의 중국에는 '깨달음을 얻은 인간'이라는 관념이 존재하지 않았다
는 것을 의미한다. 이 점은 매우 흥미롭다.

　현재의 우리들은 붓다가 실재했다는 것을 의심하지 않는다. 고대의 인
도에서 샤카족의 왕자인 고타마 싯다르타라고 하는 인간이 태어나서, 출
가하여 수행을 한 후에 깨달음을 얻고, 불교라는 새로운 종교를 만들게
되었다고 우리는 믿고 있다. 전게의 나미카와 타카요시[並川孝儀]는 「원
시불교의 세계」라는 논문에서 지금까지 대략 2,400~2,500년 전에 인도
에 고타마 붓다가 나타나서 당시의 종교계, 사상계에 새로운 기틀을 세
우고 여러 교의를 설하였는데, 그 교의가 제자들에게 전승되고 초기경
전으로 정리되어 그 이후의 불교의 기초가 되었다고 서술하면서 다음과
같이 한 가지 볼 수 없는 것을 지적하고 있다.

　　고타마 붓다의 생애(불전)는 초기경전에는 출가나 수행, 입멸에 이
　　르는 만년 등의 족적이 개별적으로 묘사되고 있지만, 탄생부터 입
　　멸까지의 전반에 걸치는 전승은 볼 수 없다.

　성도成道라는 것은 붓다가 깨달음을 얻은 장면이다. 초기의 불전에서
붓다의 생애에 대해서 중요한 장면에 대한 기술은 있지만, 그것은 반드
시 한 인간이 걸은 행로를 더듬어 가는 형태로 정리되어 있지는 않다.
나미카와[並川]가 지적하고 있는 것은 그러한 점이다.

숫타니파타에는 '붓다들'이라는 표기도 존재

더 나아가 나미카와는 붓다라고 하는 용어가 의미하는 것에 대해서도 해설을 추가하고 있는데, 그 중에서 "호칭 중에서도 가장 일반적인 '붓다'는 실은 고대 운문경전에서는 고타마 붓다만을 가리키고 있지 않다"고 하는 지적을 하고 있다. 운문경전이라는 것은 정확히 『숫타니파타』 등을 가리키는데, 나미카와는 그 386을 예로 들고 있다. 거기에서는 "붓다들은 때 아닌 탁발에는 나가지 않았다"[30]고 서술되어 있다고 한다. 여기서 붓다라고 하는 용어는 복수형으로 사용되고 있다. 그것은 불교를 열었다고 하는 고타마 붓다 이외에도 이 시대 붓다가 존재했던 것을 의미한다. 또한 나미카와는 자신이 팔리어를 일본어로 번역했는데, 나카무라 하지메[中村元] 역의 이와나미[岩波] 문고본에서는 이 부분이 "수행자는 때가 되지 않으면 돌아다니지 말라. 정해진 시간에 탁발을 위해서 마을에 가라"고 번역되어 있다. 여기에서는 붓다가 복수형으로 사용되고 있는지는 알 수 없다.

『숫타니파타』의 386은 그 제2장에 포함된 것으로, 그 점에서 가장 오래된 것이라고는 말 할 수 없지만, 붓다가 복수로 사용된 예는 가장 오래되었다고 하는 제5장에도 나타난다. 그것은 1126의 "이 사람들은 수행을

---

30   법정스님 역 『숫타니파타』에서는 이 부분을 "눈 뜬 사람들은 제 때가 아닌 때에는 나다니지 않는다"로 번역하고 있다. 이 문장의 주석에서 법정스님은 '눈 뜬 사람'이 부처님을 말한다고 밝혔다. 이에 따르면 법정스님 역시 복수로 처리하고 있는 것을 볼 수 있다. (법정 『숫타니파타』 이레출판사, 2010). 역자주.

완성한 선인인 붓다의 처소에 와서 훌륭한 질문을 하려고, 붓다들 중에서 가장 뛰어난 분의 처소에 가까이 다가갔다"[31]는 부분이다.

이곳도 이와나미[岩波] 문고판에서는 "이 사람들은 수행을 완성한 선인인 눈 뜬 사람(붓다)의 처소에 찾아와 훌륭한 질문을 발하여, 불타가 된 최고의 사람에게 가까이 갔다"고 하여, 복수형으로는 번역되어 있지 않다.

붓다라는 것은 수행자들을 가리키는 보통명사였다?

나미카와는 『숫타니파타』와 함께 팔리어 불전 경장經藏의 소부小部에 포함된 『테라가타』(岩波문고판에서는 『불제자의 고백 : 테라가타』)에 나타나는 "붓다를 따라서 깨달은 사람(Buddhānubuddha)"이라고 하는 표현에 대해서도 문제를 제기하고 있다. 붓다의 제자인 아야교진여阿若憍陳如에 대해서 그러한 형태로 표현되어 있다고 한다. 깨달은 사람이라고 하는 것은 붓다이다. 따라서 여기서부터는 붓다의 제자도 붓다였다는 것이 된다.

붓다라고 하는 표현은 불교 이전의 『우파니샤드』 안에도 있으며, 거기에서는 진리를 깨달은 사람의 의미로 사용되고 있다. 불교와 동시대에

---

31   법정스님 역에서는 이 부분이 "이들은 수행이 갖추어진 눈 뜬 분께 가까이 갔다. 여러 가지 질문을 하면서 그들은 부처님께 다가갔다"로 번역되어 있다. (법정 『숫타니파타』 이레출판사, 2010). 역자주.

출현했다고 하는 자이나교에서도 성인이 붓다로 불리고 있다. 붓다의 호칭에 대해서는 '십호十號'로 불리는 것이 있으며, 그것은 붓다가 별개의 다양한 명칭으로 불리고 있었던 것을 보여주고 있다. 그 중에서 '여래如來'라고 하는 것이 있다. 이것은 산스크리트어로 tathāgata로 표기되며, 중국에서는 多陀阿伽度로 음사되었다. 그 여래에 대해서도 『숫타니파타』의 351에서는 '여래인 분들'[32]이라는 형태로 복수형이 사용되고 있다.

같은 십호에 포함된 '선서善逝'도 산스크리트어의 sugata의 음사로서, '상윳따니까야(한역으로는 『아함경』의 상응부에 해당)'에서는 '선서善逝되신 분들'이라고 복수형이 사용되고 있다. 결국 최초기의 불교에서 붓다라고 하는 용어는 깨달음을 구해서 수행을 하는 사람들을 가리키고 있어서, 한 인간에 한정되는 것은 아니었다. 붓다라고 하는 용어는 고유명사가 아니라, 보통명사로 사용되었던 것이다.

이 점에 입각하여 나미카와는 "붓다의 용법이 이후의 산문경전처럼 유일한 붓다, 즉 고타마 붓다만을 가리킨다고 하는 당연한 인식도 여기에서는 그렇지 않다"고 하면서 "유일의 붓다, 고타마 붓다가 있었다"라고 하는 것에서부터 불교가 시작된다고 하는 이해가 과연 바른 것인지 의심할 필요가 있다고까지 서술하고 있다. 그리고 "붓다라는 용어가 보통명사로부터 고유명사로 변천하여, 유일한 붓다가 탄생한 경위가 있었던 것을 시사해 준다"라고 서술하고 있다.

최초기의 원시불전에서 붓다라고 하는 용어가 고유명사가 아니고 보

---

32   법정스님 역에서는 '완전한 사람들'로 되어 있다. (법정 『숫타니파타』 이레출판사, 2010). 역자주.

통명사로 사용되었으며, 게다가 복수형으로 사용되었다고 하는 것은 나미카와는 그러한 표현은 하지 않았지만, 붓다는 실재하지 않았다고 서술하고 있는 것과 같다. 불교라고 하는 종교는 붓다라는 한 인간의 종교체험으로부터 출발한 것은 아니다. 이러한 지적은 극히 중요하고 꽤 충격적인 것이다.

붓다의 유골(불사리)를 수습한 불탑의 건설

붓다의 실재가 불확실하다고 하는 것은 붓다의 모습을 조각으로 묘사한 불상의 성립과정을 살펴봄으로써 좀 더 명확해진다. 불상의 탄생과 그 발전의 역사에 대해서는 『신아시아불교사02』의 제6장에서 시마다 아키라[島田明]가 「조형과 불상」이라는 논문을 집필했다. 그 논문에서는 불교의 역사 중에서 불상이 어떤 형태로 생겨나고 전개되어 왔는지를 밝히고 있다.

일본에서는 수많은 불상이 존재하며, 각각의 절에서는 반드시 본존으로 불상이 모셔지고 있다. 그 때문에 우리는 불교에서 불상은 불가결한 것이라고 생각하고, 그것을 전제로 하고 있지만, 처음부터 불상이 만들어졌던 것은 아니다. 당초에는 불상이 없었으며, 다른 것이 만들어져 있었는데, 그것이 '불탑(스투파)'이다.

치쿠마[筑摩]書房판의 『원시불전』에서는 불전의 후반부에서 『대반열반경』에서 인용하여 붓다 최후의 모습에 대해서 기록하고 있다. 『대반열반경』은 팔리어 불전의 장부長部에 속하며, 한역 장아함에 포함되는 『유행경遊行經』 등이 그에 상응한다. 그 최후의 부분에서는 붓다가 사망한 후에 화장되며, 유골을 어떻게 할 것인지가 문제가 된 것이 기록되어 있다. 크샤트리아 사람들은 붓다가 같은 씨족에 속해 있기 때문에 유골의 일부를 받아가서 스투파를 만들겠다고 하는 의향을 표시했다. 하지만 붓다가 사망한 쿠시나가라의 말라족은 유골을 일체 주지 않겠다고 선언했으며, 도나바라문이 중재하여 유골을 8분하여 각지에 스투파를 세우는 것을 제안했다.

불사리가 각지의 불탑에서 발견되다

붓다의 유골인 불사리를 받은 릿차비족의 중심지인 바이샬리에서는 기원전 4세기부터 기원전 3세기의 북방흑색 연마토기를 수반한 불탑이 발굴되고 있어서, 여덟 개의 불탑의 하나가 아닐까 추측되고 있다. 샤캬족의 도시였던 카필라바스투(Kapilavastu)에 속해 있던 것으로 생각되는 웃타르프라데쉬주 북부의 삐쁘라와 유적의 불탑으로부터도 불사리라는 것을 명기한 용기가 19세기에 발견되었다. 1970년대에는 같은 불탑의 더 높은 층에서 사리용기가 발견되었다.

이러한 점에서 강가(Gaṅgā; 갠지스) 평원 중유역에서는 기원전 3세기보다 전에 불탑의 건설이 행해지게 되었으며, 그것이 예배와 순례의 대상이 되고 있었던 것을 엿볼 수 있다. 그 후 인도대륙의 대부분을 지배하에 두었던 마우리아왕조의 아쇼카왕의 시대에는 불탑신앙이 강가 평원을 넘어서 확산되어 갔다. 이 아쇼카왕의 전기인 『아육왕경阿育王經』에서는 아쇼카왕이 8개 불탑의 사리를 나누어 8만 4천 개의 불탑을 건립했다고 한다. 실제로 아쇼카왕이 건립한 불탑은 현실에서 인도 각지에서 발견되고 있다.

4
한 인간으로서의 붓다는
어떻게 탄생했는가

붓다의 생애가 '불전도佛傳圖'에 묘사되기 시작하다

불탑의 조영이 최전성기를 맞이한 것은 기원전 2세기부터 기원전 1세기 경의 포스트 마우리아시대부터, 기원전 1세기부터 기원 3세기 경의 쿠샨 사타바하나시대이다. 이 시대가 되면 단순히 탑 안에 사리를 넣는 것만이 아니라, 주위를 돌로 된 울타리 역할을 하는 난간으로 에워싸게 된다. 거기에는 용화만초龍華蔓草나 동물을 이용한 장식문양이나, 붓다의 전설을 주제로 하는 설화도가 부조로 표현되었다. 설화도에는 붓다의 전생의 이야기인 '본생도本生圖'와 붓다의 전기인 '불전도'의 두 가지 종류가 있다.

그러한 설화도의 부조에는 그것이 무엇을 주제로 하고 있는지를 기록

산치 대탑의 동문(東門)에는 횡량(橫梁)에 붓다의 에피소드가 상징적으로 부조되어 있다.

한 명문이 수반되어 있는 것이 많은데, 중요한 것은 불전도에서 붓다의 모습은 전혀 그려지지 않았다는 것이다. 그 대신에 법륜, 족적, 대좌台座, 성수聖樹라고 하는 상징물에 의해서 붓다의 모습이 암시되었다. 그 중에는 붓다 자신뿐만 아니라, 제자의 모습도 그리지 않는 경우도 있었다. 그러한 경우에 붓다나 제자 이외의 인간에 대해서는 모습이 있는 것으로서 그려지고 있다. 본생도의 경우에는 붓다의 전생의 모습이 그려지지 않는 일은 없었다.

  그렇다면, 상징물에 의해 어떻게 표현했는지 얘기해보겠다. 인도 중부 보팔시 동방에 있는 산치 대탑의 동문 횡량橫梁의 '출성出城'에는 횡량의 왼쪽 끝에 붓다가 자랐던 카필라바스투의 왕성을 그렸으며, 귀인의 상징인 산개傘蓋가 받쳐진, 타는 사람이 없는 말과 마부가 그곳에서 떨어

교양으로 읽는 세계종교사

져 있는 모습을 반복하는 묘사법을 사용하고 있다. 여기에 중요한 점에 대해 시마다[島田]는 "기원전의 바르후트(Bhārhut) 난간이나, 산치 탑문의 불전도에서는 '출가', '성도', '열반' 등의 주요한 사건은 기본적으로 별개의 설화로서 다루어졌으며, 그들의 연관성을 그린다는 의식은 명백하게 없었다"라고 서술하고 있다.

붓다의 생애가 편찬되고 '불상'이 생겨나다

이러한 사건을 엮어서 붓다의 생애를 하나로 묶어서 나타내려는 시도가 행해지게 된 것은 기원 1세기부터 3세기가 되어서이다. 이 시대에는 서북인도의 간다라나 마투라, 그리고 남인도의 안트라 지방에서 불탑을 장식하는 설화도의 부조 제작이 최전성기를 맞이하게 되었으며, 간다라의 불전도에서는 10개 이상의 장면을 연속시켜서 붓다의 생애가 묘사되고 있다. 간다라나 마투라는 불상이 최초에 제작된 지역으로서 잘 알려져 있다. 그것은 쿠샨의 카니시카왕이 지배하고 있던 2세기 초엽부터 중엽에 걸치는 시대에 해당된다. 그 후 안트라 지방에서도 3세기 중엽에는 불상의 제작이 시작된다. 이러한 시대에는 붓다는 상징물로 묘사되는 것이 아니라, 인물상으로서 묘사되었다.

간다라불상은 잘 알려져 있는 것처럼 그리스 신상의 영향을 받고 있다. 얼굴의 새김은 깊고, 크게 물결치는 옷주름은 그리스 신상의 특징과 공통적이다. 거기에는 간다라지방이 그리스의 헬레니즘문화의 강한 영향 아래 놓여 있던 것이 나타나 있다. 간다라나 마투라에서 불상의 제작이 시작되기까지 붓다가 사망했다고 하는 시기에서 상당한 세월이 흘렀다. 붓다가 활약했던 시대가 기원전 5세기 후반 내지는 기원전 6세기 후반이 된다면, 600년 혹은 700년도 지난 것이 된다. 그 점에서 불상의 역사는 꽤 얕다고 할 수 있다.

_____
복수複數의 에피소드가 한 사람의 '붓다'의 이야기가 되다

나미카와[並川]는 이미 봤던 것처럼, 붓다의 생애에 대해서 초기 불전에서는 불가를 시작으로 수행, 성도, 열반 등의 행장은 개별적으로 묘사될 뿐이며, "탄생에서 입멸까지의 전반적으로 걸치는 전승은 볼 수 없다"는 것을 지적하고 있다. 이것은 조금 전에 본 불탑의 난간에 있는 불전도의 경우와 완전히 공통적이다. 어느 경우도 최초에 묘사되었던 것은 개개의 에피소드였으며, 그것은 반드시 한 인물의 이력으로서 표현되지는 않았다. 그러던 것이 시간의 경과와 함께 에피소드 종류끼리 엮이게 되어서 결국에는 한 인물의 생애를 표현한 것으로서 서사화되어 갔던 것이다.

불상의 경우에는 부조, 조각, 문헌과는 달리 복수형이라는 표현은 존재하지 않는다. 그러나 불전도가 한 인간의 생애로서 정리되지 않았다는 것은 각각의 에피소드의 주체는 모두 공통되는 것이 아니라, 복수의 인물이 주인공이 되었을 가능성을 생각할 수 있다. 거기서부터는 특정의 개인으로서의 붓다가 최초는 존재하지 않았다는 결론이 도출되지만, 불전도에 있어서도 개개의 에피소드만이 최초에 만들어졌다고 하는 것은

교양으로 읽는 세계종교사

같은 것을 의미하고 있다. 결국 지금 우리들은 붓다라고 하는 존재가 개인으로서 완전히 확립된 시대로부터 과거를 뒤돌아보고 있기 때문에, 불전도는 한 개인의 전기적인 표현이라고 생각해버린다. 그렇지만 각각의 에피소드의 배경에는 별개의 인물을 상정하는 것도 가능한 것이다.

그 점을 우리들이 좀처럼 이해할 수 없는 것은 붓다라고 하는 개인이 역사상으로 존재했던 것을 전제로 하는 것을 생각하기 때문이다. 그 전제를 벗어나서 생각한다면 불교의 발생 과정은 이때까지와는 다른 것으로 보이게 된다.

───────
그렇다면 불교는 어떻게 발생했을까

가장 오래된 불교문헌이라고 하는 『숫타니파타』의 제4장과 제5장도 한 인물의 말 혹은 한 인물의 행한 문답으로서 생각하면 모순이 있는 것처럼 느껴지게 된다. 그러나 그것이 복수의 인물에 의한 말이나 문답을 모은 것이라면 거기에서 모순을 찾아낼 필요는 없게 된다. 최초의 단계에서 붓다는 특정 인물로 인식되지는 않았다. 그 시대에 인도에서 널리 퍼져 있었던 것은 브라만교였다. 불교는 브라만교를 배경으로 태어난 것으로, 어떻게 해탈하는가, 깨달음에 도달하는가가 가장 중요한 과제가 되었다. 그로부터 깨달은 인간으로서의 붓다의 관념이 나타난 것이 그 시점이며, 붓다는 특정의 개인을 가리키는 것이 아니라 깨달은 사람을 의미하는 보통명사에 지나지 않았다.

그리고 깨달은 인간이 탄생하기에 이르는 성도의 체험이나, 해탈을 구하는 전제가 되는 출가 그리고 그러한 사람이 원래 특별한 자질을 가지고 있던 것을 보여주는 탄생 등의 모습이 개별적으로 초기의 불전이나 불탑의 불전도에 묘사되었던 것이다. 이 시점에서도 붓다는 특정한 개인으로는 간주되지 않았다.

나카무라 하지메[中村元]는 치쿠마 학예문고판의 『원시불전』에서 제1장을 「탄생과 구도」로 제목을 달고, 그 안에서 「숫타니파타」를 토대로 하여 붓다의 탄생, 출가, 항마에 접근하고 있다. 『숫타니파타』에서는 이 세 가지 사건만이 인용되며, 그 후의 설법이나 최후의 열반에 대해서는 설명하지 않는 것은 『숫타니파타』에는 아직 그러한 사건이 등장하지 않기 때문이다. 머지않아 각각의 불전에서 열반이라는 테마도 얘기되었으며, 개별적으로 말해지고 있던 테마가 한 인물의 생애로서 인식되어 갔다. 그것은 기본적으로 한 인물의 생애가 몇 개의 사건으로 분해되어 있던 것이 그 단계에서 통합되었다고 하는 것은 아니다. 그 시점에서 처음으로 고유명사로서의 붓다, 한 개인으로서의 붓다가 탄생했다는 것이다.

5
교의는
어떻게 발전되어 왔는가

붓다의 생애가 하나의 이야기가 되다

제3장에서 본 것처럼 기독교에서 예수 그리스도의 생애의 이력은 최초에는 많이 전해져 있지 않았지만, 차근차근 여러 가지 에피소드가 말해지게 되면서 결국에는 복음서에 정리되었다. 붓다의 경우에는 예수 이상으로 그 실재는 불확실하고 거의 신화적인 인물로 생각되지만, 마찬가지의 과정을 겪고서 불전이 형성되었다. 불전에서는 붓다의 생애는 대체로 다음과 같은 것으로 설명되어 있다.

붓다는 샤캬[釋迦]족의 왕자이고, 고타마 싯다르타로 태어났다. 부친은 숫도다나[淨飯]왕이며, 모친은 탄생 직후에 사별했다.

성장한 석가는 16세 때 결혼했으며, 아들 하나를 얻었지만, 인간에게 필연적인 생로병사에 얽히는 고통의 문제에 대해 깊이 고뇌했으며, 29세 때 세속의 생활을 버리고, 가족을 두고 출가했다. 석가는 고행자의 한 사람이 되었다.

출가한 후 석가는 스승에게 배우고 고행을 실천했다. 그 고행에 의해서 격하게 쇠약해졌으나, 그러한 수행에 의해서는 해탈에 이르지 못한다고 생각하여 고행을 중지했다. 그리고 보리수 아래에서 명상에 들었다. 그것이 석가의 깨달음으로 맺어져서 각성한 자로서 '붓다'로 불리게 되었다.

그 후 붓다는 각지를 돌아다니면서 자신이 깨달았던 교의를 설했다. 그 여행은 최종적으로는 45년의 긴 시간에 걸치는 것이었으며, 최후는 고향에 이르는 도중에 있는 쿠시나가라라고 하는 장소의 사라쌍수沙羅雙樹 아래서 죽게 된다. 그것은 '입멸入滅' 혹은 '열반涅槃'이라고 불리며, 윤회의 반복을 벗어나서 영면에 이르렀다는 점에서 최종적인 가르침의 완성으로 해석되고 있다.

불교에서 근본적인 것은 붓다의 깨달음의 체험이다. 일신교의 세계에서는 이때까지 봐온 것처럼 신에 의한 메시지가 결정적으로 중요한 의미를 갖는다. 불교에서도 신은 등장하지만, 그것은 창조신도 아니고, 유일절대의 신도 아니다. 적어도 일신교의 신과 동급으로 취급되지는 않는다. 불교에서는 붓다의 깨달음이라고 하는 마음속의 변화가 출발점이 되고 있다. 깨달음의 내용은 고도의 것이지만, 어떠한 수단을 거치는 것에 의해서 불교의 신자는 거기에 도달할 수 있는 것으로도 생각되고 있다.

교양으로 읽는 세계종교사

불전이라는 것은 붓다의 깨달음에 대한 여러 해석이다

붓다가 멸한 후의 불교의 발전은 붓다의 깨달음의 체험을 어떠한 것으로 파악할 것인지, 거기서 붓다는 무엇을 얻었는가를 돌아보는 해석의 차이에 기반하고 있다. 그 경우에는 깨달음에 이르는 방법이 중요한 것이 되며, 후세의 불교도는 어떻게 하면 깨달음에 가까워질 수 있는지, 개별적으로 그것을 개척해가게 된다. 그 해석의 기록이 그 후 무수히 만들어졌던 불전이다. 불전을 모은 것은 대승불교의 경우, '일체경一切經' 내지는 '대장경大藏經'으로 불린다. 현재 일본에서 일반적으로 사용되고 있는 『대정신수대장경大正新修大藏經』의 경우에는 전 100권에 이르고 있다. 게다가 각 권은 평균적으로 1,000페이지이며, 각 페이지는 3단(段)으로 구성되어 있다. 고대로부터 일본에 전해진 불전은 한역의 대승불전이다. 대승불전은 본래 산스크리트어로 쓰여 있으며, 인도에서 제작된 것이다. 여기에 비해 『숫타니파타』 등은 팔리어로 쓰여 있다. 이쪽은 원시불전 혹은 팔리불전으로 불린다. 이것도 인도에서 제작된 것이다.

이것과는 별개로, '위경僞經'으로 불리는 불전이 존재한다. 이것은 중국이나 한국, 일본 등 인도 이외에서 제작된 불전을 말한다. 그렇다 할지라도, 인도에서 제작된 불전이 팔리불전이거나, 대승불전이라 해도, 붓다의 실제의 가르침에 근거하고 있는 것은 아니다. 그 문헌들 역시 붓다가 죽고 나서 상당한 세월이 지나고 나서 제작된 것이기 때문이다. 그러한 의미에서는 어느 불전이라도 위경일 가능성이 있다.

명확하게 성전이 정해져 있는 종교에서는 신앙의 타락이라고 하는 사태가 일어났을 때는 근원으로서의 성전에 되돌아가려는 시도를 한다. 바로 '성서로 돌아가라' 혹은 '꾸란으로 돌아가라'고 하는 슬로건을 외치는 것이다. 그렇지만 불교에서는 그러한 발언은 의미가 없다. 불전으로 돌아가려고 해도 어느 곳으로 회귀해야 할 것인가. 그것은 각각의 종파나 개인에 의해서 다른 것이 되어버렸다. 따라서 불교에서는 '정법'과 '이단'과의 구별은 성립하지 않는다. 그러한 점에서 불교는 기독교와 근본적으로 다르다.

붓다의 가르침이 '결집'에 의해서 정리되다

전설로는 붓다가 열반에 든 후, 그의 가르침은 제자들 사이에서 기억되어 구두로 전해졌다고 한다. 머지않아 가르침을 신봉하는 사람들 수가 늘었으며, 교단이 조직되어 지역적으로도 확대되어 가면서 가르침을 문자로 기록할 필요가 생기게 되었다. 그러한 이유에서 행해진 것이 '결집結集'이라는 시도였으며, 제자들이 모여서 기억에 기반하여 스승의 가르침을 드러내어 밝히고, 그것을 비교해서 정밀하게 조사해가면서 가르침을 하나로 정리해갔다. 결집은 몇 번에 걸쳐 열렸다.

붓다와 그의 제자들이 활동했다고 하는 지역으로부터 유추해보면 결집의 경우에는 북인도 동부에서 확장되어 있던 마가다어가 사용되었던 것으로 생각되지만, 마가다어 불전은 현존하지 않는다. 그 후 가르침은 서쪽으로 전해져서 그 지역에서 사용되고 있던 팔리어로 불전이 편찬되게 된다. 인도에서는 다른 문명권과 달리, 역사를 기술하는 것에 대해서 관심을 기울이지 않았다. 거기에는 윤회사상이 관련되어 있다. 윤회의

교양으로 읽는 세계종교사

반복이 전제되기 때문에 현세에서 일어난 일에 대해서는 관심이 희박한 것이다. 따라서 붓다가 언제 태어나서, 언제 열반에 들었는지에 대해 일체 경전에서는 아무것도 기록되어 있지 않다. 그 밖에도 역사적인 사료도 존재하지 않는다.

기준이 되는 것은 이미 서술했던 아쇼카왕이 돌 등에 새겼던 비문이다. 여기에 대한 연대는 확실하기 때문에 그에 기초하여 붓다의 이력, 혹은 그 후의 불교에 관련된 사건이 일어났던 연대가 추정되고 있다. 그러나 그 후의 일에 대해서는 또 연대를 명확하게 하는 사료가 없다. 따라서 불교 역사의 연대를 좇아서 기록하는 것은 어렵고, 불전의 성립연대도 거의 알지 못한다. 전문가의 저서나 논문을 보아도 최근이 될수록 연대를 명확히 밝히지 않는 것들이 늘어난다는 인상을 받는다. 따라서 단정은 완전히 할 수 없지만, 붓다 입멸 후 100년부터 200년이 지나서 '대중부大衆部'와 '상좌부上座部'로의 분열이 일어나게 된 그 시대까지의 불교가 '초기불교' 혹은 '원시불교'가 된다.

그 후, 대중부와 상좌부는 각각의 내부의 분열을 거치게 되고, 대승불교 운동이 발흥하게 되면서 불교는 커다란 변용을 이루게 된다.

―――

초기불교가 설한 '세계는 무상', '자기는 무아'

초기불교의 특징은 『숫타니파타』에도 나타난 것처럼 브라만교의 『우파니샤드』에 묘사된 것과 같은 장대한 우주론에는 관심을 두지 않았으며, 오로지 인간의 마음, 본연의 상태를 문제로 삼았던 것에 있다. 인간의 마음에 생겨나는 것이 각종 '번뇌'이며, 그 번뇌에 포획되는 것 때문에 인간은 '고통'을 느끼게 된다. 인간이 만들어내는 것이 필연적으로 고통을 수반한다고 하는 인식은 불교만이 아니라, 인도에서 생겨난 종교 전반에 공통되는 기본적인 인식론이며, 더욱이 그 고통은 앞 장에서 서술한 것처럼 윤회의 반복이 가져오는 고통에도 연결되어 있다.

브라만교에서는 고행을 통해서 그 고통을 극복해나갈 필요를 얘기하고 있으며, 붓다도 출가 후 수행기간에는 이 고행을 실천했다. 그렇지만 불교에서는 고통을 느끼는 주체인 자기라고 하는 존재를 실재를 수반하지 않는 '무아'로 파악하는 것에 의해서 고통이나, 그 고통을 끌어내는 번뇌가 소멸한다고 하는 입장을 취한다. 고통을 느끼는 주체가 원래 존재하지 않기 때문에 고통 등이 존재하지 않는다는 것이다. 거기에는 세계가 고정화된 것이 아닌, 생멸을 반복하는 것이기 때문에 근본적으로 '무상無常'이라는 인식이 있다. 무상에 대해 말한다면, 사물이 영원히 지속된다고 생각하는 것은 어리석은 것으로서, 그러한 것에 사로잡혀 있으면 안 된다. 자아 혹은 개아個我에 대해서도 그렇게 말할 수 있으며, 무아와 무상은 한 몸의 관계이다. 본래 세계는 무상하고, 자기는 무아이며, 고통을 느낄 필요는 없다고 하지만, 그런데도 왜 번뇌가 생겨나는 것일까. 그 점에 대해서는 초기불교에서 '십이연기' 내지는 '십이인연'의 설에 의해서 설명되고 있다.

교양으로 읽는 세계종교사

사람은 왜 고통으로부터 벗어날 수 없는 것일까

12연기十二緣起는 무명에서 시작되어 식識, 명색名色, 육입六入, 촉觸, 수受, 애愛, 취取, 유有, 생生, 노사老死에로 나아가고 있는데, 그 최후에 있는 노사의 끝에 고苦가 생겨나는 것으로 생각된다. 결국 인간이 고통을 느끼는 것은 늙어서 죽는다고 하는 현실이 있기 때문이고, 왜 노사老死가 있는지 얘기하자면 그것은 결국 인간이 생을 얻었기 때문일 것이다. 이처럼 12연기를 순서대로 밟아가면 최종적으로는 무명無明, 결국에는 근본적인 무지無知에 다다르게 된다. 결국 인간은 본질적으로 무상이며, 무아라고 하는 사실을 이해하지 못하고 있기 때문에 고통을 느끼게 된다고 하는 것이다.

12연기와 나란히 초기불교 교의의 또 하나 중요한 기둥이 되는 것이 '사제팔정도四諦八正道'이다. 사제의 제諦는 진실을 의미하며, 이것은 고제苦諦, 집제集諦, 멸제滅諦, 도제道諦의 네 가지로 되어있다. 인간이 미혹한 것은 고통이 있기 때문이며, 그 고통은 번뇌에 의해 생겨나며, 번뇌가 사라진 상태가 불교에서 추구하는 이상적인 경지이고, 그것을 위한 방법이 있다고 하는 것이 사제四諦가 의미하는 것이다.

그리고 고를 멸하는 구체적인 방법으로서 제시되는 것이 팔정도이다. 팔정도는 정견正見, 정사正思, 정어正語, 정업正業, 정명正命, 정정진正精進, 정념正念, 정정正定으로 되어 있다. 바르게 사물을 보고, 바르게 생각하고, 그것을 바른 언어로 표현하며, 바른 행동을 실천하고, 바른 생활을 실현하고, 바른 노력을 하고, 바른 마음가짐을 보여주고, 바르게 정신통일을 행해야 한다는 것이 팔정도이다.

'공空'사상의 이론화를 거쳐서 대승불교에로

초기불교의 교의는 과격한 고행에도 집착하지 않고, 반대로 쾌락주의에도 빠지지 않는다. 그 때문에 양자의 중간을 가는 '중도中道'로 인식된다. 그러나 이러한 초기불교의 중도의 가르침에 만족하지 않고, 좀 더 다이내믹한 교의를 설하게 된 것이 대중부와 상좌부의 분열 후에 등장한 대승불교 운동이다. 대승불교의 출현은 붓다 입멸 후 700년이 지나고부터의 일이었다. 대승(Mahāyāna)이라고 하는 용어는 상좌부 안에서 가장 유력한 세력이 된 '설일체유부說一切有部'를 소승(Hīnayāna)이라고 비판했던 데서 성립한 것으로, 대중부나 상좌부 측에는 스스로를 소승으로 인식하는 의식은 없다. 그것은 동남아시아에 전해졌던 오늘날의 부파불교部派佛教에 있어서도 공통적이다.[33]

대승불교의 입장에서 초기불교, 부파불교에 대한 비판이 명확하게 나

---

33   부파불교(部派佛教)는 붓다 입멸 후 제자 그룹에 견해의 차이가 생겨 불멸 후 100년 경에 보수적인 상좌부(上座部)와 진보적인 대중부(大衆部)로 분열되고, 이어서 이 두 부파(部派)로부터 여러 갈래의 분열이 일어나 불교가 여러 부파로 나뉘면서 전개되었다. 이미 아쇼카왕 시대에 상좌부와 대중부의 계통의 두 파로 분열하였고, 그 후 약 백 년 동안에 대중부 계통이 잡다하게 분열하였고 이어 약 백 년 간에 걸쳐 상좌부 계통이 분열되었다. 일반적으로 근본 2부(根本二部 : 上座部와 大衆部)와 분파(分派) 18부를 합쳐서 소승 20부(小乘二十部)라고 전한다. 대승불교가 서력 기원 전후에 발생한 후에도 부파들 중에는 대승불교의 종파들과 함께 시대적으로 나란히 활동했던 부파들이 있었다. 특히 여러 경전들에 나오는 이론과 실천 양면을 망라하여 체계화한 방대한 논서(Abhidharma-sastra)들을 작성했기 때문에 이러한 흐름을 아비달마불교(阿毘達磨佛教)라고도 한다. 그러다가 서력 기원 전후에 새로운 대승불교(大乘佛教)운동이 일어나게 되자 대승불교도들은 그때까지의 부파불교를 소승불교(小乘佛教)라고 폄칭하게 된다. 역자주.

타나고 있는 것이 일본에서는 가장 친숙한 불전인 『반야심경』이다. 『반야심경』에서는 모든 것은 공이라는 점이 명확하게 주장되고 있는데, 그 과정에서 십이연기나 사제팔정도를 공이라 보고, 그것이 실재하지 않는다는 입장을 취한다. 『반야심경』을 포함하는 반야경은 대승불교의 선구가 되는 것으로 공 사상을 특징으로 한다. 공 사상의 이론화를 기획한 것이 150년~250년경에 등장한 용수龍樹(나가르주나)이다.

대승불교의 주요경전

대승불교의 불전인 대승경전 안에는 이러한 반야경 외에 주요한 것으로서는 『유마경維摩經』, 『화엄경華嚴經』, 정토계 경전, 『법화경法華經』, 『열반경涅槃經』 등이 포함되어 다양한 교의가 설해지고 있다. 『유마경』의 주인공인 유마維摩는 재가의 장자長者로서 출가하지 않았지만, 불교 교의에는 깊게 달통하고 있어서 석가의 직제자들도 설복당하게 된다. 이 경전에서는 재가의 입장을 중시하는 대승불교의 특징이 드러나고 있다.

『화엄경』은 정식 명칭을 『대방광불화엄경大方廣佛華嚴經』이라고 한다. 이 불전에서는 장대한 우주관이 전개되며, 나라奈良 동대사東大寺의 대불이 된 비로자나불이 본존으로 등장하지만, 후세에는 사상적인 영향이 그리 크지는 않았다.

일본에서는 『정토삼부경』이라고 부르는 용어가 있는데, 『무량수경無量壽經』, 『관무량수경觀無量壽經』, 『아미타경阿彌陀經』을 가리키는 것으로서, 이 세 가지를 선택한 것은 호넨[法然]이다. 더군다나 『관무량수경』은 중국에서 성립되었을 가능성이 높다. 이러한 점에서 나타나는 것처럼 정토경전을 바탕으로 한 정토신앙은 인도보다 중국이나 일본에서 성행하게 되었다.

『법화경』은 대승불전 중에서도 가장 중요한 것으로 그 영향력도 크다. 이에 따라 그 신봉자들은 '모든 경전의 왕'이라고 부르기도 한다. 그것도 『법화경』을 호지護持하기만 하면 모든 중생이 구제된다고 하는 강렬한 주장이 전개되었기 때문이다.

『열반경』은 몇 개의 종류가 있는데, 초기불교의 경전 중에도 포함되어 있지만 대승에 속하는『대반열반경大般涅槃經』에서는 대승의 가르침을 비방하는 자를 엄격하게 비판하고 있다. 이러한 교의가 나중에 영향을 미쳐서 배타성을 갖는 불교사상을 만들어내는 요인이 되었다.

종파의 차이라는 것은 의거하는 불전의 차이

이처럼 각각의 대승불전에서 설하는 교의는 다른 불전에서 설한 내용과 반드시 같지는 않다. 따라서 어느 불전에 의거하는가에 따라서 다양한 사상적 입장이 생겨났으며, 그것이 여러 종파를 만드는 커다란 요인이 되었다. 대승불교가 생겨난 것에서 불교의 세계는 넓어졌으며, 다양한 사상이나 교의가 전개되었다. 어느 대승경전도 '여시아문'이라는 형태로 시작되는데, 그것은 "나는 붓다의 가르침을 이렇게 들었다"라는 의미이다. 그렇지만 붓다의 교의는 명확하지는 않으며, 이제까지 봐온 것처럼 그 실재부터가 불확실하다.

교양으로 읽는 세계종교사

따라서 불교를 붓다의 교의에서 나온 종교로 파악한다면 커다란 모순에 직면하게 된다. 붓다의 교의를 명확하게 하는 것 자체가 불가능하기 때문이다. 이는 불교의 경우에 원점으로 회귀하는 원리주의적인 주장이 의미가 없는 것을 보여주고 있다. 불교는 붓다의 교의에서 시작하고 있다고 하는 것보다도 붓다의 깨달음이라는 체험을 더듬어 가는 다양한 사상적, 철학적인 시도로서 파악해야 한다. 사회학자의 하시즈메 다이사부로[橋瓜大三郎]는 『불교의 언설전략』[勁草書房] 안에서 불교라는 것은 붓다의 깨달음을 찾아가는 '언어게임'으로 파악하고 있다.

인간을 구제하는 역할을 맡은 여래와 보살

대승불교 전반에 공통되는 점은 '중생'으로 불리는 인간을 포함한 생물의 구제가 중시되며, 그 역할을 맡은 존재로서, '여래'와 '보살'이 신앙의 대상이 된다는 것이다. 여래는 깨달음을 얻은 존재이며, 그 모델은 붓다였다. 여래에는 비로자나불毗盧遮那佛, 약사여래藥師如來, 아미타불阿彌陀佛, 미륵불彌勒佛 등이 있으며, 각각이 특유의 역할을 맡고 있다.

비로자나불에 대해서는 이미 설명했지만, 약사여래는 불상으로 표현될 경우, 왼쪽 손에 '약호藥壺'를 들고 있는 모습으로 보이는 것처럼 병을 치유하는 등의 행위를 하는 것으로 인식되고 있다. 아미타불은 서방극락정토에 거주하는 여래로서, 정토교에서 신앙의 대상이 되고 있다. 미륵불은 미래불로서 붓다 입멸 후 56억 7천만 년 후에 도솔천으로부터 지상으로 내려와서 붓다에 의해 구제되지 못했던 사람들을 구제하는 것으로 인식되었다. 그러한 교의적 바탕에서 미륵불이 일각이라도 빨리 지상에 나타나는 것을 바라는 미륵신앙이 생겨났다.

여래가 이미 깨달음을 얻은 존재라는 것에 비해, 그 일보 직전에 머물러서 현실의 세계에서 사람들을 구제한다고 하는 이가 보살이다. 미륵불은 미륵보살이라고 말해지는 경우도 많고, 그 밖에 수많은 보살이 존재하지만, 그중에서도 광범위한 신앙이 집중된 것이 관세음보살, 즉 관음이다. 관음보살은 그 모습을 여러 형태로 변화시키는 것이 특징이 있으며, 그러한 이유에서 '변화관음變化觀音'으로도 불린다. 변화관음에는 성관음聖觀音, 천수관음千手觀音, 십일면관음十一面觀音, 불공견색관음不空羂索觀音, 여의륜관음如意輪觀音, 마두관음馬頭觀音 등이 있으며, 많은 관음상이 제작되어왔다. 관음신앙을 전하는 불전이 『법화경』 제25장에 해당하는 『관음경』이다.

불교가 전파된 각지에서 다양한 불상이 제작되었다. 사진은 베트남 사원의 천수관음.

교양으로 읽는 세계종교사

관음이 변화하면서 천수관음과 같은 수많은 손을 가진 것은 널리 중생을 구제하기 위한 것이라고 한다. 여래나 보살 외에도 부동명왕不動明王으로 대표되는 명왕이나, 범천梵天, 제석천帝釋天, 길상천吉祥天 등 인도의 종교에서 유래한 존재가 신앙의 대상이 되었다.

한편, 대승불교의 사상적인 전개에 가장 공헌한 것이 용수龍樹로서, 공의 사상을 집대성했으며, 여러 존재나 사물이 상호의존의 관계에서 성립되어 있는 것을 설한 『중론中論』은 대승불교사상 가장 중요한 문헌이 되어 수많은 주석서가 편찬되었다.

'여래장사상如來藏思想', '유식唯識'에서 사상적으로 크게 발전하다

그 후의 대승불교의 사상적인 전개로서는 여래장사상과 유식이라고 하는 두 가지의 사상이 나온 것을 들 수 있다. 여래장사상 안에서 강조되는 것이 '불성佛性'의 사상이다. 구제의 대상이 되는 여러 존재는 그 안에 장래 깨달음을 얻어 부처가 되는 종자를 품고 있다고 하는 것이다. 『열반경』에는 '일체중생실유불성一切衆生悉有佛性'이라는 구절이 있는데, 이는 어떠한 존재가 있으면, 그것이 아무리 악행을 범했다고 해도 반드시 구제된다고 하는 사상이다.

대승불교에 있어서 또 하나의 사상적 발전이 유식인데, 이는 모든 존재는 마음에서 시작되어 나온다고 하는 유심론적인 인식이다. 유식설에서는 마음의 근저에 '아뢰야식阿賴耶識'을 상정하며, 거기에 온갖 존재를 만들어 내는 종자가 내장되어 있다고 한다. 이 아뢰야식은 현대에서는 정신분석학에서 얘기하는 무의식에 대응하는 것으로 인식되며, 유식설은 선진적인 심리학의 이론으로서도 주목되고 있다.

그리고 유식 사상에서는 마음을 제어하기 위해서 요가가 실천되기 때문에 '유가행유식학파瑜伽行唯識學派'로도 불린다. 요가는 앞 장에서 본 것처럼 브라만교에서부터 나온 것으로 불교가 요가를 흡수한 것은 브라만교 내지 이후의 힌두교와 불교가 습합하여 융합하는 가능성을 시사하고 있다. 그러한 습합은 밀교라고 하는 새로운 실천을 만들게 되었지만, 인도에 있어서 불교의 쇠퇴와 소멸이라는 것으로도 이어지게 되었다. 거기에 대해서는 다음 장에서 서술하게 된다.

제 **8** 장

힌두교는
어떻게 불교를
몰아냈는가

인도 종교의 전개

1
힌두교는
어떤 종교인가

약체화된 브라만교는 모습을 바꾸어서 힌두교로

불교가 발흥했던 시대에는 마찬가지로 브라만교를 비판하는 형태로 자이나교 등도 그 세력을 확대했다. 자이나교의 개조는 마하비라이며, 그는 붓다와 동시대의 인물이다. 자이나교에서는 마하비라의 이전에 23 인의 선구자가 있었다고 하는데, 붓다와 마찬가지로 생애에 대해서는 알려진 것이 거의 없다. 마하비라는 붓다가 출가한 후에 고행을 했지만, 그것으로는 깨달음에 이르지 못하고 중도에 고행을 중지했던 것과는 달리, 고행을 계속하여 그것으로 깨달음에 도달했다고 한다. 그 가르침은 살아 있는 것을 죽이지 말라는 불살생 등 불교의 오계와 비슷한 계율을 엄격하게 지키며, 팔정도 안에 포함된 정견 등을 실천하라고 하는 것이다.

그러한 점에서 자이나교는 초기불교와 상당히 유사하다. 어느 종교도 경전이나 성직자를 절대시하는 것이 없으며, 청빈한 생활을 지속하는 것에 가치를 두고 있다. 붓다의 경우, 앞장에서 본 것처럼 실재하지 않고, 불전이 형성되게 됨으로써 역사상의 한 인물, 위대한 종교가라고 하는 이야기가 만들어지게 되었다. 혹은 마하비라의 경우에도 같은 과정을 밟아서, 그에 의해 자이나교의 개조로 자리매김 되었던 것은 아닐까. 불교와 자이나교의 개조에 대한 이야기나 교의가 상당히 유사한 것도 고대 인도에서는 깨달음을 얻고, 교의를 설하는 인물을 대망하고 있었기 때문이다.

자이나교에서는 1세기 말에 나체행의 실천을 지속하도록 하는 나행파[裸行波=空衣波]와 옷을 입는 것을 허용하는 백의파白衣派로 나뉘어 있었다. 이것도 초기불교에서 대중부와 상좌부로 분열되었던 것과 유사하다. 그렇지만 자이나교에서는 대승불교와 같은 혁신적인 사상은 생겨나지 않았으며, 불교만큼 다양한 발전을 보여주지는 않았다. 인도에서는 불교나 자이나교가 확장세를 보였기 때문에 그 이전에 존재했던 브라만교는 열세로 밀려나게 되었으며, 그 후 당분간 불교의 전성시대가 지속되었다. 불교에서 불상이 탄생했던 것은 이익을 주는 불타를 숭배하는 신앙이 생겨나고, 그것이 서민층에까지 확장되는 계기가 되었다. 다만, 대승불교의 철학은 체계적으로 장대한 만큼 난해해서 그러한 면에서는 일반 민중의 요구로부터 유리되어 가기도 했다.

그에 비해서, 브라만교에는 민중에게 확산된 민간신앙을 받아들여 그것을 재조직화해가는 움직임이 생겨나게 되었다. 그것이 머지않아 브라만교와는 구별되는 힌두교의 탄생으로 이어지게 되었으며, 힌두교는 불

교양으로 읽는 세계종교사

교를 능가하게 되었다. 다만 힌두교가 성립할 때에는 불교의 영향이 있었다. 브라만교에서는 브라만이 집행하는 제사가 중심이며, 신상은 만들어지지 않았다. 하지만 불교에서는 그리스문화가 인도에 침투해 온 것에 의해 불상의 제작이 성행하게 되었으며, 힌두교의 단계가 되자 신상이 활발하게 만들어지게 된다.

일신교의 세계에서는 기독교라는 예외는 있지만, 기본적으로 신의 초월성을 강조하기 위해서 신의 상을 만들지 않고, 우상숭배의 금지가 철저하다. 신상을 만든다는 것은 같은 상으로 만들어진 다른 신들과 동일한 지평에서 경합하는 것을 의미하며, 다신교에 접근해갈 위험성이 있기 때문이다. 신상의 제작이 활발해진 것 때문에 힌두교는 다신교로서의 성격을 명확하게 하고 있다. 금일의 힌두교에 있어서 볼 수 있는 엄청나게 많은 수의 신상은 불교라는 자극이 가해진 것에 의해서 발생한 사태였던 것이다.

힌두교에서 신앙이 집중되는 세 신神

힌두교의 단계가 되면 주로 세 신에게 신앙이 집중되게 된다. 이 세 신이란 브라흐마, 비쉬누, 시바이다. 최초의 브라흐마는 베다시대의 성전이나 『우파니샤드』 등에서 얘기했던 우주의 근본원리인 브라흐만을 인격화한 것이다. 브라흐만은 중국불교에서는 '범梵'으로 한역되며, 브라흐마도 '범천梵天'으로 번역된다. 브라흐만은 남신으로서 우주의 근본원리를 주재하기 때문에 인도의 다양한 신들 중에서 최고신이 되었으며, 창조신으로서의 역할을 맡게 되었다. 다만 그 후, 지금부터 서술할 비쉬누나 시바가 대두함에 따라 그 지위가 저하되었으며, 엘리아데가 말한 '퇴거신'의 길을 걷게 되었다.

비쉬누는 브라흐만이 창조한 세계를 유지하는 역할을 맡았지만, 머지 않아 브라흐만을 능가했으며, 힌두교의 주신으로 올라가게 되었다. 한 가지 중요한 것은 비쉬누가 '화신化身; Avatar'을 갖는다는 것이다. 화신은 신이 지상에 그의 모습을 드러내는 것인데, 비쉬누의 주된 화신이 된 것은 『마하바라타』에 등장하는 크리슈나와 『라마야나』의 라마이다. 둘 다 서사시 안의 영웅인데, 사람의 모습을 취하는 것에 의해 비쉬누는 브라흐만이 지니지 못한 구체성을 갖게 된다.

또 한 가지 중요한 것은 비쉬누를 신앙대상으로 하는 종파의 형성이다. 그 배경에는 기원 전후에 성행하게 된 '박티(Bhakti)운동'이 있다. 박티라는 것은 신애信愛, 헌신獻身 혹은 맹신으로 번역되는데, 하나의 신을 오로지 신앙의 대상으로 삼는 것이다. 비쉬누신에 대한 신앙으로부터 '비쉬누파'가 생겼는데, 이 비쉬누파는 중세에 성행했다. 비쉬누파와 함께 힌두교의 종파로서 큰 영향력을 갖는 것이 '시바파'이며, 그 신앙의 대상이 된 것이 시바이다.

가장 중요하게 된 시바신과 그 가족신들

시바의 선구가 된 것은 아리아인이 신앙하고 있던 폭풍과 벼락의 신 루드라(Rudra)이며, 이 신은 파괴의 역할을 맡고 있다. 파괴라고 해도 일신교에서 얘기되는 최후의 심판과는 다르며, 세계의 전면적인 종언을 의미하는 것은 아니다. 파괴는 어디까지나 새로운 창조의 전제로서 필요한 것이었다. 그리고 시바신은 여러 신과 결합하여 많은 역할을 부여받음으로써 힌두교 안에서도 가장 중요한 신이 되어갔다. 시바의 상은 다른 힌두교의 신상이 그러한 것처럼 다양한 형태를 취한다. 가장 유명한 것이 불의 고리 안에서 한쪽 발을 들고 4개의 손으로 춤추고 있는 것인데, 그 상은 '나타라자(Naṭarāja; 춤의 왕)'로 불린다. 힌두교를 하나의 심볼로 표현하는 경우에는 이 '춤추는 시바상'이 사용되는 경우가 많다.

시바의 처는 파르바티(Pārvatī)이며, 여신으로서 신앙의 대상이 되었다. 시바와 파르바티 사이에서 태어난 아들이 코끼리 머리를 한 가네샤와 군신軍神인 스칸다이다. 가네샤는 상업과 학문의 신으로서 서민의 신앙이 집중되었다. 스칸다는 불교에 전해져서 위태천韋駄天이 되었다. 힌두교의 신들은 신화적인 가족관계나 화신의 원리 등을 통해서 서로 융합하거나, 새로운 성격의 신을 만들어내는 것에 의해서 다신교적인 역할을 하게 되었으며, 수많은 파로 분열하여 시바파라는 신앙조직을 만들어 내게 되었지만, 일신교에서 창조신과 같은 절대적인 지위를 확립하는 것까지는 이르지 못했다.

성적인 힘과 성스러운 소를 중시하다

힌두교는 윤회와 업 등 브라만교로부터 여러 가지 종교적 관념을 이어받았으며, 더 나아가 불교 등의 영향을 받아서 힌두교의 새로운 조직화, 체계화를 추진하게 되었다. 그리고 종교적인 실천으로서는 요가가 중시되었으며, 2세기부터 4세기에 걸쳐서 힌두교의 경전이 된 『요가스투라』가 빠탄잘리라는 이름으로 편찬되었다. 이러한 요가와 관련이 깊은 것으로, 시바파 중에서는 차츰 샥티[性力]에 대한 신앙이 확립되어 갔다. 우주의 탄생에서부터 그 성장의 과정을 성적인 행위에 비유하여 이해하는 것은 다른 종교에도 나타나는 것으로, 남성원리와 여성원리가 융합하는 것에 의해 이 세계가 형성되었다고 하는 해석을 하는 것이 적지 않다. 일본의 신화에서 이자나기노미코토와 이자나미노미코토의 건국 신화도 그 일례이다.

힌두교에서는 그것이 요가의 기법과 연결되어 있다. 신체에서 잠자고 있는 성적인 힘, 쿤달리니를 각성케 하여 신체의 각 부분에 있는 차크라를 열어가는 것으로서 해탈을 이루기도 하고, 신비적인 힘을 몸에 지니는 것이 가능하다고 생각하게 되었다. 이는 힌두교의 독자적인 기법이었지만, 머지않아 불교에도 영향을 주어서 밀교의 형성을 촉진했다.

또 한 가지, 힌두교에서 특징적인 것으로서는 소가 신앙의 대상이 되어있는 점을 들 수 있다. 소는 시바가 타는 동물이며, 힌두교도는 소를 먹지 않는다. 왜 소가 힌두교에서 신성시되는지는 그 기원이나 경위가 명확하지는 않다. 브라만교의 성전의 하나인 『리그 베다』에서는 재산으로서의 소가 양이나 산양과 함께 희생제의의 대상이 되었던 것을 보여주는 기록이 있으며, 식용으로도 쓰이고 있다. 하지만 신흥의 불교나 자이나교에서 살생이 금지되면서 소를 먹을 수 없게 되었으며, 역으로 신성시하게 되었다. 신화인 『마하바라타』에서는 시바가 '목동의 신'으로 불리게 되었으며, 천지창조의 때에 태어난 농경의 목우牧牛인 카마데누

교양으로 읽는 세계종교사

(Kamadhenu)에 대한 성우聖牛숭배가 나타나게 되었다(코이소 마나부[小磯學] 「힌두교에 있어서 소위 신성시와 소똥의 이용」『沙漠研究』 25-2)

종교의 세계에는 신의 명령과 지시에 의해서 특정의 음식물을 먹지 않는 '음식금기'가 존재한다. 유대교나 이슬람교에서 돼지가 금기의 대상이 되고 있는 것은 잘 알려져 있다. 이슬람에서 돼지는 오염된 것이므로 음식에서 제외된다고 하는 것에 비해서, 힌두교에서는 소가 신성한 것이므로 금기의 대상이 되고 있는 것이다.

2
인도불교는
어떻게 소멸되었는가

힌두교의 영향으로 불교는 신비주의로

브라만교를 기반으로 힌두교가 형성되었기 때문에 불교는 차츰 열세에 처하게 되었다. 그러한 상황 중에 불교의 재흥再興을 도모하기 위해서 힌두교 신앙을 수용한 것이 '밀교密敎'이다. 밀교는 신비주의적인 불교의 교의이며, 비밀불교나 진언밀교로도 불리면서 밀교의 탄생 이후, 일반적인 불교인 '현교顯敎'와는 구별되었다. 불교는 초기불교로부터 부파불교, 대승불교로 발전해갔지만, 밀교는 대승불교의 최종적인 단계에 등장했다. 특히 밀교의 형성에 커다란 영향을 준 것이 힌두교에 있어서 샥티[性力] 신앙을 배경으로 생겨난 '탄트라'로 불리는 성전의 탄생으로서, 그 흐름은 5~6세기에 시작되었다.

교양으로 읽는 세계종교사

탄트라의 사상에 영향을 받아서 불교의 세계에도 수많은 얼굴과 팔을 가진 다면다비多面多臂의 불상이 만들어지게 되었으며, 부동명왕 등의 명왕상이나 십일면관음十一面觀音 등의 관음상이 만들어졌다. 또한 밀교 경전의 편찬과 체계화가 추진되었다. 밀교의 의식에서는 만다라曼茶羅가 사용되었는데, 7세기경에 등장한 것으로 얘기되고 있다. 불교에 있어서 밀교의 전개는 초기, 중기, 후기의 3단계로 나뉜다. 초기밀교는 '잡밀雜密'로 불리는데, 그것은 아직 체계화가 충분히 진행되기 전의 단계로서 진언이나 다라니라고 하는 주문만을 외는 소박한 것이었다.

본격적인 밀교의 확립은 중기밀교가 되어서부터이다. 중기밀교에서는 밀교의 신앙을 체계화하는 것에 공헌한 『대일경大日經』이나 『금강정경金剛頂經』이라는 밀교 특유의 경전이 편찬되었다. 중국이나 일본에도 이 중기밀교가 전달되었다. 한편, 인도에서는 그 후에도 밀교는 더욱 전개를 지속했으며, 힌두교의 성력에 대한 신앙을 적극적으로 수용한 후기밀교가 형성되었다. 후기밀교는 중국이나 일본에는 거의 전해지지 않고, 티베트 등에 전달된다. 후기밀교에서는 요가의 기법이 활용되었으며, 남성원리와 여성원리의 융합을 상징하는 남녀합체의 환희불歡喜佛이 신앙의 대상이 되었다. 같은 밀교에서도 중국이나 일본의 밀교와 색채가 풍부하고 관능적인 티베트의 밀교는 그 내용이 크게 다르다.

밀교는 머지않아 힌두교와 융합하다

불교가 힌두교를 받아들여서 밀교를 형성했던 것은 그 세력을 만회하는데 있어서 효과적인 것이었다. 밀교에서는 현실을 변화시키는 신비적인 힘을 발휘하는 것이 가능하다고 얘기하며, 그것을 위한 구체적인 방법을 제시했다. 밀교에서는 이익을 실현하기 위해 활용되는 특이한 의례나 수행의 방법이 발전했다. 초기불교는 번뇌에서 해방된 생활을 영위하는 것을 목적으로 한 신앙이며, 중도라는 개념이 상징하는 것처럼 온건한 신앙이었다. 대승불교가 되자 장대한 우주론이 전개되었으며, 철학적인 이론이 심화되었다. 더욱이 『법화경』이 그러한 것처럼 다양한 인간의 구제의 가능성이 설해지게 되었다. 다만 그 내용은 관념적인 것에 머물러 있었으며, 반드시 구체성을 띠고 있는 것은 아니었다.

불교에서 밀교가 발전한 것도 그것과 연관되어 있으며, 밀교는 신비적인 의례나 수행법을 개척하는 것으로 밀교신앙에 현실을 변용시킬 힘을 부여하는데 성공했다. 하지만 밀교는 힌두교로부터 많은 것을 수용하여 성립되었으며, 그러한 점에서 두 가지의 종교가 접근해서 바로 융합해가는 것을 피할 수가 없었다. 불교가 탄생한 땅인 인도에서 소멸해 갔던 원인으로서는 일반적으로는 이슬람교도의 인도에의 침입을 제기하지만, 근본적으로는 불교가 힌두교에 너무 접근해서 그 구별이 없어져 버린 것이 크게 영향을 미쳤던 것이다.

불교가 공의 입장을 강조했던 것에 비해서 힌두교에서는 어디까지나 물질적인 측면을 중시하는 실재론의 입장을 취했으며, 브라흐만과 아트만의 일체화를 설한 6파철학[34] 등이 융성하게 되었다. 다만 8세기의 샹카

---

34   힌두 철학(Hindu philosophy)은 여섯 정통 학파로 나뉘기 때문에 육파철학(六派哲學)으로 불린다. 육파는 상키아 학파(Samkhya)·요가 학파(Yoga)·니야야 학

라처럼 우주의 근본원리인 브라흐만은 인격이나 속성을 갖지 않는다고 하여, 불교의 공의 입장에 가까운 논의를 전개했으며, 불교를 힌두교 안에 끌어들이는데 공헌한 사상가도 나타났다. 붓다라는 존재도 비쉬누의 화신이라고 하는 해석이 이루어지게 되었으며, 그것을 매개로 하여 힌두교의 틀 안으로 끌어들였다.

힌두교는 그 다음에 이슬람교와 대립

불교가 힌두교에 흡수되어버린 후에 힌두교와 대립관계에 놓인 것이 이슬람교이다. 16세기에는 이슬람왕조인 무굴제국이 인도에 성립했으며, 이슬람교의 영향이 강해지게 되었다. 힌두교에서는 브라만교가 그랬

파(Nyaya)·바이셰시카 학파(Vaisheshika)·미맘사 학파(Mimamsa)·베단타 학파(Vedanta)이다. 이들은 모두 베다를 신의 계시에 의해 성립된 가장 권위 있는 경전으로 받아들였으며, 베다시대 말기인 기원전 700~500년에 집성된 우파니샤드의 발전적 산물이었다는 공통점을 가지고 있다. 힌두교의 전통에 따르면, 이들 여섯 정통파의 철학은 결코 서로 모순되거나 적대적인 것이 아니며, 모두 수행자로 하여금 사마디(삼매)와 모크샤(해탈)에 이를 수 있게 하려는 실천적 지향을 공유하고 있었다. 힌두 철학을 여섯 정통파로 구분하는 것은 힌두교의 황금시대였던 굽타 왕조 시대(320~550) 동안 널리 통용되고 있었다. 그러나 그 후 바이셰시카 학파와 미맘사 학파가 이미 사라졌으며 바이타 베단타 학파(Dvaita)와 아드바이타 베단타 학파(Advaita)를 비롯한 베단타 학파의 여러 갈래가 힌두교 종교 철학의 주류로 자리를 잡아가고 있던 중세 후기에서는 힌두 철학을 여섯 정통파로 구분하는 이 구분법은 시대에 뒤진 것이 되었다. 니야야 학파는 계속 존속하여 17세기에 신니야야파가 되었다. 상키아 학파는 점차적으로 독립된 학파로서의 지위를 잃어갔으며, 그 철학은 요가 학파와 베단타 학파에 흡수되었다. 역자주.

던 것처럼 강고한 신분제인 '카스트(바루나)'의 존재가 전제되었다. 카스트제도에서는 사제인 브라만, 전사인 크샤트리아, 평민인 바이샤, 노예인 수드라가 구별되었으며, 더 나아가 카스트제도의 구조 바깥에 '불가촉천민'이 생겨났다.

노예와 불가촉천민은 차별로부터의 해방을 원했으며, 불교가 발흥했던 시대에는 여러 중생의 구제를 설한 불교를 신앙했다. 그렇지만 불교가 힌두교에 흡수되어 가면서 그러한 면은 상실된다. 그 불교를 대신해서 신앙이 집중되었던 것이 이슬람교이다. 이슬람교에서는 유일 절대의 신을 지고의 존재로서 인식했으며, 신 아래에서 인간은 평등하다고 하는 교의를 전개했다. 그러나 불교가 기본적으로 출가자의 종교였던 것에 비해 이슬람교는 성과 속을 구별하지 않는 속인의 종교였다. 그 점에서 불교보다도 이슬람교가 확산된 원인이 있었다고 생각된다. 무굴제국이 생기기 전 13세기 단계에서 불교는 인도로부터 소멸해가고 있었다.

힌두교는 브라만교로부터 생겨난 불교를 흡수해버렸지만, 이질적인 종교인 이슬람교를 거두어들이지는 못했다. 이슬람교는 유일신에의 절대적인 신앙을 강조하며, 우상숭배를 철저히 물리쳤다. 그에 비해 힌두교는 다신교이며, 불교의 영향에 의해 생겨난 힌두교의 신상이 신앙의 대상이 되었다. 그것은 이슬람교도 입장에서 보면 우상숭배에 다름 아니었다. 그 때문에 근본적으로 성격이 다른 두 종교가 융합할 수는 없었던 것이다.

다신교국가와 일신교국가에 생겨난 충돌

힌두교와 이슬람교는 항상 대립관계에 놓여있었으며, 마침내는 이슬람교 국가인 파키스탄과 방글라데시가 인도로부터 독립하는 사태가 발생했다. 더 나아가 무력을 동반하는 충돌도 반복되어 왔다. 그러나 인도에는 많은 이슬람교도가 남아 있으며, 신자 수에서는 인도네시아, 파키스탄에 다음가는 이슬람 대국인 것이다.

힌두교는 경제적인 발전이 현저한 현대의 인도에서도 살아있는 신앙으로서 기능하고 있으며, 많은 신들이 신앙의 대상이 되는 것과 함께 각종 의례와 제사, 점술 등이 실천되고 있다. 출가하여 수행에 전념하는 '사두(sadhu)'로 불리는 고행자도 많고, 계속 서 있거나, 손톱을 계속 늘리는 등 특이한 수행을 상업적으로 하기도 한다. 인도의 독립에 공헌했던 마하트마 간디는 '비폭력'의 사상을 외쳤는데, 그 사상은 힌두교에서 중시되는 불살생의 사상에 기초하고 있다.

또한 힌두교 아래에서도 브라만교 이래의 카스트가 존속하는 등 그 봉건적인 성격이 문제가 되어 왔다. 더욱이 현대에 들어서는 이슬람교 원리주의에 대항하는 형태의 힌두교 원리주의자가 대두되면서 새로운 문제도 생겨나고 있다.

제 **9** 장

중국의
제종교는 어떻게
전개되었는가

민중의 종교 수요와 불교

1
유교와 도교는
종교라고 말할 수 있는가

'천天'은 있지만, 창조신은 없다

중국에는 고유의 종교로서 유교와 도교가 존재한다. 모두 고대에 생겨나서 현대에까지 이어지고 있다. 유교에는 공자孔子라고 하는 개조가 있으며, 도교에도 노자老子라는 개조가 있다. 공자의 말씀은 『논어』라고 하는 성전에 기록되는 한편 노자의 가르침은 『도덕경道德經』에 기록되어 있다. 도덕경은 『노자』로도 불린다.

도교에서는 노자와 함께 장자莊子가 창시자로 여겨지고 있으며, 두 사람의 이름으로부터 도교의 사상은 '노장사상老莊思想'으로도 불린다. 공자나 노자는 기원전 6세기, 장자는 기원전 4세기부터 3세기의 인물이라고 하는데, 그 역사성에 관해서는 다른 고대의 종교가, 예를 들어 붓다의 경우와 마찬가지로 확실한 것이라고 말할 수 없다.

유교와 도교에는 개조와 성전이 있으며, 그 점에서는 종교로서의 충분한 자격요건을 구비하고 있다. 그렇지만 이 둘을 종교로서 파악해도 좋을지에 대해서는 판단이 갈려왔다. 그것은 어느 쪽도 종교 스승이나 신자로 구성되는 교단이나, 성직자로 얘기할 수 있는 전문적인 종교지도자가 존재하지 않았기 때문이다. 도교의 경우에는 후기의 시대에 교단이 조직되게 된다. 2세기의 태평도太平道나 오두미도五斗米道가 그것이다. 그렇지만 그 이후 도교의 신자가 늘어났지만 교단이 조직되는 형태로는 되지 않았다. 도사라고 하는 전문가도 생겨났지만, 신비주의적인 실천을 행하는 민간의 종교가라는 범주를 벗어나지는 않았다.

또한 유교는 '유가儒家', 도교는 '도가道家'로 불리는 경우도 많은데, 각각이 사상의 계보 혹은 사상가 집단으로 인식되는 것도 적지 않다. 나아가 유교나 도교의 신앙을 가진다고 하는 것이 어떤 것인지, 입신하기 위한 형식이 반드시 명확하지는 않으며, 그 점에서도 종교로서 파악하기는 어렵다. 그것도 중국인 특유의 세계관이 영향을 주고 있을 가능성을 생각해볼 수 있다. 유교에는 '천天'의 관념이 있다. 그렇지만 천에 있어서 인간에 대한 강한 영향을 미치는 신이라는 존재는 상정되어 있지 않다. 창조신화는 존재하지만 세계 전체를 무無로부터 만들어 낸 창조신의 관념은 결여되어 있다. 유교가 관심을 기울인 것은 어디까지나 현세이며, 현실의 세계이다.

도교에서는 음양오행설에 기초한 우주관이 설해지며, 신선이나 귀신 등의 실재가 상정되어 있지만, 그 존재들의 주된 관심은 현세이익의 실현에 있으며, 현실을 초월한 세계에 대한 관심은 역시 희박하다. 유교에서나, 도교에서나, 한편으로는 철학이나 사상, 윤리로서의 측면이 강하고, 다른 한편에서는 민간신앙적인 측면이 강하다. 종교의 본질이 된다고도 할 수 있는 초월성에는 미치지 못한다.

천天의 사상을 체계화한 공자

중국에서는 기원전 17세기라고 하는 꽤 오래전 단계에서 은殷왕조가 수립되었으며, 독자의 문명이 개화했다. 그 시대에는 천공신天空神에 대한 신앙이 생겨났으며, 조상신도 신앙의 대상이 되었다. 그리고 천명에 의해서 왕좌에 앉은 왕은 신성한 존재로 인식되었으며, 왕이 충분한 덕을 구비하고 바른 정치를 향한다면 세계의 질서가 지켜진다고 하는 사상이 확립되게 되었다. 그러한 중국문명의 사상을 배경으로 그것을 체계화시킨 이가 공자였다고 할 수 있다. 공자는 종교체험을 통해서 신의 메시지를 전하고, 스스로 수행하여 깨달음을 얻은 경험에 대해서는 전해지지 않지만, 그 점에서 종교가라고 하기보다는 사상가이며, 오히려 도덕가道德家로서의 측면이 강하다. 다만 『논어』에 정리된 그의 가르침은 높은 정신성을 지닌 것으로서 전통적인 천공신天空神이나 조상숭배를 부정하지 않고, 역으로 그것에 충실하게 따를 것을 얘기하고 있다.

공자와 유가가 중시했던 '도道'와 '오상五常'

공자의 경우, 그의 전기는 사마천司馬遷의 『사기史記』에 기록되어 있다. 사마천은 기원전 145년 내지는 135년에 태어나서 기원전 86년 혹은 85년에 사망한 것으로 생각된다. 공자의 시대와 사마천의 시대와는 400년 이상의 격차가 있다. 『사기』에 기록된 것을 그대로 역사상의 사실로 받아들일 수는 없다. 『논어』도 역시 과연 1인의 언행록이라고 단언할 수 있는지 어떤지에 대해서는 의문을 가지고 있다. 『논어』는 복수의 사상가의 가르침을 정리한 것이라고도 생각할 수 있다. 그 점에서는 붓다의 경우도 유사하다.

유교에서 특별히 중요한 개념이 '도道'이다. 이것은 유교만이 아닌 중국의 종교 전반의 기본이 되는 사상이며, 나중에는 인도에서 전해진 불교에도 큰 영향을 주었다. 그 점은 불교가 '불도佛道'로 불리고 있었던 것에서도 나타나고 있다. 도라는 것은 천에 의해 정해지며, 인간이 그것을 실천하지 않으면 안 되는 삶의 방식이자, 규범이다. 공자는 사람이 도를 실천하는데 있어서 인仁, 의義, 예禮, 지智, 신信으로 이루어진 오상五常을 중시했다. 인이라는 것은 다른 사람에 대한 배려이며, 의는 자신의 이익에 구애받지 않는 일이고, 예는 상하의 관계를 중시하는 것이고, 지는 학문에 힘쓰는 것이고, 신은 신뢰할만한 행동을 하는 것을 의미한다.

이 오상 중에서 공자가 특히 관심을 두었던 것이 인이다. 인은 배려와 자애로움을 의미한다. 공자는 나라를 다스리는 군주는 인을 체현한 '인자仁者'이며, '성인聖人'이지 않으면 안 된다고 주장했다. 인자나 성인이 다스리는 것에서 국가 전체에 도덕이 행해지고, 그것으로 사회는 안정되

교양으로 읽는 세계종교사

며, 평화가 실현된다는 것이다.

『논어』에 나타난 인의 구체적인 사례로서는 예를 들면 "번지樊遲가 인을 묻자, 공자가 답하셨다. 남을 사랑하는 것이다"(안연顏淵 22)를 들 수 있다. 자子는 공자를 가리키며, 여기에서는 인의 본질을 사랑하는 것에서 구하고 있다. 다만 여기에서 얘기되는 사랑[愛]을 현대적인 의미에서 해석하는 것에는 문제가 있다. 공자는 어디까지나 위정자의 사랑을 주제로 하고 있는 것이며, 이는 정치를 행할 때의 당위적인 자세를 보여주는 것이다.

또한 "인에 있어서는 스승에게도 양보하지 않는다"고 하는 구절도 있다. 유교에서는 인과는 별도로 '예'가 중시되고 있으며, 스승은 예의 대상이 되어야 할 것이지만, 인은 스승에 대한 배려보다도 우선시된다고 하는 것이다. 여기에는 얼마나 인이 중시되고 있는지가 나타나 있다.

공자의 죽음에는 어떤 의미가 있을까

그렇다면 유교에 있어서 죽음은 어떻게 인식되는 것일까. 이 점에 대해서 철학자인 와츠지 데츠로오[和辻哲郎]은 『공자』(岩波文庫)라는 저서 안에서 다음과 같이 서술하고 있다.

"공자는 병기운이 있을 때도 그 때문에 기도하는 것은 하지 않았다. 또한 병이 중해졌을 때 사후를 대비하는 제자에게 자신은 신분이 있는 사람으로서보다는 단지 한 부자夫子로서 문인들의 손에 임종을 맞고 싶다고 말했다. 단지 그뿐이었다"

와츠지[和辻]는 "이것이 공자의 죽음에 대한 비교적 확실한 전승의 전부이다"고 서술하고 있다. 『논어』에서는 공자가 어떻게 해서 죽게 되었는지, 그 기록은 전혀 포함되어 있지 않다. 이는 종교의 창시자인 붓다나 예수의 죽음이 중요한 의미를 갖는 불교나 기독교에서는 없는 일이다. 다만 이슬람교는 비슷한데, 예언자 무함마드의 죽음이 자연사였던 것도 있지만, 이슬람교에서는 개조의 죽음은 특별히 중시되지 않고 있다.

유교는 죽음을 테마로 하지 않는다

와츠지[和辻]가 지적한 것처럼 공자는 죽음에 대해서는 말하지 않는다. 『논어』「선진편先進篇」에는 다음과 같은 문답이 기록되어 있다.

> "계로季路가 귀신을 섬기는 일에 대해 물었다. 공자가 말했다. 아직 사람을 섬기는 일도 할 수 없는데, 어찌 귀신을 섬길수 있겠느냐. 자로가 감히 죽음에 대해 묻겠다고 하자, 공자가 말했다. 아직 생을 알지 못하는데 어찌 죽음을 알겠느냐"

이것은 유명한 문답인데, 귀신이라는 것은 망자의 영靈을 가리킨다. 여기에 연관되는 대목이 다른 곳에도 있다. 「옹야편雍也篇」에는 "귀신을 공경하되, 이를 멀리하라"고 되어 있다. 「술이편述而篇」에는 "공자께서는 괴력난신怪力亂神에 대해 말씀하지 않으셨다"고 하였다. 공자는 사자의 영

등 괴이한 것이 존재하는 것은 인정하고 있었지만, 그것에 대해서는 구태여 말하려고는 하지 않았다고 한다. 그것은 죽음에 대해서도 마찬가지이며, 생이 어떤 것인지도 모르고 있는데, 경험도 하지 않은 죽음이 어떤 것인지 그것을 알 리도 없다는 것이 공자의 입장이었다.

일반적으로 종교는 죽음과 깊이 연결되어 있다. 그것은 불교나 기독교를 생각해보면 명확해진다. 죽음이 있기 때문에 종교가 생겨났다는 주장마저 전개되어 왔다. 그 점에서는 죽음을 시야에 넣지 않는 유교는 특이한 성격을 보여주고 있다. 이 점이 유교가 종교로 간주되지 않는 하나의 원인이 되고 있다.

'윗사람을 공경하라'고 하는 새로운 가치관

유교에는 '효孝'라고 하는 관념이 있다. 이는 하나의 덕목으로서 인식되고 있으며, 유사한 것으로는 '제悌'가 있다. 효가 부모에게 순종하는 것인데 비해, 제는 형이나 연장자에게 순종하는 것이다. '효제孝悌'라고 하는 표현도 자주 사용된다. 요컨대 자신보다도 입장이 위인 사람에 대해서 충실하게 따르는 것이 권장되고 있는 것이다. 우리들은 이러한 유교의 효사상에 영향을 받아서 '친효행親孝行'을 자식의 당연한 의무로 생각하고 있지만, 인간의 사이에 상하의 관계가 있다고 하는 인식은 반드시 모든 문화에 공유되고 있는 것은 아니다. 이슬람교가 확산된 지역에서는 신이 절대시 되며, 거기에 비교해서 인간은 누구라도 평등하다고 하는 감각이 강하다. 일본에서는 경어가 발달되어 있어서 자연히 상하의 관계에 배려하게 되는데, 그것의 근원을 짚어 가보면 유교가 배경에 있다.

『논어』의 「자로편子路篇」에는 "아버지는 아들을 위해 숨기고, 아들은 아버지를 위해 숨긴다"라는 말까지 나온다. 이것은 예를 들어 범죄를 범하더라도, 아들은 그것을 세상에 대해 숨기려 한다는 것을 지적한 것이다. 효가 절대화되면 법률까지 무시하게 된다. 유교에서는 그 정도로 효는 중요한 규범으로서의 위치를 차지하고 있다. 다만 이 효에 대해서 상세하게 서술하고 있는 것은 『논어』가 아니라, 『효경』이다. 『효경』은 공자가 그의 제자인 증자曾子에 대해 효에 대해서 얘기하는 구도를 취하고 있는데, 작자에 대해서는 확실하지 않다. 공자나 증자의 저작은 아니고, 후세에 지어진 것일 가능성이 높지만, 그 영향력은 꽤 컸다.

『효경』의 유명한 구절에 대해서는 「개종명의장제11開宗明義章第十一」의 "신체발부는 부모님께 받은 것이니, 감히 손상치 않는 것이 효의 시작이다"나, 「오형장제11五刑章第十一」의 "공자가 말씀하셨다. 오형五刑에 속하는 죄가 3천 가지이다. 그러나 불효보다 더 큰 죄는 없다. 임금에게 강요하는 자는 윗사람을 업신여기고, 성인을 비난하는 자는 법을 업신여기고, 효를 비난하는 자는 어버이를 업신여긴다. 이러한 것은 도가 크게 어지러운 것이다"라는 대목이 있다.

『효경』「상친장제18喪親章第十八」은 어버이가 돌아가신 때에 대해서 설명한 것이며, 거기에는 "효자가 부모상을 당한 때는 곡소리가 끊이지 않으며, 예를 모양새 치레로 하지 않으며, 말은 꾸미지 않는다"라든가, "상은 3년을 넘기지 않는 것은 백성에게 끝이 있음을 보여주는 것이다", 혹은 "살아있을 때 섬기는 것에 사람과 존경으로 하고, 돌아가시면 애도로

교양으로 읽는 세계종교사

섬긴다"라고 얘기되고 있다. 부모의 죽음에 접해서 상喪에 복服을 한다고 하는 인식이 여기에는 명확히 드러나고 있다. 부모에 대한 효는 어버이가 살아계시는 기간에만 제한하지 않고, 돌아가신 후에도 지속되기 때문이다. 그 때문에 조상 제사가 중요시되는 것이다.

『논어』의 「위정편爲政篇」에는 "살아계실 때는 모시는데 예를 지키고, 돌아가시면 장례 지내는데 예를 지키고, 제사 지내는데 예로써 한다"고 되어 있다. 여기에서 말하는 '제사 지내다'라는 것은 경축하는 제사가 아니라, 사자를 공양하기 위한 의례이다. 관혼상제冠婚喪祭의 제祭도 실은 그러한 조상제사를 의미하며, 일본에서는 불교의 법사法事, 법요法要를 가리키고 있다. 유교에서는 개인의 죽음이라는 것은 중요한 문제로서 인식되지 않지만, 개인에게 있어서 가장 중요한 사람, 특히 부모의 죽음은 극히 중요한 의미를 갖게 되며, 사후에도 제사를 지속적으로 지내는 것이 권유되고 있다.

신비주의와 현세이익을 지향하는 도교의 사상

지금 서술했던 유교 이상으로 민간신앙적인 요소를 흡수하여 신비주의적인 경향을 강하게 보이고 있는 것이 도교이다. 도교에서도 그 호칭이 보여주고 있는 것처럼 도의 관념이 중시되었다. 그러나 도교에 있어서 도는 유교에서와 같은 규범적인 의미는 아니고, 우주의 궁극적인 본원, 본질이라고 하는 의미를 가지고 있다. 『도덕경』의 서두에서는 "말로 표현할 수 있는 도는 영원의 도가 아니다"라고 하면서, 그 신비성을 강조하고 있다.

도교에서의 종교적인 실천에서는 불로불사의 영약靈藥을 만드는 것이나, 신비적인 힘을 가진 '선인仙人'이 되는 것 등도 지향되었다. 다만 중국의 민중이 도교에 기대했던 것은 어디까지나 현세이익의 실현이었으며, 현세에 있어서 고난을 없애주고, 행복을 가져다주는 것이었다. 그로 인해 도교는 민간신앙을 집대성한 것으로 발전해갔다. 대개 도교에 대해서는 노자를 창시자로 하는 종교로 인식하고 있으며, 동시에 노자가 주창한 것은 어디까지나 도가라고 하는 사상이었으며, 종교로서의 도교와는 다른 것이라는 견해가 있다.

도교 측에서는 도교가 중국 토착의 종교이며, 우주를 작동하는 근원적인 진리인 '도道'의 존재를 상정하며, 그 도와 일체화하는 것에 의해서 불로불사를 실현하고, 선인이 되는 것을 지향하는 것이라고 한다. 미르체아 엘리아데는 도교에 대해서 "도사의 궁극적인 목표는 육체적인 불사를 획득하는 것이었다. 불사의 선인을 의미하는 '선仙'이라는 한자는 사람과 산의 모양으로부터 온 것으로, 은자를 가리키고 있다"고 서술하고 있다(『세계종교사』 3).

불로불사를 위한 방법을 추구하다

불로불사를 추구한다고 하는 것은 중국의 도교에 제한되지 않는다. 고대 메소포타미아문명이 만든 '길가메시서사시'에는 전설의 왕 길가메시가 불로불사의 비약을 구하러 여행을 떠나는 얘기가 있다. 또한 그리스

신화에서는 신들은 불로불사인 것으로 되어 있다. 그러나 도교에서는 불로불사를 실현하기 위한 구체적인 방법을 여러 가지 형태로 시도했다. 그 하나로서, 엘리아데가 제기하는 것이 '생기를 기르는' 양생養生이다. 인체는 대우주와 대응하며, 몸 속에 9개의 혈穴을 통해서 생기가 출입하기 때문에 그것이 나가지 않도록 자지 않고 맘을 보지 않으면 안 된다. 그러나 인체는 3개의 '단전丹田'으로 나뉘어 있고, 그곳에는 '삼시三尸'로 불리는 세 마리의 벌레가 있다. 이 벌레가 도사의 생기를 흡입해버리기 때문에 식사에 주의하고, 그 벌레를 죽이지 않으면 안된다고 한다. 이는 일본에서 '경신신앙庚申信仰'으로 수용되었다.[35]

　도교에 있어서 선인이 되는 것은 '우화등선羽化登仙'으로 불리며, 날개가 생겨서 선계까지 날아서 가는 것으로 인식되고 있다. 선인은 일반적으로 하얀 수염을 늘어뜨린 노인으로 묘사되는데, 그 점에서는 인생에서의 궁극의 이상을 보여주는 것으로 생각할 수 있다. 선인이 사는 세계가 '선경仙境'이다. 속계로부터 멀리 떨어진 청정한 장소로 인식되고 있으며, 구체적으로는 중국의 동해에 있는 봉래蓬萊, 방장方丈, 영주瀛洲의 섬이 거기에 해당한다고 생각되어 왔다.

　4세기부터 5세기에 걸쳐 활동했던 시인 도연명陶淵明의 「도화원기桃花

35　60일 주기로 돌아오는 경신(庚申)일이 되면, 각 사람의 몸에 깃들어 있는 삼시충(三尸蟲)이 밤에 잠든 사이에 몸 밖으로 빠져나가 상제(上帝)에게 그 동안의 죄과를 낱낱이 보고한다고 믿는 것이 삼시(三尸)신앙이다. 이 삼시충이 빠져나가서 사람이 저지른 죄업을 상제에게 보고하면 300일에서 3일까지의 수명이 줄어들기 때문에 나가는 것을 막기 위해 경신일 밤에 자지 않고 지새며 도교 경전이나 불교 경전 등을 읽는 것을 수경신(守庚申)이라고 한다. 또한 밤새 삼시충이 나가지 못하도록 감시하며 지키기 때문에 수삼시(守三尸)라고도 부른다. 역자주.

源記」는 한 어부가 선경과 같은 이상의 세계인 도원향桃源鄕에 길을 헤매다 들어간 이야기인데, 일단 그곳을 떠나버리면 다시는 돌아올 수 없다고 한다. 이러한 점에서 도교에서 상정하는 선경은 어디까지나 지상과 연결된 곳으로서 현실세계의 어딘가에 존재하는 것으로 인식되고 있다. 선인은 노인이지만 선경은 사후에 가는 세계로서는 인식되지 않고 있다. 그 점에서는 천국이나 극락과는 다르다. 사후에 선인이 되는 방법이라는 것도 개척되었는데, 그것을 '시해尸解'라고 한다. 이는 특수한 선술仙術에 의해서 사후에 혼이 육체로부터 벗어나서 선경으로 가게 하는 것이다. 이는 선술을 다루는 선인만이 가능한 방법이며, 일반인들에게는 불가능하다.

2
중국의 불교는
노자가 가지고 간 것인가

노자가 불교를 설했다는 '노자화호설老子化胡說'

중국에 인도로부터 불교가 전해진 시기에 대해서는 꼭 명확하지는 않지만, 기원 전후이지 않을까 추측되고 있다. 중요한 점은 불교가 받아들여진 시점에서는 이미 유교나 도교라고 하는, 체계성을 갖춘 종교사상이 존재했다는 것이다. 특히 불교가 설한 가르침의 내용은 도교의 노장사상과 유사한 부분을 가지고 있었다. 예를 들면, 대승불교에서는 공사상이 강조되었으며, 모든 것을 공으로 파악하는 것이 추구되었다. 도교에서는 이러한 공과 유사한 것으로 '무無'의 개념이 있었다. 다시 말해, 중국인들은 불교의 공을 알기 전에 무를 알고 있었기 때문에, 공을 무로 받아들이는 것이 가능했던 것이다.

거기에 관련지어서 '노자화호설老子化胡說'이라는 것이 있다. 이것은 만년의 노자가 인도로 가서 붓다가 되어 불교를 일으켰다고 하는 설이다. 문헌상으로 처음 등장하는 것은 후한시대 양해襄楷의 상소(166년) 안에 있는데, 거기에서는 "혹자가 말하기를, 노자가 오랑캐의 나라로 들어가서 부도浮屠가 되었다고 한다"고 되어 있다. 부도라는 것은 붓다를 말한다. 이 설을 불전의 형태로 정리한 것이 『노자화호경老子化胡經』이다. 이것은 서진西晉의 혜제惠帝 시대인 4세기 초반에 도사인 왕부王浮라는 인물이 창작한 것으로서 서역이나 인도로 나간 노자가 그들 국가를 교화했다고 하는 것이다. 그 점에서는 노자화호설은 도교 측이 불교에 대한 우위성을 강조하기 위한 것이었지만, 새로 들어온 불교를 뿌리내리게 하기 위해서 불교 측이 도교와의 공통성을 보여주기 위해 퍼뜨렸다는 설도 있다.

『노자화호경』의 성립에 관해서는 작자인 왕부가 불교의 고승인 백원帛遠(혹은 백법조白法祖)에게 강박을 당한 결과 짓게 된 것이었다고도 한다. 중국 초기 고승들의 전기를 집성한 혜교慧皎의 『고승전高僧傳』(요시카와 타다오[吉川忠夫]·후나야마 토오루[船山徹譯], 岩波文庫) 권1에는 백원에 대한 항목이 있다. 거기에서는 "왕부와 언제나 도교와 불교의 사정에 대해서 언쟁하였는데, 왕부는 몇 번이나 논박을 당했기 때문에 분노의 감정을 억누르지 못하고, 그로 인해 『노자화호경』을 꾸며내어 불법을 비방했다. 그 죄의 앙화가 몸에 미쳐서 죽은 뒤에야 겨우 참회하고 있다는 것이다"라고 서술하고 있다.

교양으로 읽는 세계종교사

대항하는 불교는 노자를 보살로 만들었다

　그러한 성립의 사정이 있었지만,『노자화호경』은 도교 측이 불교에 대한 우위를 강조하기 위한 과정에서 중요한 역할을 해냈다. 그 때문에 불교 측도 거기에 대항하기 위해『노자대권보살경老子大權菩薩經』이라는 경전을 만들었던 것이다. 이 경 자체는 현재 전하지 않고 있지만, 그 안에는 노자가 실은『열반경涅槃經』에 등장하는 가섭보살迦葉菩薩이라고 하고 있다. 혹은 노자나 공자 등은 모두 붓다의 제자라고 하는 경전도 몇 개 만들어졌다. 그러나 신빙성을 가지고 받아들여진 것은 노자화호설 쪽이었기 때문에 거기에 불교도는 공포를 느꼈던 것 같다. 그렇게 되자, 불교 측은 이 설을 부정하기 위해서 활발하게『노자화호경』의 위작설을 주장했다. 남북조시대부터 당의 시대에 걸쳐서 그 문제는 도교와 불교 어느 쪽이 우위인가를 다투는 논의의 주요 테마가 될 정도였다.

　그 때문에 당 황제인 고종高宗은 668년에 불교의 승려와 도교의 도사를 궁중에 불러내서『노자화호경』의 진위를 놓고 대결케 했다. 그 논의에서는 불교의 승려 측이『노자화호경』이 위작의 경전이라는 것을 논증했던 데 비해서 도사 측이 그것에 답변하지 못했기 때문에 불교 측이 승리를 거두었다. 그러자 고종은 모든『노자화호경』을 소각할 것을 명했다. 하지만 이러한 황제의 명령은 완전히 실행되지는 않았으며, 다시금 궁중에서 진위를 논의할 기회가 만들어지기도 했다. 그때에는 학자들이 반드시 날조라고는 말할 수 없다는 견해를 전개했기 때문에 노자화호설은 다시 숨을 되살리게 되었다. 그 후 황제가 다시 소각을 명했으며, 그때는 무척 철저했다. 그로 인해 당시의『노자화호경』자체는 그대로는 현재 전하지 않는다. 그러나 원의 시대에 다시 불교와 도교 간에 논쟁이 일어나게 된다. 이처럼 『노자화호경』은 후세에까지 영향을 미쳤던 것이다.

중국에서 불교는 어떻게 변화했는가

노자화호설은 도교와 불교의 대립이 길게 지속되었던 것을 보여주고 있는데, 유교나 도교라고 하는 중국 토착의 종교는 불교의 변용이라는 사태를 만들어내게 되었다. 인도에서는 불교만이 아니라, 다른 종교에서도 현실세계에 살아가는 것을 고통으로 인식했다. 더구나 윤회사상이 있어서 윤회에 의해 동물이나, 아귀 등으로 다시 태어날 가능성이 있으며, 고통이 한층 강화된다고 생각했다. 따라서 종교적 실천의 목적은 윤회로부터 벗어나는 것에 있으며, 이로 인해 인도불교는 강한 현세부정의 측면을 지니고 있었다.

하지만 중국에서는 이제까지 봐온 것처럼 유교에서도, 도교에서도 현세의 가치는 부정되지 않으며, 어떻게든 현세에서 보다 잘 살아갈까에 중점이 놓여있다. 도교에서는 세속을 떠나서 은둔을 얘기하는 은자로서의 종교적 측면을 가지고 있는데, 그 경우에도 현세의 가치가 전면적으로 부정되지는 않았다.

중국불교는 인도불교에 나타나는 현세부정의 측면을 탈각脫却시키고, 오히려 현세에서 살아가는 것의 가치를 발견하는 교의를 구축했다. 혹은 사후에 다시 태어나는 것에 대해서도, 그것을 고통으로 인식하는 것이 아니라, 정토에 왕생하는 것을 지향하는 내세신앙으로 변용시켜 갔다. 현세중심주의의 대표가 지의智顗에 의해 개창된 천태종天台宗이다. 지의는 『법화경法華經』을 가장 중시했으며, 이 경전이야말로 석가의 진실한 가르침이 설해져있다는 입장을 취했다. 『법화경』은 모든 중생의 구제를 강조하는 경전이며, 현세에서 구원의 가능성을 열었다는 것이다. 또한 지의는 『마하지관摩訶止觀』이라는 저서에서 명상의 기법으로서의 선에 대해서도 설명하고 있어서, 중국에서 선종이 확립되는 기초를 만들었다. 이 선종 또한 인도에는 없는 중국 독자의 종파이다.

한편, 내세신앙을 대표하는 것이 정토교신앙이다. 정토신앙을 주창한 것은 5세기부터 6세기에 걸쳐서 활약했던 담란曇鸞이며, 아미타불이 거주하는 서방극락정토에 왕생하여 성불하는 것을 설했다. 기독교의 경우에는 예수 그리스도의 가르침이 '복음福音; 좋은 소식이라는 의미'으로 불리며, 복음을 널리 전하는 것이 신자의 의무라고 인식되고 있다. 그 때문에 기독교의 교의를 알리는 '선교宣教'라는 활동이 중시된다. 이에 비해 불교에서 중시되는 것은 '구법求法'이다. 구법이라는 것은 불법을 구하는 것이다. 일본의 니치렌이 강조했던 것처럼 강인한 포교의 수단을 피하지 않는 '절복折伏'이라는 방법도 있다. 하지만 일본불교에도 큰 영향을 준 중국불교의 역사를 보면 그것은 구법의 역사에 다름 아니다.

3
승려들은 어떻게
신앙을 심화했는가

구법의 역사는 『서유기西遊記』의 모티프가 되다

포교라는 것은 그 종교를 신앙하고 있는 사람이 아직 신앙을 갖지 않은 사람에 대해서 적극적으로(신앙을 갖도록) 추동하는 것이다. 이에 비해 구법이라는 것은 신앙을 이미 갖고 있는 사람이 그 신앙을 더욱 심화하기 위해서 실천하는 행위를 가리킨다. 중국의 승려들은 구법을 위해서 인도로 향해 갔다. 인도로 향한 중국인 승려 중에는 여행기를 남긴 이들이 있다. 그 선구가 되는 이가 동진시대(317~420)의 법현法顯(?~?)이다. 법현의 여행기는 『불국기佛國記』(또는 『역유천축기전歷遊天竺記傳』)로 제목이 붙어 있다. 천축은 인도를 가리킨다. 법현의 여행기는 무척 중요한 것으로, 4세기 말~5세기 초에 법현이 방문했던 각 지역의 상황을 전하는 자료가 되고 있다. 하지만 그 이상으로 유명한 여행기가 현장玄奘의『대당서역기大唐西域記』이다. 현장은 현장삼장玄奘三藏 혹은 삼장법사로 불리며, 중국의 고전적인 소설인『서유기西遊記』의 등장인물이 되었다.『서유기』는『대당서역기』나 현장의 전기인『자은전慈恩傳』을 짚어가며 쓴 얘기이다.

현장은 7세기 초에 장안으로 옮기기까지 당의 수도였던 낙양에서 태어났다. 5세 되던 때에 모친을, 10세에 부친을 잃었다. 형이 낙양에서 출가했기 때문에 현장도 같은 절에 거주하게 되었으며, 그곳에서 불교 교학을 배웠다. 그 후 20세에 구족계를 받고 정식으로 승려가 되었으며, 한층 더 교학을 공부하던 중에 인도로 가는 것을 생각하게 되었다. 그 첫 번째 목적은 무착無著이 설했던 유식사상을 배우려 했던 것에 있었다. 무착이라는 이름을 들어도 많은 사람은 떠오르는 생각이 없을지도 모른다. 하지만 나라[奈良]의 흥복사[고후쿠지; 興福寺]의 북원당北円堂에 안치된 가마쿠라[鎌倉]시대 무착의 불상은 널리 알려져 있다. 동생인 세친世親과 짝을 이루고 있으며, 이 두 사람은 유식사상을 근간으로 한 법상종法相宗을 확립한 인물이었다. 흥복사가 법상종에 속하는 사찰이다.

유식사상은 모든 존재는 마음에서 출발하고 있다는 교의로서, 현대적으로 말하자면, 유심론唯心論 혹은 심층심리학에 가깝다. 유식사상은 당시의 불교계에서는 최신의 교학이었으며, 현장도 거기에 강한 관심을 가지고 있었다. 인도 국내에 있는 불적을 방문하는 것도 현장이 인도로 가는 것을 생각했던 또 하나의 목적이었다.

불전의 한역이 일본에도 전달되다

인도로부터 중국에 불교가 전해진 이래, 여러 불전이 산스크리트어에서 중국어로 번역되었다. 그것이 일본에서도 사용되어 왔던 한역불전이다. 다만 초기에 번역의 작업을 맡은 것은 중국인 승려가 아니라 주로 인도에서 온 도래승渡來僧들이었다. 그중에서도 가장 이름 높은 이가 구마라집鳩摩羅什이다. 구마라집은 4세기 중엽에 인도인을 아버지로, 구자국龜茲國 국왕의 누이를 어머니로 하여 구자국에서 태어났다. 구자국이란 현재의 신장 위구르 자치구의 쿠차를 말한다. 구마라집은 7세에 출가했으며, 최초에는 『아함경阿含經』이나, 아비달마불교 등 소승의 교학을 배웠다. 하지만 중도에 대승불교를 배우기 시작했으며, 공의 이론을 중시하는 중관파中觀派로 전환했다.

구마라집이 행한 불전의 번역은 300권 이상에 달한다. 주요한 것으로는 『대품반야경(大品般若經)』, 『묘법연화경妙法蓮華經』, 『아미타경阿彌陀經』, 『유마경維摩經』, 『금강경金剛經』 등의 대승경전, 『좌선삼매경坐禪三昧經』이라는 선禪의 경전, 『십송률十誦律』 등 계율에 대한 것, 『중론中論』, 『대지도론大智度論』, 『성실론成實論』 등의 논서가 있다. 특히 공을 강조한 반야계의 경전이나 논서의 번역에 힘썼다. 일본에서 널리 읽히고 있는 『반야심경般若心經』도 현존하는 한역 중에서 구마라집역이 가장 오래된 것이다.

머지않아 중국에서 불교가 성행하게 되면서 중국에서 인도로 가는 승려도 출현했다. 다만 중국에서 인도에 가기 위해서는 험한 고산이 이어지는 천산북로天山北路, 이른바 실크로드를 넘어가야만 했으며, 그 여행은

교양으로 읽는 세계종교사

극히 힘든 것이었다. 예를 들어 법현의 경우에는 장안을 출발했으며, 돌아오는 길은 세일론(스리랑카)로부터 배로 돌아오기까지 14년의 세월을 필요로 했다. 동행했던 11명은 사망했거나, 인도 등에 머물렀기 때문에 최종적으로 귀환한 것은 법현 본인 뿐이었다. 현장의 여행도 마찬가지로 가혹한 것이었다. 현장은 구법의 여행을 떠나려고 했을 때 국경을 넘기 위한 허가를 구했다. 하지만 당시는 치안이 어지러워서 국경의 왕래는 엄격하게 제한되었다. 현장과 그 일행은 나라의 규정을 어기는 형태로 장안을 떠나 여로에 올랐다.

현장에게는 40명 혹은 100명의 동행자가 있었지만, 도중에 맹수에 습격을 당하기도 하고, 눈사태나 급류에 휩쓸리기도 하면서 목숨을 잃었으며, 당에 돌아온 것은 현장 외에는 나머지 한 명이었다. 현장 자신도 하마터면 어지럽게 쏘아대는 화살에 맞아서 죽을 뻔했다. 그 정도로 여행이 가혹한 것이었음에도 불구하고 많은 중국인이 인도로 갔다. 그만큼 구법에 매달리는 강한 열정을 가지고 있었던 것이다.

번역을 통해서 '중국적'인 불교가 심화되다

현장이 인도에서 가지고 돌아온 불전은 그 시점에서 거의 중국어로 번역되어 있었지만, 그는 새롭게 그것을 다시 번역했다. 중국인이 산스크리트어에서 한역을 시도했다는 것에 의의가 있으며, 현장의 역은 '신역新譯'으로 불리면서 높이 평가를 받았다. 이에 따라 구마라집의 번역을 포함해서 현장 이전에 번역된 것은 '구역舊譯'으로 불리게 된다. 현장이 번역한 경전의 양은 매우 많아서, 구역이 전부 469부 1,222권인데 비해 현장 한 사람이 76부 1,347권을 한역했다. 현장 역 중에는 『반야심경』이나 『유마경』처럼 구마라집 역을 거의 그대로 원용한 것도 있지만, 중국에서 불전의 세계를 크게 변화시킨 것은 틀림없다. 또한 현장이 생전에 번역한 것은 인도에서 가지고 돌아온 불전의 3분의 1에 지나지 않는다. 현장이 인도로 구법의 여행을 한 것은 일본에서는 아스카[飛鳥]시대에 해당한다. 당시 이미 일본에는 불교가 전해졌으며, 차츰 흥성하게 되었다. 일본으로부터는 견수사遣隋使나 견당사遣唐使가 중국에 파견되었으며, 그 중에는 승려도 포함되었는데 이것도 구법의 여행이라고 할 수 있다.

653년에 출발했으며, 다음 해에 귀국한 제2차 견당사선에는 도쇼[道昭]라고 하는 법상종의 승려가 승선했다. 그는 장안에 가서 현장으로부터 직접 법상종의 교학을 배웠다. 도쇼를 통해 현장 자신이 일본 불교의 발전에 크게 공헌했던 것이다.

번역을 한다는 것은 기본적으로 문장을 정확하게 다른 언어로 바꾸는 것을 의미한다. 대승불전의 번역은 산스크리트어에서 중국어로 바꾸는 작업이다. 번역이 어려운 것은 번역의 대상이 되는 언어를 사용하고 있는 사람들, 이 경우에는 인도사람들의 사상이나 생각과, 그것을 번역하는 중국인들의 사상이나 생각에 차이가 있기 때문이다. 어느 한 가지 단어를 번역하는 것에도 번역어로 어느 것을 선택할지 신중하게 음미하지 않으면 안 된다. 가장 큰 문제가 생기는 것은 적절한 번역어가 존재하지 않을 때이다.

예를 들면, 프란시스코 자비에르가 일본에 찾아와서 기독교를 전하려

　　　　　　　　교양으로 읽는 세계종교사

고 했을 때 신을 의미하는 '데우스(Theos)'를 어떻게 일본어로 번역할까 고심했다. 처음에는 '대일大日'이라고 하는 용어를 사용했다. 대일이라는 것은 밀교의 본존인 대일여래이다. 이것을 선택하지 않으면 안 되었던 것은 그외에 적절한 일본어가 존재하지 않았기 때문이다. 그 때문에 당초에 기독교는 불교의 일파, 불교의 새로운 흐름으로 인식되었으며, 그만큼 승려들로부터는 환영받았다. 하지만 자비에르는 그렇게는 기독교를 전달해서는 안 된다는 느낌이 들어서 중도부터 '데우스'를 직접 사용하게 되었다. 불교로 오해받는 것을 막기 위한 것이었다.

메이지[明治]시대로 바뀔 때, 일본은 근대화를 진행하기 위해서 구미 선진국으로부터 여러 가지 물건이나 제도를 받아들였다. 그 시기에 그때까지의 일본어로는 표현할 수 없는 것에 대해서 번역하는 작업이 필요하게 되었다. 그에 따라 새로운 조어의 작업이 행해지면서 에도[江戶]시대까지는 존재하지 않았던 용어가 차츰 생겨났다. 그중에 '종교'나 '불교'라고 하는 용어도 포함되어 있다. 종교나 불교라는 용어가 그때까지 일본에 존재하지 않았던 것은 아니다. 다만 종교는 종교의 교의를 의미하는 것으로서, 불교도 불타의 교의라는 의미였다. 그러한 기성의 용어가 교단조직을 가진 하나의 독립된 신앙단체 혹은 불교를 신봉하는 조직이라는 의미로 메이지 이후에 사용되었던 것이다.

종교라는 용어가 존재하지 않는 시대에는 신토도, 불교도 다양하게 존재하는 종교의 하나로서는 생각되고 있지 않았으며, 그러한 인식은 메이지 이후에 생겨난 것이다. 중국에 불교가 전해져서 중국인 승려들이 인도로 구법여행을 갈 때, 중국에는 이미 유교나 도교라고 하는 토착의 종교가 존재했다. 중국인은 불교를 완전히 백지의 상태에서 받아들인 것은 아니다. 이미 유교나 도교의 사상이 침투했던 중국사회에 나중에 불교가 수용된 것이다. 거기에 이미 서술한 것처럼 불교의 변용이라고 하는 사태가 생겨났다.

위경僞經에 의해서 정착한 의례와 교의

이는 불교 세계에서의 약속이라고 하는 것인데, '진경眞經; 혹은 正經'과 '위경僞經'의 구별이 있다. 이것을 구별했던 것은 중국인들로서, 진경 쪽은 산스크리트어로 번역된 경전을 말하고, 위경이라는 것은 중국이나 중앙아시아 혹은 한국, 일본에서 만들어진 경전을 가리킨다. 진경이야말로 붓다의 가르침이며, 위경은 그것을 왜곡하는 것이라고들 말한다. 물론 현대의 인식에서 보면 진경이라고 해도 붓다가 설한 교의를 그대로 모은 것은 아니다. 대승불전은 붓다가 죽고 나서부터 수 세기 후에 편찬된 것이다. 그 점에서 진경과 위경의 구별 등은 불가능할 것이지만, 위경이라고 하는 인식은 중국의 불교계 혹은 일본의 불교계에서는 상식으로서 받아들여 왔다.

위경의 대표가 되는 것으로 우란분의 행사에 대해서 얘기하는 『우란분경盂蘭盆經』이 있다. 붓다의 제자인 목련존자目連尊者가 돌아가신 자신의 모친이 아귀의 세계에서 고통을 당하고 있는 것을 발견하고, 붓다에게 그 해결책을 구했다. 그러자 붓다는 (승려들에게) 음식 등을 보시하면 그 공덕이 돌고 돌아서 모친도 구제된다고 가르쳐주었다. 목련은 그 가르침에 따랐는데, 그것이 우란분 행사의 시작이 되었다.³⁶ 『우란분경』은 중국이나 일본에서 매우 중요시 되었다. 『우란분경』에 나타난 사상은 자식이 부모의 사후의 상태를 걱정하며, 고통으로부터 해방되는 것을 발원하는 것으로서 이미 서술했던 유교의 효 사상에 기반을 두고 있다.

또 한 가지, 위경의 가능성이 높은 것이 『관무량수경觀無量壽經』이다. 이 경은 『아미타경阿彌陀經』, 『무량수경無量壽經』과 더불어 '정토삼부경'으로 불리며, 정토교신앙의 근본경전으로 인식되어 왔다. 하지만 『관무량수경』에 대해서는 인도에서 제작되었다는 것을 보여주는 산스크리트어의 원전이 전해지지 않는다. 게다가 한역도 한 가지 밖에 전해지지 않는다. 그밖에 다른 번역이 없기 때문에 인도에서 제작되었던 것이 아니고, 중국이나 중앙아시아에서 제작된 것이 아닐까라고도 얘기되고 있다. 『관무량수경』이 위경이라고 한다면 거기에서 꽤 어려운 문제가 생겨나게 된다. 『관무량수경』에 주석을 한 것으로 『관무량수경소觀無量壽經疏』가 있다. 이것은 중국에서 정토교신앙을 대성했다고 하는 선도善導가 저술한 것이다. 이 주석서는 일본에서 정토교신앙이 확립되는데 있어서 무척

---

36 『우란분경』은 '목련존자구모(目連尊者救母)' 설화를 다루는 내용의 유사한 이본들이 만들어지게 되는데, 동아시아 대승불교권에서는 이를 기반으로 다양한 형태의 불교 의례와 민속문화가 자리잡게 된다. 승려들에게 음식과 옷을 공양하는 보시의 공덕으로 돌아가신 부모와 조상을 천도한다는 교의를 바탕으로 중국에서는 우란분절, 한국에서는 백중절, 일본에서는 오봉(おぼん)의 형태로 불교민속이 전개되었다. 중국의 우란분은 도교의 시아귀(施餓鬼)의식과 결합했으며, 한국의 백중절은 조선시대에 들어 농경축제적 성격이 나타났다가 다시 조상천도를 발원하는 의식으로 회귀하고 있고, 일본의 오봉은 이 날 조상의 영혼을 집으로 모셔와서 공양하고 다시 돌려보내는 형태의 민속으로 자리 잡았다. 역자주.

중요한 역할을 했다.

어떻게 해야 극락왕생을 할 수 있는지, 그 가이드북의 성격을 지니는 『왕생요집往生要集』을 저술한 헤이안[平安]시대의 겐신[源信][37]은 『관무량수경소』를 중시했다. 또한 정토종을 열었던 호넨[法然]도 "오로지 선도에 의한"『선택본원염불집選擇本願念佛集』이라고 하는 입장을 취했다. 더 나아가 호넨의 제자로서, 나중에 정토진종의 개조로 자리잡게 되는 신란[親鸞]도 선도의 저술을 높이 평가했다. 두 사람이 선도를 평가한 것은 그가 『관무량수경소』의 저자였기 때문이다. 하지만 이 선도의 주석서는 중국에서는 그 정도로 중시되지 않고 주목도 받지 않았다. 그럼에도 불구하고, 일본의 정토교신앙이 확립되어 가는 과정에서는 선도의 저술이 결정적인 역할을 해냈다.

왜 그러한 일이 생겼는지는 중국과 일본의 정신문화의 차이를 생각해보지 않으면 안 된다.『관무량수경』에는 악인이 염불을 외는 '칭명염불稱名念佛'에 의해 구제된다고 하는 교의가 설해져 있다. 이는 신란이 말한 '악인정기惡人正機'의 사상을 관통하고 있어서 주목되는 부분이다.

---

37 『왕생요집(往生要集)』의 저자인 혜심승도(惠心僧都) 겐신[源信, 942-1017]은 헤이안시대 말기에 대화국(大和國: 현 나라현) 갈성하군(葛城下郡) 당마향(當麻鄕)에서 태어났다. 그는 어린 나이에 천태종 본산인 히에이잔[比叡山]에 출가하여 스승 료겐[良原, 912-985]에게 천태교학을 배웠다. 겐신은 천태교학에만 머무르지 않고, 아미타왕생신앙을 실천함으로써 천태정토교의 대표적인 사상가가 되었으며, 그 교의와 실천을 체계화한 저술이 바로 『왕생요집』이다. 겐신이 985년에 『왕생요집』을 저술하자 이내 히에이잔을 비롯하여 헤이안 말기 일본사회에까지 큰 반향을 일으키게 된다. 또한 『왕생요집』은 가마쿠라 신불교 중 정토종의 교조인 호넨[法然, 1133-1212]과 그의 제자인 정토진종의 교조 신란[親鸞, 1173-1263]에게도 중요한 영향을 미치게 되었다.

또한 츄조히메[中將姫]가 연꽃의 실로 짰다고 하는 '타이마만다라[當麻曼茶羅]'가 나라의 타이마데라[當麻寺]에 전해지고 있는데, 거기에 묘사된 극락정토의 광경은 선도의 『관무량수경소』를 근간으로 하고 있다고도 한다. '당마만다라'는 실제로는 연의 실로 짜여진 것은 아니고, 비단으로 직조된 것이다. 실물은 손상을 입어서 직접 그것을 봐도 거기에 어떠한 정토의 광경이 묘사되어 있는지 그것은 알 수 없다. 하지만 몇 번이고 복제를 해서 그것을 보면 거기에는 장려한 정토의 그림이 나타나 있다. 일본인은 이러한 정토를 묘사한 만다라의 영향도 있으며, 『관무량수경소』에 강렬한 매력을 느끼게 되면서 정토신앙에 강하게 빠져들었던 것이다.

『관무량수경소』의 소의경전인 『관무량수경』이 중국에서 만들어졌던 위경이라면 정토교신앙은 바른 불교의 교의를 말하는 것일까 하는 의문도 생겨나게 된다. 다만 중국인들은 사후에 왕생하는 정토의 모습을 지고의 것으로서 묘사하려고 했던 것이다. 이러한 위경이 생겨난 것으로 불교는 중국에서 상당한 변용을 했다. 그것은 인도불교의 근간에 있는 윤회사상을 크게 변화시켰다는 것으로, '변질'이라고 표현해도 좋을지도 모르겠다. 중국인들은 가혹한 구법의 여행을 해서 많은 불전을 중국에 가지고 왔으며, 그것을 열정적으로 번역했지만, 근본적인 종교관은 원형 그대로 변화하지 않았다. 그러한 점에서 인도불교와 중국불교는 같은 것이라고는 말할 수 없다.

다수의 종파의 탄생과 반복된 폐불로 인해 쇠퇴의 길로 가다

그밖에 인도에는 없는 중국에서 탄생한 것으로 '종파'의 존재가 있다. 종파로서 들 수 있는 것이 천태종天台宗, 삼론종三論宗, 유식종唯識宗=법상종, 화엄종華嚴宗, 율종律宗, 밀종密宗(밀교), 선종禪宗, 정토종淨土宗이며, 이들은 '8대 종파'로 불렸다. 여기에 부파불교의 흐름에 속하는 구사종俱舍宗과 성실종成實宗을 더해서 '10대 종파'라고도 부른다. 나아가 지론종地論宗, 섭론종攝論宗, 열반종涅槃宗을 더하여 '중국 13종'이라고 부르기도 한다. 다만 중국에서 생겨난 종파는 학파로서의 성격이 강하고, 개별적으로 교단을 조직하는 현재의 일본의 종파와는 달랐다.

또한 중국에서는 한족漢族 이외의 이민족이 침입하여 왕조를 세우는 사태가 반복되었는데, 그것도 불교를 변용시키고, 마침내는 쇠퇴시키는 요인이 되었다. 예를 들면, 13세기부터 14세기에 걸친 원元왕조는 몽골인의 왕조이며, 그 시대에는 티베트에서 불교와 민간신앙이 융합하게 되면서 생겨난 라마교가 국교가 되었다. 이슬람교의 경우에도, '회교回敎'로서 위구르 지역 등에 확산되었으며, 또한 한족사회에도 일정 정도의 개종자가 생겨났다. 그러나 인도처럼 이슬람교가 널리 침투하고 일대 세력이 된 경우는 없었다. 그것은 근세부터 근대에 들어서 전해진 기독교에 대해서도 마찬가지이다.

불교가 중국사회에 침투했던 것 때문에 전통적인 유교나 도교도 그 영향을 받게 된다. 유교에 있어서는 세력을 얻었던 불교에 대항하기 위해서 유교를 시대에 맞는 형태로 재해석하는 것이 요구되었다. 송대에 발전했던 주자에 의한 주자학 등이 그 전형으로서, 거기에는 선종 등의 영향이 있었으며, 리理와 기氣로부터 우주의 원리를 설명하고 더 나아가 인간의 존재를 파악하는 것이 시도되었다.

도교에 있어서 교단이 조직되었던 것도 불교의 영향이었다. 도교의 사원인 '도관道觀'의 형성과 도사의 탄생도 불교에 대항하기 위한 수단이었다. 그러한 형태로 조직화된 도교는 불교를 탄압하는 방향으로 향해 갔으며, 중국에서는 '삼무일종三武一宗의 법난'[38]으로 불리는 대규모의 폐불이 발생했다.

또 한 가지, 중국의 종교에 관해 지적해야 할 것은 전후 공산주의화의 영향이다. 중국 전체를 지배하게 된 중국공산당은 신앙의 자유를 인정하기는 했지만, 포교활동에 대해서는 제한을 부가하는 등 종교를 국가의 관리하에 두는 정책을 취해왔다. 특히 1960년대에 일어났던 문화대혁명의 시대에는 전통적인 종교는 봉건적인 것으로서 배격의 대상이 되었으며, 각 종교는 커다란 타격을 입었다. 문화대혁명을 담당한 홍위병은 '비림비공운동批林批孔運動'을 전개했으며, 국가주석인 모택동毛澤東의 정적

---

38   三武一宗의 법난이란 북위(北魏)의 태무제(太武帝), 북주(北周)의 무제(武帝), 당(唐)의 무종(武宗), 후주(後周)의 세종(世宗)에 의하여 진행된 불교에 대한 정권의 탄압을 말한다. 태연(太延) 4년(438), 태무제는 최호와 구겸지의 건의를 받아들여 50세 이하의 모든 사문은 환속시키고, 사문에게 공양을 금지시켰으며, 모든 불상과 도형 및 경전을 남김없이 불사르고, 사문을 모두 묻어버리라고 명한다. 서위(西魏)를 이은 북주(北周)의 무제(武帝) 건덕 3년(574) 5월에는 불·도 양교를 금지하고, 경전과 불상을 모두 없애며, 스님과 도사를 모두 환속시키고, 사원과 도관의 재산을 몰수하여 왕공(王公)에게 하사하라는 조칙을 내리게 된다. 당말에는 무종(武宗)에 의하여 회창(會昌) 연간에 이른바 '회창법난'이 발생하고, 오대(五代)에 이르러 불교는 다시 북방의 후주(後周) 세종(世宗)에 의하여 법난을 당하게 된다. 이 법난의 영향으로 북방의 불교는 완전히 쇠퇴하기 시작하였고, 중국불교의 주도권은 남방으로 이전되게 되었다. 역자주.

이었던 임표林彪와 공자를 비판의 대상으로 삼아서 유교로부터의 탈각脫却을 외쳤다.

그러나 유교의 전통은 뿌리가 강했고, 중국에 시장경제가 도입된 이후에는 그에 대한 재검토가 행해지게 되었다. 불교에서도 현세이익을 말하는 도교의 영향을 깊이 받아들인 내용이 다시 신앙의 대상으로서 주목을 받게 되었으며, 사원의 부흥 등도 진행되었다.

제 **10** 장

힌두교와 불교는
아시아 국가에
어떻게
전파되었는가

동남아시아에서의 전개

1
바다를 건넌 두 종교는
어떤 운명을 겪게 되었는가

힌두교와 대승불교는 거의 사라지다

아시아에서 대국이라고 한다면, 인도와 중국이다. 이 두 나라는 영토도 넓고, 인구도 압도적으로 많다. 종교적인 면에서도 주변국에 대해 강한 영향력을 발휘해왔다. 힌두교의 경우에는 이미 서술했던 것처럼 인도의 주변 지역만이 아니라, 한때는 동남아시아에도 발을 넓혔다. 『마하바라타』나 『라마야나』라고 하는 영웅을 주인공으로 하는 서사시는 그러한 지역에서 신화적인 이야기로서 수용되었다.

캄보디아에 있는 앙코르와트 등의 유적은 본래 12세기에 힌두교의 사원으로서 건립된 것으로 그 벽면에는 『마하바라타』나 『라마야나』에 등장하는 장면이 조각되어 있다. 그 후 불교사원으로 개수改修되었으며, 힌두교에서 불교로의 개종이 진행되었던 것이 나타나 있다. 동남아시아에서 오늘날까지도 힌두교가 신앙으로서 지속되고 있는 것은 인도네시아의 발리섬에 제한된다. 발리섬에서의 힌두교는 '발리 힌두교'로 불리며, 독특한 무용이나 음악을 만들어왔다. 그러나 동남아시아 전체를 살펴보면 힌두교는 뿌리를 내리지 못했다고 말할 수 있다.

또 한 가지, 동남아시아에 뿌리내리지 못한 것이 대승불교이다. 동남아시아에는 인도에서 불교가 전해졌는데, 대승불교가 신앙되던 시대도 있었다. 다만 이슬람교의 침입 등이 있어서 대승불교가 쇠퇴했던 것이다. 그 후 동남아시아에는 상좌부上座部 불교가 다시 전해져서 스리랑카, 미얀마, 타이 등에서 정착했다. 상좌부 불교의 특징은 엄격한 출가주의가 지켜지고 있는 점이며, 그러한 점에서 재가불교의 경향이 강한 대승불교와는 다르다. 상좌부 불교의 승려는 사원에서 집단생활을 영위하며, 생산활동은 일절 하지 않는다. 식사는 하루에 한 번 탁발을 행하며, 재가신자로부터의 보시를 받는다. 보시를 하는 재가신자 측은 그 보시에 의해서 공덕을 쌓는 것이 가능하다고 생각하며, 거기에 승려와 재가신자와의 상호관계가 작동하고 있다. 상좌부 불교가 신앙되고 있는 국가들에서는 산스크리트어가 아닌 팔리어 경전을 공통적으로 보고 있으며, 그 경전에 기록된 교의를 실천하고 있다. 이러한 형태는 초기불교에 가까운 것으로도 생각된다.

상좌부 불교는 사상적인 면에서 대승불교만큼 다양하게 화려한 전개를 보이지 않았다. 그러나 출가한 승려는 계율에 근거한 생활을 실천하며, 재가신자로부터 존경을 받아왔기 때문에 사람들의 생활에 뿌리를 내리고 영속성을 갖는다. 또한 재가의 신자에 있어서도 청년기에 절에 들

교양으로 읽는 세계종교사

어가서 승려로서의 생활과 수행을 실천하는 체제도 만들어져 있으며, 청년이 어른이 되기 위한 입문의식(Initiation)으로서의 성격도 가지고 있기 때문에 중요한 사회적 기능도 수행해왔다.

티베트에서 전개된 독자적인 밀교

인도에서 직접 불교가 전해졌던 또 하나의 지역이 티베트이다. 티베트에는 중국에서도 불교가 전해져 있었고, 다른 지역에는 볼 수 없는 특이한 발전을 이루어갔다. 7세기의 시점에서 송첸캄포왕이 티베트 전체를 통일했으며, 아울러서 불교에 귀의하게 되었다. 왕은 중신 중의 한 사람을 인도에 보내서 불전을 청하여 가져오는 구법행을 하게 했다. 그때 문자도 전해져서 산스크리트어 불전이 티베트어로 번역되었다. 그 후 티베트에는 인도로부터 고승을 맞이하는 동시에 중국으로부터도 선승을 맞이해 들였다. 그러나 양자 간의 법론에 의해서 인도 승려가 승리를 거두었기 때문에 그 이후에는 인도불교가 중심이 되었다.

한때 불교는 쇠퇴하고, 대략 100년에 걸쳐서 폐불의 시대가 지속되었지만, 11세기가 되면 다시 인도에서 불교가 전해져서 불교의 부흥이 시도되었다. 여래장사상과 유식 혹은 공을 중시하는 중관파의 교의 등이 받아들여졌으며, 계율의 부흥운동이 일어났다. 그러나 티베트의 불교에서 중요한 것은 그러한 현교뿐만 아니라, 밀교가 전해졌다는 것이다. 더구나 그 밀교는 중국이나 일본에 전래된 초기 밀교 혹은 중기 밀교가 아니고 후기 밀교였다. 이미 봤던 것처럼 후기 밀교는 힌두교의 신비사상,

특히 샥티신앙의 영향을 받아서 요가의 기법을 사용한 수행의 실천을 중시했다. 남녀가 합체한 환희불이 신앙의 대상이 되었던 것도 그 한 가지 특징으로, 고지대에 있는 티베트에는 관능적인 요소를 포함한 밀교문화가 꽃피웠으며, 그것이 오늘날까지 이어지고 있다.

또 한 가지, 티베트 불교의 특징은 '활불活佛'의 신앙이다. 활불은 여래나 보살이 인간으로 화신한 것으로 그 인간이 죽게 되면 다른 인간으로 환생하는 것으로 인식되고 있다. 그러한 활불의 사상으로부터 생겨난 것이 달라이 라마나 판첸 라마라고 하는 고승의 제도로서, 달라이 라마는 정치적인 지배자를 겸하여 티베트 사회에 군림하게 되었다.

중국불교가 한국, 일본, 베트남에 전파되다

중국으로부터 불교가 전해진 지역으로는 한자문화권에 속하는 한국, 일본 그리고 베트남이 해당된다. 한국은 중국과 지역적으로 연결되어 있기 때문에 일본보다 일찍 불교가 전래되었다. 북부의 고구려에 처음으로 불교가 중국으로부터 전해진 것은 372년의 일이었으며, 그 이후 5세기 초까지 다른 지역에도 전해졌다. 그 이후 한국의 불교는 중국의 영향을 받아 융성했다. 일본과 마찬가지로 법상종이나 화엄종의 교의에서 시작해서 밀교나 정토신앙, 관음신앙이나 미륵신앙 혹은 천태나 선종의 교의가 왕성하게 받아들여졌으며, 각종 불상도 제작되었다. 한국에서는 역시 중국으로부터 전해진 도교와의 습합도 진행되었으며, 현세이익을 가져오는 기도 등도 실천되었다.

교양으로 읽는 세계종교사

일본에 불교를 전한 것은 백제의 성왕聖王이었으며, 그 후에도 한국불교는 일본불교의 형성에 큰 영향을 미치게 된다. 다만 일본과의 큰 차이는 14세기 말에 한국을 통일했던 조선왕조가 취한 종교정책이다. 조선왕조는 유교를 국교로 삼았으며, 반복적으로 폐불을 행했기 때문에 중세의 한국에서 불교는 쇠퇴해갔다. 일본에 대해서는 다른 장에서 서술하기로 한다.

중국으로부터 대승불교가 전해졌던 또 다른 나라가 베트남이다. 현재 베트남에서는 한자는 사용되고 있지 않지만, 과거에는 한자문화권에 속해 있었다. 특히 중요한 점은 중국의 관리등용의 제도인 '과거科擧'가 11세기부터 시작되어 1919년까지 지속되고 있었다는 것이다. 그러한 중국과의 밀접한 관계로부터 베트남에 대승불교가 전해졌으며, 그것이 현재까지 지속되고 있다. 상좌부 불교의 영향은 그 정도로 받고 있지 않지만, 승려가 계율을 지키며, 독신을 통해서 채식이나, 금주를 실천한다는 점에서 그 형태는 오히려 상좌부 불교에 가깝다.

2
이슬람교와 기독교는
어떻게 확장되었는가

인도네시아는 이슬람교 국가로, 필리핀은 기독교 국가로

힌두교와 불교와는 별개로 아시아에 침투한 종교로서는 이슬람교와 기독교를 들 수 있다. 이슬람교는 중동으로부터 출발하여, 중앙아시아나 남아시아, 동남아시아에 광범위하게 확장되었으며, 오늘날까지 일대 세력을 구축해왔다. 인도네시아는 인구가 많기 때문에 세계에서 최대의 이슬람국이 되고 있다. 다만 일신교적인 성격이 강하기 때문에 아시아 토착의 종교와 대립관계에 빠지는 경우도 적지 않다.

기독교는 아시아 각지에서 여러 형태로 영향을 주었으며, 신자를 넓혀갔지만, 그것이 지배적인 종교가 되어 있는 국가는 필리핀에 제한된다. 필리핀에 기독교가 확장된 것은 스페인에 의해서 식민지화 되었던 16세기부터의 일이다. 뒤이어 필리핀을 통치했던 미국이 기독교국가였던 이유도 있으며, 국민의 90%가 기독교도로서 대부분이 가톨릭신앙을 가지고 있다. 필리핀은 식민지화되기 이전의 단계에서 인도나 중국의 영향을 받은 것이 적었으며, 문화적 혹은 종교적인 의미에서 공백지대였다. 그 때문에 기독교가 전해지자 나라 전체에 확산되었던 것이다.

한국에서 기독교가 지위를 높인 원인

같은 얘기를 현재의 한국에 대해서도 할 수 있다. 한때 유교가 국교화되었기 때문에 조선에서는 불교가 쇠퇴했으며, 종교적인 공백이 이루어졌다. 전후의 경제발전 중에 그 공백을 메우는 형태로 기독교가 확장되었다. 현재 한국에서는 기독교도가 차지하는 비율이 30% 정도 되고 있다. 다만 한국의 기독교에는 전통적인 샤마니즘이나 신종교적인 요소가 수용되어서 포교사가 신에 빙의되는 등 일본인이 이미지로 상상하는 지적인 기독교로부터는 거리가 먼 부분이 있다.

그밖에 이제까지 설명하지 않은 아시아 탄생 종교로는 16세기에 구루 나나크(Nanak, 1469~1539)가 인도에서 시작한 시크교가 있다. 시크교는 인도에서 탄생한 종교이지만 일신교적인 성격이 있으며, 여러 종교에서 신앙되고 있는 신은 같다는 입장을 취한다.[39]

39　　창시자 구루 나나크는 여러 신을 믿는 힌두교의 전통을 깨뜨리고, 신은 철저하게 하나이며, 형체가 없고, 설명도 할 수 없는 하나의 진리로 생각했다. 자이나교나 불교

베트남에서는 20세기에 탄생한 신흥종교로서 호아하오교와 까오다이교가 있다. 전자는 불교를 기반으로 하여 유교의 조상제사의 영향을 받고 있다. 후자는 '천안天眼'으로 불리는 눈을 심볼로 하고 있으며, 세계의 여러 종교의 교조나, 이백, 소크라테스, 톨스토이, 빅토르 위고 등을 성인으로서 숭배의 대상으로 삼고 있다. 빅토르 위고가 포함된 것은 프랑스에 의해 식민지배되고 있었기 때문이다.

이처럼 아시아에서는 여러 종교가 공존하며, 혼효되는 것으로 복잡한 신앙세계가 만들어지고 있다. 그러한 현상은 종교세계의 풍부함으로도 이어지고 있다. 다만 지역 전체에 공통되는 단일한 종교가 존재하지 않기 때문에 종교가 문화적으로 아시아 전체를 통합하는 기능을 수행하지는 않는다. 그것은 아시아를 정치적, 경제적으로 통합하려고 하는 경우에 족쇄가 되기도 한다.

와 달리 이슬람의 중요한 요소를 힌두교에 조화시켰으며, 카스트 제도를 부정하고, 음식 금기를 없앤 신종교라고 할 수 있다. 진리에 이르기 위해서는 종교적 멘토가 반드시 필요하다고 생각했으며, 그러한 지도자를 구루(guru)라고 불렀다. 구루 없이는 구원도 불가능하지만, 신은 하나이기 때문에 구루가 숭배의 대상이 되는 것은 경계했다. 카스트 제도의 영향력을 지우기 위해 중심지에 무료 공동체 부엌, 즉 구루 카 랑가르(Guru ka langar)를 시작했으며, 수행자들을 설득하여 그들의 카스트에 개의치 않고 함께 밥을 먹도록 했다. 또한 힌두와 이슬람 양쪽 모두의 문제점인 여성 차별조차 철폐하고, 지참금 문제로 아내를 죽이거나 학대하는 일을 금했으며, 명예살인도 금지했다. 역자주.

교양으로 읽는 세계종교사

제 11 장

일본의
제종교는 어떻게
전개되었는가

습합된 신토와 불교

1
일본인과 제종교는
어떠한 관계인가

———
일본인은 무종교이면서 종교적

세계의 종교에 대해서 개관해왔는데, 마지막으로 일본의 종교에 대해서 접근하고자 한다. 전반적으로 일본의 종교는 이제까지 봐온 세계의 종교와 어떻게 관계되는 것일까. 또한 어떻게 자리매김할 수 있을까. 그 특징과 관계의 영향에 대해 살펴보고자 한다.

일본인은 자신들을 '무종교'로 표현하는 경우가 많다. 실은 무종교라고 하는 말은 외국어로 번역하는 것이 어렵다. 신의 존재를 부정하는 무신론과는 다르고, 종교는 과학과 반대된다고 하는 종교 부정不定과도 다르다. 일본인은 종교와 관계를 갖지 않는 것은 아니며, 역으로 밀접한 관계를 가지고 있다. 하지만 많은 사람들은 특정한 종교교단에 소속되어 있다는 의식이 결핍되어 있으며, 어느 종교에도 입신해있지 않다고 하는 의미에서 무종교라고 하는 표현을 자주 사용하는 것이다. 그러한 일본인의 자기인식과는 서로 맞지 않는 것 같기도 하지만 일본에서는 종교적인 전통이 오랫동안 이어져 내려오고 있다.

토착의 신앙인 신토[神道]는 고대 이래 수천 년의 역사를 지나왔다. 외래의 불교도 6세기에 전해진 이래, 이미 1,500년 가까운 사이에 일본인의 신앙을 얻어왔다. 일본에 전해진 불교는 대승불교이지만, 이만큼 확고한 형태로 대승불교를 이어온 나라는 드물다. 그밖에는 베트남 정도일까. 그리고 신토와 불교는 그 오랜 역사 안에서 융합하여 일본인의 정신문화 안에 깊이 뿌리를 내리고 있다.

한편 기독교나 이슬람교라고 하는 일신교에 관해서는 다른 나라에 비해서 그 정도로 침투해있다고는 말할 수 없다. 기독교는 특히 인텔리층을 중심으로 교육이나 의료, 문학 등의 방면에서 많은 영향을 주었지만, 신자의 수는 현재도 인구의 1.5% 정도에 머물러 있다. 선진국 중에서 이 정도 기독교도의 비율이 작은 나라는 달리 없다. 이슬람교에 대해서는 이슬람교도와 결혼이라도 하지 않는 한, 그 신앙을 갖지는 않는다.

신토와 불교가 깊이 결합하면서 사회계층 전체에 침투해왔기 때문에 일신교가 수용될 여지가 없었다고 말할 수 있다. 일신교를 거의 배제해 버린 종교적인 환경은 세계 안에서 특이한 예이다.

신토는 불교와 겹치는 독자적인 신앙대상을 만들었다

신토에 대해서는 대체 언제부터 그 역사가 시작된 것인지, 그 시기를 특정하기가 어렵다. 이는 문자자료가 부족한 것이 결정적이다. 8세기에 성립된 『고사기古事記』나 『일본서기日本書紀』에는 일본열도의 창조에도 관련되는 서사가 얘기되고 있지만, 그것은 역사를 편집한 것이 아니고, 어디까지나 신화이다. 또한 서사에는 정치적인 면에서의 수정도 가해져 있으며, 거기에서 신토가 생겨나는 과정을 추적하는 것은 어렵다.

고고학적인 자료라고 해도 반드시 고대 일본인의 종교생활을 명확히 밝혀주지는 않는다. 예를 들면, 죠몽[繩文]시대 사람들의 신앙에 관련된 것으로서 '토우土偶'가 존재하는데, 토우가 도대체 어떤 식으로 사용되었는가, 그것이 당시 사람들의 신앙과 어떻게 관련되는가에 대해서는 반드시 정설이 있는 것은 아니다.

야요이[彌生]시대의 요시노가리[吉野ヶ里]유적 등은 복원이 진행되었으며, 그 안에는 신전으로 생각되는 건물도 포함되어 있다. 다만 신토 최초기의 단계에서는 건물 내에서 제사를 행하지는 않고, 옥외에 있는 너럭바위[磐坐] 앞에 임시의 제장을 설치하고 거기에서 제사를 행했을 가능성이 높다. 현해탄[玄界灘]의 고도孤島인 오키노섬[沖ノ島]에는 몇 개의 거대한 너럭바위가 있으며, 거기에서는 4세기부터 10세기에 걸쳐서 제사가 행해졌다. 고대의 요시노가리에 신전이 있었던 것은 상당히 기이하다.

신토가 하나의 종교로서 체계성을 갖추고 조직화되었던 것은 불교의 영향을 받았기 때문이다. 그것은 신토의 교의를 만든 이들이 불교 측의 사람들이었던 것에서 드러나고 있다. 그 결과, 신토와 불교는 그 역할을 분담했으며, 깊은 연결성을 갖게 된다. 그러한 사태를 가리켜서 '신불습합神佛習合'이라고 부르는데, 동일한 경내에 신사와 사원이 병존하기도 하고, 신과 붓다가 융합하여 일본의 독자적인 신앙대상이 생겨나기도 했다. 하치만곤켄[八幡權現]이나, 자오곤켄[藏王權現] 등 '권현호權現號'를 갖는 신격이 그 전형인데, 그러한 존재를 신앙대상으로 하는 종교적인 실천이 슈겐도[修驗道]이다. 슈겐도는 신불습합 신앙의 바탕 위에 성립한 일본 독자의 종교적 실천이다.

교양으로 읽는 세계종교사

2
일본의 불교는
어떻게 발전했는가

일본불교는 오층五層의 역사에서 발전했다

　불교는 최초에 백제에서 공식으로 일본 조정에 전해졌다고 한다. 그 점에서 한국의 영향은 컸지만, 그 이후는 오히려 한국에 불교를 전했던 중국으로부터 강하게 영향을 받으면서 일본불교는 발전을 해나갔다. 기본적인 흐름은 중국에서 유행하고 있는 최신의 불교가 일본에도 전달되었으며, 그것이 일본에서도 확산되어 간 것으로 볼 수 있다. 일본에 불교가 전해졌던 시대에는 아직 인도에서도 불교는 번영하고 있었다. 그러나 거리적으로 멀다는 이유도 있고, 인도에서 직접 불교의 교의를 들여오려는 움직임은 거의 없었다. 그래도 중국에 체재하고 있던 인도 승려가 일본에 오는 일은 있었다. 동대사東大寺의 대불개안大佛開眼 공양 때 의식을 주관하는 책임을 맡은 승려였던 보리천나菩提遷那는 인도인 승려였다. 또한 일본에서 가장 널리 읽히고 있는 불전인『반야심경』의 산스크리트어 원본은 인도에 남아 있지 않으며, 일본의 호류지[法隆寺]에서만 전하고 있다. 그 밖에도 이나리[稻荷]신과 습합한 다키니(ḍākinī)신[40]처럼 힌두교의 신들이 일본에 수용되었던 예도 있다.

일본에 있어서 불교는 최종적으로는 오층구조를 취하게 되었다. 기층에는 아스카시대부터 나라시대에 걸쳐서 전해졌던 남도육종(삼론종·성실종·법상종·구사종·화엄종·율종)의 불교가 있다. 남도육종은 국가불교의 성격을 가지고 있으면서, 동시에 전문 승려가 학문적인 연찬을 겸하는 학문불교의 성격을 가지고 있었다.

그 위에는 법화신앙이 수용되었다. 법화신앙은 대승불교의 하나인『법화경』에 대한 신앙을 핵심으로 하는 것으로서 모든 중생의 구제를 설하는 데에 특징이 있다. 쇼토쿠[聖德]태자가 스스로 집필한『법화의소法華義疏』는『법화경』에 대한 주석서이며, 태자는『법화경』을 강의했다고도 전하고 있다.『법화의소』는 실제로는 태자의 저술이 아닐 가능성도 있는데, 그러한 얘기가 생겨난 것도 불교가 전래된 당초의 단계에서부터 법화신앙이 중시되었던 것을 반영하고 있다.

법화신앙은 그 후에도 계속 이어져서 사이초[最澄, 767~822]가 열었던 천태종에서는 법화신앙이 핵심이었다. 또한 헤이케[平家] 일문이 아키[安藝]의 이츠쿠시마[嚴島]신사에 봉납했던 '헤이케납경[平家納經]'

---

40   하늘을 날아다니는 모습으로 묘사되며, 밀교 수행에 있어서 핵심적이고, 수행자를 해탈로 이끄는 강력한 능력을 지닌 힌두의 여성 신격. 역자주.

은『법화경』을 아름다운 종이에 서사한 것이었다. 더욱이 가마쿠라시대에는 니치렌이『법화경』이야 말로 붓다의 진실한 가르침이 나타나있다고 주장하면서 법화종(현재의 일련종)이라는 새로운 종파의 성립으로 이어졌다. 그 영향은 근대에까지 미치고 있으며, 천황을 세계의 중심에 자리매김한 황국사관과 법화신앙을 합체시킨 '니치렌[日蓮] 주의'나 소카갓카이[創價學會]를 시작으로 하는 니치렌계의 신종교를 만들어내기에 이르렀다.

구카이[空海] 등이 가지고 돌아왔던 밀교가 불교계를 석권하다

법화신앙 이후에 일본에 수용된 것이 밀교이다. 나라시대부터 '잡밀雜密'로 불리는 초기밀교가 일본에 전해졌으며, 밀교 관련 불전을 요청하거나, 불상의 조립도 행해지고 있었지만, 그 후에 생겨난 중기밀교를 체계적인 형태로 전한 것이 9세기 초엽에 당에 건너간 사이초와 구카이[空海, 774~835]였다. 특히 구카이는 당의 수도 장안長安에서 진언밀교의 정통적인 계승자인 청룡사靑龍寺의 혜과惠果에게 배웠으며, 많은 것을 일본에 가지고 왔다. 사이초도 당에 체재하면서 마지막 단계에서 밀교의 중요성을 깨닫고 그것을 배우기는 했지만, 충분한 것들을 일본에 가지고 돌아올 수는 없었다. 구카이의 진언종에 비해 밀교수용의 면에서 열세에 처한 천태종에서는 그 후 사이초의 후계자인 엔닌[円仁, 794~864]이나, 엔친[円珍, 814~891]이 입당했으며, 다시금 밀교를 청해서 가지고 들어왔다. 그 결과, 밀교는 일본의 불교계를 석권하게 되었다.

밀교는 국가진호나 현세이익을 가져오는 구체적인 방법을 보여주고 있어서, 조정이나 귀족층을 중심으로 큰 기대를 모으게 되었다. 또한 신비적인 요소를 갖고 있기 때문에 토착의 신앙과 습합하기 쉬워서 그러한 요소로부터 슈겐도의 신앙이 만들어지게 되었다. 나중에는 본래 밀교와는 관련이 없는 선종이나 일련종 등에서도 결국은 밀교를 받아들이게 되었다.

그 다음, 아래에서부터 네 번째의 층이 헤이안[平安]시대 말기부터 유행한 정토교신앙으로, 그 배경에는 '말법사상末法思想'의 유행이 있었다. 말법사상은 인도에는 없고, 중국에서 발달한 사상으로 불타의 가르침만이 존재하고 수행해도 깨달음에 이르지 못하는 시대를 가리킨다. 일본에서는 영승永承 7년(1052)부터 말법의 시대에 들어간 것으로 인식되고 있으며, 천재지변이나 전란 등도 있어서 위기의식이 높아졌다. 그 과정에서 아미타불이 거주하는 서방극락정토西方極樂淨土에 왕생하는 것을 지향하는 정토신앙이 성행하게 되었다.

정토신앙의 핵심이 되는 염불은 최초에는 밀교의 수행법인 염불행으로서 엔닌에 의해서 전해졌지만, 가마쿠라시대에 들어서면서 호넨[法然]이 염불 이외의 수행은 필요치 않다는 '전수염불專修念佛'의 교의를 설하면서 정토신앙이 민중에게 확산되는 계기가 되었다. 그것은 정토진종淨土眞宗의 개조인 신란[親鸞, 1173~1263]의 사상을 계승한 것이다.

마지막으로 가장 상층이 선禪이다. 좌선의 방법 자체에 대해서는 중국 천태종을 열었던 지의智顗가 그의 저서 안에서 설명하고 있다. 가마쿠라시대 이후 중국에서 많은 선승이 일본에 왔으며, 또한 일본의 선승이 중국에 건너갔기 때문에 선은 확장세를 보였다. 다만 밀교나 정토신앙과는 달라서 무사나 문인 등에게는 수용되었지만, 현세이익을 가져다주는 것은 아니었기 때문에 서민층에는 확산되지 못했다. 그래도 선은 다도나 화도華道, 무사도武士道 등에 영향을 주었으며, 일본의 독자적인 문화 형성에 크게 공헌했다.

신토와 불교가 겹치는 신불습합의 시대

이처럼 중국에서 전해졌던 불교는 오층구조를 갖는 두터운 것으로서 일본에 정착했다. 그 배경에는 중국과의 활발한 교류가 있었지만, 중국에서 불교가 쇠퇴의 방향으로 향한 뒤에는 일본의 불교도 새로운 유행을 받아들일 수가 없게 되었으며, 그러한 면에서는 정체되었다. 그러나 한편으로는 신토와 불교가 융합한 신불습합의 신앙이 생겨났으며, 그것이 일본에 독자적인 종교문화를 구축하는데 공헌했다.

불교가 전해졌던 당초의 단계에서는 수용의 시비를 둘러싸고 유력한 호족인 소가[蘇我]씨와 모노노베[物部]씨가 대립했던 것도 전해지고 있다. 하지만 이러한 대립은 그 시기에 제한되며, 그 이후는 불교를 받아들이는 것에 대한 저항은 생겨나지 않았다. 불교의 배후에는 일본보다도 상당히 역사가 오랜 중국의 고도 문명이 있으며, 불교의 수용이 곧 우수한 문명의 수입이라고 하는 의미를 갖고 있었기 때문이다.

신불습합의 구체적인 형태로는 8세기 초부터 '신궁사神宮寺'의 건립이라고 하는 움직임이 있었다. 이는 신사의 경내에 불교사원을 건립하는 것으로, '신원사神願寺'나 '신호사神護寺' 등으로도 불렸다. 사원에 소속된 승려는 신전神前에서 독경이나 가지기도加持祈禱를 행했다. 신궁사는 메이지[明治]시대의 폐불훼석廢佛毁釋에 의해서 일제히 쇠퇴했으며, 현재는 그 흔적이 남아 있을 뿐이다.

신궁사 탄생의 배경에는 예를 들어 신이라고 해도 그 경내에 태어나는 것은 전생의 업에 의한 것으로, 불력에 의해서 해탈하고 싶다는 바램을 가지고 있다는 인식이 있었다. 승형僧形 하치만신[八幡神]이라는 승려의 모습을 한 신상이 만들어진 것도 그러한 인식에 의한 것이다. 또한 그것과는 반대로 사원의 경내에 신사가 모셔지고 신들이 불법을 수호한다고 하는 '호법선신護法善神'의 사상도 널리 퍼져갔다.

이러한 사상이 발전함으로써 생겨난 것이 '본지수적설本地垂迹說'이다. 이것은 불교의 불타가 중생을 널리 구제하기 위해서 임시로 신토의 신의 모습을 취하여 나타났다고 하는 사상으로, 그러한 신에게는 '하치만다이곤켄[八幡大權現]'과 같은 권현호權現號가 부여되었다. 이 본지수적설로부터 그것을 회화적으로 표현한 각종 '미야만다라[宮曼茶羅]'가 만들어지게 되었다. 신사의 경내를 묘사하고, 거기에 그 본래의 모습으로 본지가 되는 불타를 더하는 것으로, 카스가[春日]신사의 경우라면 카스가미야[春日宮] 만다라가 만들어지게 되는 식이다.

본지수적설이 확립됨으로써 불타와 신, 불교와 신토는 상호의존의 관계에 놓이게 되며, 양자는 대립하지 않고 융합하고 조화하는 관계가 구축되었다. 다만 본지수적설은 불타를 본지(本地)로 하는 점에서 불교우위의 사상이다. 따라서 나중에 신토 측에서는 일본의 신을 본지로, 불타를 임시의 모습을 취한 것으로 인식하는 '신본불적설神本佛迹說'을 외치게 된다. 어떤 식으로든 신불습합의 사상은 근대에 이르기까지 이어졌으며,

신토와 불교는 분리되기 어렵게 연결되었다. 그 역사는 1천 년 이상에 이르는데, 그 때문에 일본인은 자신들을 신토의 신자로도, 불교의 신자로도 규정할 수 없는 것이다.

승려를 인정하는 득도제도의 전개

불교의 승려는 초기에는 출가하여 득도하는데 국가의 허가를 필요로 했으며, 종파 별로 그 득도 수가 정해져 있었다. 그러한 허가를 얻지 않고 출가한 자를 '사도승私度僧'이라고 불렀으며, 정식의 승려로는 간주되지 않았다. 이는 중국에서 전해진 것이며, 출가라는 행위를 세속으로부터의 완전한 이탈로 삼는 인도에는 없는 것이다.

나라시대에 중국에서 감진鑑眞이 일본에 온 것은 당시 일본에는 정식으로 계戒를 주는 것이 가능한 '계사戒師'가 없었기 때문이다. 계사로부터 계를 받지 않으면 정식의 승려라고는 말할 수 없다. 감진이 일본으로 오게 되면서 동대사 등에 그 수계식장에 해당하는 계단戒壇이 만들어졌으며, 일본에서도 승려를 정식으로 득도시키는 체제가 정비되었다.

하지만 나라불교의 영향으로부터 도망치려고 했던 사이초는 감진이 가져온 천태종 관련 서적에서 배운 대로 새로운 대승계단大乘戒壇의 건립을 생각하게 되었다. 대승계단에서 수여되는 계율은 동대사 등에서 주어지는 것보다도 꽤 완화된 것이었다. 사이초 입장에서 보면 대승계단의 건립에 의해서 천태종이 독자적으로 승려를 배출하는 체제를 만드는 것이었지만, 당연히 나라의 불교계로부터 강하게 반발을 샀으며, 대승계단이 칙허된 것은 사이초가 죽은 직후의 일이었다.

그렇지만 시대가 흐르면서 국가에 의한 통제가 먹히지 않게 되었으며, 천태종뿐만 아니라, 각각의 종파나 사원에서 출가하고 수행하는 자가 승려로서 사회적으로도 인정받게 되어갔다. 게다가 가마쿠라시대의 신란과 같이 대처帶妻하고, 자식을 두고, 속인에 가까운 '비승비속非僧非俗'의 생활을 영위하는 사람도 나타나서 재가주의의 경향이 보다 강해지게 되었다.

에도[江戸]시대에 확산된 '장식불교葬式佛教'

불교가 전달되었던 당초의 단계에서는 승려가 장례의식을 담당하는 일은 없었다. 그러나 정토신앙이 확장되는 과정에서 승려가 귀족의 사후 공양을 행하게 되면서, 차츰 불교와 장의葬儀와의 관계가 밀접하게 되어갔다. 가마쿠라시대에 선종이 생겨나면서, 특히 조동종曹洞宗에서 현재 행해지고 있는 불교식 장의의 기본적인 형식이 확립되게 된다. 거기에는 운수雲水가 수행하는 수행도량의 경영을 하기 위한 목적도 있지만, 조동종이 개발한 장의 방식은 다른 종파에도 확산되었다. 그것을 받아들이지 않은 것은 계율을 중시하지 않는 일련종과 정토진종 뿐이었다.

불교식 장의에는 유교의 영향이 있었다. 유교에서는 부모에 대해 효를 다하는 것이 중시되며, 자손이 공양을 거듭함으로써 속히 조상을 성불케 하는 추선공양이라는 체제가 정비되었다. 불단은 본래 각 종파의 본존을 모시는 것이지만 거기에 선조의 위패를 모시는 관습이 확립되었다. 이러

교양으로 읽는 세계종교사

한 경위를 거쳐서 이른바, '장식불교葬式佛教'가 성립된다. 거기에는 유교와 불교가 융합하는 '유불습합儒佛習合'이라는 사태가 생겨났다.

장식불교가 일반 민중에까지 확산된 것은 에도시대에 들어서부터였다. 에도막부는 당초 금지했던 기독교나 일련종의 불수불시파不受不施派[41]가 아니라는 증거로서, 마을 안에 있는 보리사菩提寺의 단가檀家가 되는 것을 강제하는 '사청제寺請制'를 실시하였으며, 머지않아 그 대상은 마을 사람 전체에 미치게 되었다. 사청제는 결과적으로 신토나 유교와 습합한 불교의 신앙을 민중에 확산시키는 것에 공헌했으며, 장의는 단나사檀那寺에 의뢰하는 관습이 성립되어 침투했다. 마을에는 단나사 외에 지역에서 신앙되어 온 우지카미[氏神]가 모셔지고, 마을사람들은 일상적으로 불교와 신토의 쌍방에 동시에 관계를 맺게 되었다.

41 　법화경을 믿지 않는 자에게 보시를 하는 것도, 시주를 받는 것도 금지하는 일파. 당시 막부 권력자인 토요토미 히데요시와의 갈등으로 인해 이러한 흐름이 생겨났으며, 결국 교단이 분열되고, 불수불시파는 사원에서 쫓겨나 지하로 숨어들게 된다. 이후 메이지 9년(1876)에 이르러서야 다시 공인을 받았다. 역자주.

3
근대 일본에 태어난
종교의 모습은

___
일본인이 신토에도 불교에도 관련되는 이유

일본은 섬나라이며, 변경에 위치하고 있다는 지리적인 특징이 있다. 타국과 국경을 접하고 있지 않기 때문에 침략을 받지 않고, 이민족에 의한 지배나 왕조의 교체라는 것이 발생하지 않았다. 그로 인해 신토나 불교 이외의 종교를 신앙하는 왕조의 손에 의해서 다른 신앙이 강제되고, 전통적인 신앙이 배척당하는 사태에 이르지 않았다. 그것은 신불습합의 신앙이 계승되는 것에 공헌했으며, 독자적인 종교문화가 꽃피게 되었다.

기독교에 대해서는 16세기에 포르투갈로부터 전해졌으며, 각종 수도회의 선교활동에 의해 규슈[九州] 등에서는 한때 확산되기도 했다. 그러나 조정이나 막부라고 하는 사회의 최상위에 위치한 지배층이 기독교에 개종하지 않았던 것도 있었으며, 종교 금지 정책을 취해서 기독교도는 체포의 대상이 되었다. 머지않아 일부가 '숨은 기독교인'이 된 것 외에는 일본에서 기독교가 일소되었다. 이슬람교에 관해서는 근대가 되기까지 일본에 전해지는 일조차 없었다. 그 점에서 메이지시대에 들어서 시작된 근대화는 신불습합의 체제에 커다란 타격을 주고 종교환경의 변용을 강요하게 되었다.

메이지유신을 추진했으며, 도쿠가와[德川] 막부를 대신해서 국정을 담당하게 되었던 메이지 신정부에 있어서 당초 큰 힘을 갖고 있었던 것이 국학자와 신도가神道家로서, 그들은 복고를 이념으로 내걸었으며, 천황친정에 의한 제정일치의 국가건설을 지향했다. 그때 신토와 불교가 융합한 신불습합의 신앙체제는 복고주의에 합치되지 않기 때문에 배격의 대상이 되었으며, 신불분리가 촉진되었다. 이에 따라 신궁사의 폐지나, 그곳에 속하는 승려의 환속이 행해졌는데, 그것은 불교를 배척하는 폐불훼석으로 이어졌다. 많은 사원이 피해를 당하여 폐사가 되는 곳마저 생겼다. 또한 사원의 경영을 지탱하고 있던 절의 영토가 몰수당했으며, 경영기반을 잃은 곳도 나왔다. 이는 장식葬式에 의한 보시에 의존하는 장식불교화를 촉진하는 것으로 이어졌다.

제정일치의 국가건설이라는 시도는 곧 좌절되었으며, 메이지시대에는 새롭게 도입된 황실 제사를 실천하는 천황이 국가의 중심에 처하게 되었으며, 황통의 정통성을 보증하는 것으로서 기기記紀신화가 중시되었다. 곧이어 제정된 대일본제국헌법에서는 신앙의 자유는 보증되었지만, 사회질서를 어지럽히지 않는 범주에서 제한이 가해졌다. 그리고 신토의 제사에 대해서는 '종교가 아니다'라고 하였으며, 전통적인 습속으로서 국민 전체에게 강제되었다. 여기에 의해 일본 국민은 의연하게 습속으로서의 신토와 종교로서의 불교에 동시에 관여했으며, 신토와 불교는 그 역할을 분담하여 병존하게 되었던 것이다.

여러 신종교의 탄생

일본에서 '종교'라고 하는 개념이 전해진 것은 메이지에 근대화가 시작되고부터이며, 그에 따라 신토와 불교는 각각 독립된 종교로서 인식되게 되었다. 다만 신불 분리를 거쳐도 일본인의 대부분은 두 종교, 혹은 습속과 관계를 맺고 있으며, 어느 쪽인가 하나를 자신의 신앙으로서 선택하지는 않았다. 머지않아 무종교라고 하는 인식이 생겨난 배경에는 이처럼 근대화에 의한 종교환경의 변화라고 하는 것이 있었다.

폐불훼석에 의해서 신불습합의 경향이 강한 슈겐도 계열의 종교는 커다란 타격을 입었다. 그 종교들을 대신해서 등장하여 민중의 구제에 대응한 것이 오늘날 얘기하는 '신종교'이다. 신종교의 신앙은 원래 신불습합의 형태를 기반으로 했지만 '국가신토[國家神道]'의 체제가 구축되어 가는 과정에서 신토의 방향에 밀려서 가게 되었으며, 신사신토[神社神道]와는 구별되는 '교파신토[敎派神道]'로서 공인받게 되었다. 흑주교黑柱敎, 천리교天理敎, 금광교金光敎 등이 그 대표이다.

그중에서도 천리교는 경찰에 의해 수차례 탄압을 받았지만, 메이지시대 말엽부터 오사카 등의 도시에서 그 세력을 확대했으며, 머지않아 각지에 지부교회를 세웠다. 교조인 나카야마[中山] 미키의 자택에서 발전한 천리교 교회 본부의 중심인 '지바'는 인류 발상지로 자리매김 되었으며, 많은 신자가 그곳을 방문하게 된다. 이는 일본에서 드문 종교도시를 만든 것과 결부되어 있다.

일본이 전쟁의 시대에 돌입하여 식민지 건설을 목표로 대륙에 진출하게 되자 신종교 중에서는 내셔널리즘의 경향을 강하게 내세우는 곳도 나타났다. 오오모토[大本]는 황도대본皇道大本이라고 칭했던 시대도 있으며, 다이쇼[大正] 유신이나 쇼와[昭和] 유신을 슬로건으로 내걸고 황국주의의 운동으로서 영향력을 갖기에 이르렀지만, 다이쇼와 쇼와의 두 차례에 걸쳐서 탄압받았으며, 괴멸적 타격을 입었다. 또한 田中智學의 국주회國柱會를 중심으로 한 '일련주의日蓮主義'의 운동은 황국사관과 법화신앙, 니치렌신앙을 합체시킨 것으로서 지식인이나 군인에도 지지자를 늘려갔다.

국가신토가 붕괴했던 전후 일본의 종교지도

전후에는 국가신토의 체제가 무너지고 국가의 관리 하에 있었던 신사신토는 민간의 종교법인으로 이행했으며, 새로운 일본국 헌법 하에서는 종교의 자유가 전면적으로 보장되었다. 그러한 상황 속에서 쇼와 30년대에 들어서 고도 경제성장의 시대를 맞이하면서 산업구조의 전환에 동반하여 지방의 농촌에서 도시로 나간 중하층의 사람을 신자로 흡수하는 것에 의해 신종교가 대두하게 된다. 창가학회創價學會나 입정교성회立正佼成會, 영우회靈友會라고 하는 일련계·법화계 혹은 신토계의

PL교단[42] 등이 거대교단으로 발전해갔다.

창가학회의 특징은 현세이익의 실현을 강하게 주장하는 것에 있는데, 조상숭배의 관념이 희박한 점도 특징적이다. 다른 신종교의 경우에는 입정교성회나 영우회라고 하는 같은 일련계의 교단에서도 조상숭배의 중요성이 강조된다. 이러한 점에서 창가학회의 신앙은 극히 도시적인 것으로 일본인 전체의 신앙의 변용을 예감케 하는 부분을 가지고 있다. 전후, 도시화가 현저하게 진전했기 때문에 국민의 생활 스타일은 크게 변화해갔다. 농촌사회에서는 '이에[家]'가 갖는 의미가 크다. 그 家를 구축한 조상을 모시는 조상숭배의 관념이 강하고, 그것을 기반으로 신앙세계가 형성되었다. 하지만 도시에서는 많은 사람이 기업 등에 고용되며, 개인에 있어서 家가 갖는 의미는 꽤 낮아졌다. 家를 계승할 필요성은 없어졌으며, 조상숭배의 관념은 희박해졌다. 그것은 도시에 사는 사람들의 종교생활을 크게 변용시키게 된다.

종교의 변용이라고 하는 일 자체는 어느 나라에서도 일어나는 보편적인 현상으로서 일본만이 특수한 상황은 아니다. 다만 많은 나라에서는 외래의 종교가 새롭게 받아들여지게 되면서 변용이 촉진되는 면이 강하다. 일본에서도 불교의 전래는 그러한 의미를 가지고 있지만, 그것은 고대의 일이다. 그 후 불교의 새로운 흐름이 주로 중국으로부터 전해지기는 했지만 새로운 종교가 전달되고, 그것이 나라 전체의 종교상황을 근

---

42   Perfect Liberty Kyōdan 특이하게 영어 이름을 사용하고 있는 교단으로, 1946년 미키 도쿠치카[御木德近]가 세웠으며, 교단 본부는 오사카 근처의 돈다바야시(富田林)시에 있다. 역자주.

정월 첫 참배로 붐비는 메이지신궁. 많은 일본인은 스스로를 '무종교'라고 말하지만, 그 생활스타일은 결코 종교의 전통과 관계없는 것은 아니다.

본적으로 변화시키는 사태는 발생하지 않았다. 특히 기독교의 침투와 영향이 그 정도로 큰 규모에 달하지 않았다는 것의 의미는 크다. 기독교는 동양에서 시작된 신토나 불교와는 이질적인 종교이며, 만약 그것이 일본에 확산되었다고 한다면, 그 후 일본의 종교 세계는 현재와는 전혀 다른 것이 되었을 것이다.

일본인에게 있어서 유대교로부터 시작된 기독교, 이슬람교로 이어지고 있는 일신교의 세계는 멀다. 불교를 탄생시킨 인도의 종교에 대해서도 직접적인 영향은 그리 크지 않다. 하물며 이원론을 기본으로 한 이란계의 종교로부터는 전혀 영향을 받지 않았다. 가장 영향을 받은 곳은 중국을 경유해서 전해진 중국불교였지만, 원한 것은 일본 측이었으며, 중국불교를 신앙하는 사람들이 대거 대륙에서 일본에 건너온 것은 아니었다. 그리고 불교는 토착의 신토와 습합하여 독자적인 발전을 보여주고 있다. 거기에는 부가적으로 유교나 도교가 영향을 주었으며, 일본인의 생활에 맞는 신앙의 스타일이 긴 시간에 걸쳐서 확립되어 갔다.

그리고 현재의 일본인은 자신들을 무종교라고 얘기하는데, 여전히 신토와 불교가 혼효된 신앙세계에 살고 있다. 결혼식을 기독교식으로 하는 습속은 확산되었지만, 그것을 계기로 기독교의 신앙을 갖게 되는 사람은 거의 없다. 다만 최근의 변화로서는 일본인의 신앙의 핵심이라고 얘기되어 온 장식불교의 방식에 대한 비판이나, 장의의 간소화, 탈불교화의 방향으로 이어지고 있다.

종교의 미래

여기까지 인류가 종교와 어떻게 관계를 맺어왔는가, 그 기원부터 여러 종교의 발생과 전개 과정을 살펴보았다. 거기에는 장대한 드라마가 전개되어 있다. 그러나 서두에서도 서술한 것처럼 현대의 세계에서는 선진국을 중심으로 종교이탈의 경향이 생겨나고, 종교소멸이라고 얘기되는 방향으로까지 가고 있는 것처럼 보인다. 그것은 선진국만의 사태는 아니다. 경제발전이 지속되는 나라들에서는 전통적인 종교가 힘을 잃고, 새로운 종교로 사람이 흘러가는 사태가 생겨나고 있다. 구체적인 사례로서는 이제까지 가톨릭의 신앙이 강했던 중남미에서 프로테스탄트의 복음파가 급속히 늘어났으며, 가톨릭이었던 사람들을 신자로 흡수하고 있다. 거기에는 경제발전에 의한 도시화의 진전이 영향을 주고 있는 것도 생각할 수 있지만, 복음파는 일본의 고도 경제성장 시대의 신종교와 같은 역할을 맡아서 병 치유 등의 기대에 부응하고 있다.

이는 전후에 경이적인 경제발전을 달성한 한국에서도 발생한 일이다. 한국의 경우에는 유교의 힘이 강하고, 불교는 유교에 압박을 당했다. 따라서 민중이 구제를 바랄 때 불교는 힘을 발휘할 수가 없었다. 그 공백을 복음파를 중심으로 한 기독교가 메우는 형태가 되었으며, 기독교가 크게 발전했다. 공산주의 정권하의 중국에서도 현재 기독교의 복음파가 신자를 늘리고 있다. 다만 한국에서는 급격한 경제성장이 멈췄으며, 저성장, 안정성장의 시대에 들어서고 있다. 기독교가 신자를 늘리는 과정에서 수도 서울에만 집중되는 사태가 크게 영향을 미쳤지만, 경제가 고속성장을 하지 않게 되면서 그러한 사태도 진정되었다. 이에 따라 기독교가 신자를 늘릴 상황이 안된 것이다. 한국에서 기독교도는 인구 전체의 30%까지 증가했지만, 현재는 그다지 증가하지 않고 있다. 머지않아 한국에서도 기독교를 포함한 종교이탈의 경향이 생겨날 것이다.

한편 이슬람교에 관해서는 신자수의 증가라고 하는 사태가 지속되었으며, 세계의 정치경제에 큰 영향을 미치게 되었다. 유럽에서는 기독교의 쇠퇴가 계속되는 와중에 이슬람권으로부터의 이민이 증가했으며, 각 국에서 이슬람교도의 비율이 늘고 있다. 신자의 감소로 경영이 불가능해진 교회가 이슬람교의 모스크로 매각되는 사태도 발생하고 있다. 이슬람교는 특히 남아시아나 동남아시아에서 세력을 확대시키고 있는데, 그것도 이러한 지역에서 지속적으로 인구가 증가하고 있기 때문이다. 현재는 인도네시아가 2억 명의 이슬람교도를 포함해 세계에서 최대의 이슬람교 국가가 되어 있지만, 파키스탄이 인구가 증가하는 비율이 커서 그리 멀지 않은 장래에 파키스탄이 세계 최대의 이슬람교국이 되지 않을까 예상되고 있다.

다만 인구의 증가율은 그러한 나라들에서도 차츰 하락세를 보이고 있다. 다산은 아닌 상태로 되어가고 있기 때문에 장래에는 인구가 그다지 늘어나지 않을 것으로도 예상된다. 선진국에서 종교가 쇠퇴하고 있는 것은 무엇보다도 사회의 근대화가 진행되면서 종교가 수행해야 할 역할이 다른 것에 의해 대체되어가고 있기 때문이다. 선진국에서는 사회환경이 극적으로 개선되었으며, 의료도 발달하고, 사회제도도 정비되어 있다. 그 결과, 평균수명이 늘어나고, 장수사회가 실현되었다. 일본에서는 세계에서도 유효한 장수사회가 실현되고 있으며, 80세, 90세까지 사는 것이 당연한 일처럼 되어가고 있다. 이러한 사태는 종교에 커다란 영향을 주고 있다.

전후가 되기까지는 일본에서도 평균수명이 짧아서 40대였다. 유아 사망율도 높고, 젊어서 죽은 사람들도 적지 않았다. 결국 "언제까지 살 수 있을지 알 수 없다"는 상태에서 사람들은 살아가게 된다. 하지만 평균수명이 늘어난 것에 따라서 그러한 감각은 희미해져 갔다. 물론 고령에 도달하지 않은 단계에서 죽게 되는 사람도 있지만, 많은 사람들은 자신도 상당히 오래 사는 것이 가능하다는 것을 전제로 인생을 생각하게 된다. 예를 들어, 중대한 병에 걸려도, 옛날 같으면 그것이 죽음으로 직결되는 병이라 해도 지금은 고칠 수 있게 되었다. 그렇다고 한다면 사람들은 언제까지 살 수 있을지 알 수 없다고는 생각하지 않게 된다.

나는 거기에서 생사관의 근본적인 혁신이 생겨난 것으로 생각하고 있다. 언제까지 살 수 있을지 알 수 없기 때문에 그냥저냥 죽을 때까지 산다고 하는 생사관을 임시로 'A'로 부른다면, 장수사회의 생사관은 고령까지 사는 것을 전제로 하는 'B'로 말하게 된다. 선진국에서는 모두 A에서 B로 전환이 일어나고 있다. 일단 B의 생사관을 가지게 되면 A로 되돌아가는 일은 없으며, 전환은 불가역적인 것이다. B의 생사관이 생겨난 것은 극히 최근의 일로서, 인류는 쭉 A의 생사관으로 살아왔다. 당연히 종교도 A의 생사관을 배경으로 하여 생겨난 것이며, 이제까지 봐온 것에서도 알 수 있는 것처럼 죽음이라는 것이 중심적인 문제로서, 사후에 어떤 세계에 태어나는지를 말하는 것을 역할로 해왔다.

그러나 A의 생사관의 시대에는 사회환경은 충분히 정비되어 있지는 않으며, 자연재해나 전쟁이라는 사태가 발생하면 사회는 혼란해지고, 전염병이 유행하거나, 기근이 발생하기도 했다. 현세는 고통스러운 생활이 지속되는 세계이며, 그러한 세계에 살고 있는 인간은 사후에 보다 좋은 세계에 다시 태어나는 것을 희망했다. 따라서 종교는 내세를 특히 문제로 삼는다. 그것은 일신교에서도 다신교에서도 다르지 않다. 어떻게 행복한 내세를 실현할까. 종교의 근본적인 테마는 거기에서 찾을 수 있는 것이다.

하지만, 차츰 B의 생사관으로 전환해가고 있기 때문에, 종교는 과제로 삼는 테마를 잃어버렸다. 현세에서 행복을 얻을수 있는 사회가 된다면 내세에의 관심은 희박해진다. 종교는 각자보다 좋은 내세에 다시 태어나는 것을 약속하며, 그것을 위해 종교적인 실천의 의의를 설명한다고 해도, B의 생사관을 가진 인간의 관심을 얻는 것은 어렵다. 그것은 이미 불가능하다.

선진국에서 종교가 쇠퇴하고 소멸하는 사태가 생겨나는 것도 A에서

교양으로 읽는 세계종교사

B로 생사관의 전환이 영향을 미치고 있다. 그 전환이 불가역의 것이라고 한다면 종교의 차례가 두 번 다시 찾아오는 일은 없다. 한때 각국에서 신종교가 신자를 모았던 것도 병 치료를 기대했기 때문이다. 지금은 병에 걸렸을 때, 종교에 구제를 바라는 사람들은 적다. 종교에 의지하기보다는 병원에 가는 쪽이 훨씬 병을 치료할 수 있기 때문이다.

생사관이 A에서 B로 전환하는 과정 중에, 그래도 종교가 해야 하는 역할은 있는 것일까. 지금 종교에 대해서 던져진 질문은 그것이다. 물론 세계 전체가 A에서 B로 전환한 것은 아니며, 아직 A의 생사관 안에서 살아가고 있는 사람들이 적지 않다. 그렇지만 이제부터는 보다 많은 사람이 B의 생사관을 갖게 될 가능성이 높다. 종교는 인류의 탄생과 함께 태어났으며, 인류는 종교를 필요불가결한 것으로 여겨왔다. 종교는 다양한 역할을 수행하며, 각각의 사회에서 세계관의 기반이 되는 역할을 해왔다. 도덕, 윤리의 근간에는 종교가 있었다. 종교의 소멸은 도덕이나 윤리의 소멸로 이어질 가능성이 있다.

과연 이제부터의 인류는 정말로 종교 없이 해나가는 것이 가능할까. A에서 B로의 전환은 극히 최근에 일어난 일이며, 아직 충분히 인식되고 있지는 않다. 그 점에서 우리는 아직 B의 생사관에 익숙해 있지 않다고도 말할 수 있다. B의 생사관의 위에 성립된 종교는 있을 수 있는가. 그것을 찾아가는 것이야말로 지금 종교가 직면하고 있는 최대의 과제인 것이다.

주요 참고문헌

| 이슬람교 |

• 大川周明『回教概論』中公文庫

• 『日亞對譯クルア ン——「付」譯解と正統十讀誦注解』中田考監修, 作品社

• 蒲生禮『イスラ ム(回敎)』岩派新書

• 井筒俊彦『イスラ ム生誕』人文書院

• 井筒俊彦『イスラ ム文化』岩派新書

• 中田考『イスラ ム——生と死と聖戰』集英社新書

• 中田考『私はなぜイスラ ム敎徒になったのか』太田出版

• イブン・タイミ一ヤ『シャリ一アによる統治 : イスラ一ム政治論』湯川武・中田考譯,日本サ
  ディアラビア協會

• 鎌田繁『イスラ一ムの深層——「遍在する神」とは何か』NHKブックス

• 岩崎葉子『「個人主義」大國イラン』平凡社新書

• 保坂修司『新版オサマ・ビンラディンの生涯と聖戰』朝日選書

| 조로아스터교, 몽골제국 등 |

• メアリ一・ボイス『ゾロアスタ一敎——三五〇〇年の歷史』山本由美子譯, 講談社學術文庫

• 靑木健『ゾロアスタ一敎』講談社選書メチエ

• 前田耕作『宗祖ゾロアスタ一』ちくま新書

• 山本由美子『マニ敎とゾロアスタ一 敎』山川出版社

• 岡田英弘『モンゴル帝國の興亡』ちくま新書

• 杉山正明『モンゴル帝國の興亡 上下』講談社現代新書

• 黑田俊雄『蒙古襲來(日本の歷史8)』中公文庫

| 불교, 유교 등 |

• 『新アジア仏敎史』全15卷, 佼成出版社

• 鎌田茂雄『中國仏敎史』岩波全書

• 中村元『ブッダのことば : スッタニパ一タ』岩波文庫

• 中村元『原始仏典』ちくま學芸文庫

교양으로 읽는 세계종교사

- 慧皎『高僧伝』吉川忠夫·船山徹譯, 岩波文庫
- 三枝充悳『仏教入門』岩波新書
- 前田耕作『玄奘三藏,シルクロードを行く』岩波新書
- 橋爪大三郎『仏教の言說戰略』勁草書房
- 和辻哲郎『孔子』岩波文庫

| 저서 |

- 『父殺しの精神史』法藏館
- 『教養としての世界宗教事件史』河出ブックス
- 『世界の宗教がざっくりわかる』新潮新書
- 『殺戮の宗教史』東京堂出版
- 『人は死んだらどこに行くのか』青春新書インテリジェンス
- 『金融恐慌とユダヤ·キリスト教』文春新書
- 『教養として學んでおきたい仏教』マイナビ新書
- 『ブッダは實在しない』角川新書

> ※ 그 외 문헌에 대해서는 본문 참조
> ※ 본서의 내용은 저자의 기존 출판 저서를 기반으로 하여, 거기에 대폭적인 수정과 증보를 한 것입니다.

| 종교사 전체 |

- Mircea Eliade『世界宗敎史』筑摩書房, 後にちくま學芸文庫
- Mircea Eliade『宗教の歴史と意味(エリアーデ著作集第8巻)』前田耕作譯, せりか書房
- Mircea Eliade『永遠回歸の神話』堀一郎譯,未來社
- Gerardus van der Leeuw『宗教現象學入門』田丸德善·大竹みよ子譯,東京大學出版會
- William James『宗教的経驗の諸相』桝田啓三郎譯, 岩波文庫
- 岸本英夫『宗教學』大明堂
- 『宗教の世界史』全12卷, 山川出版社
- 『宗教學辭典』小口偉一·堀一郎監修, 東京大學出版會

- Frederic Lenoir 『人類の宗教の歴史——9大潮流の誕生·本質·將來』
  今枝由郎譯, トランスビュ
- Roger-Pol Droit 『虚無の信仰　西歐はなぜ仏教を怖れたか』
  島田裕巳·田桐正彦譯, トランスビュー
- 井筒俊彦 『神秘哲學：ギリシアの部』岩波書店
- 井筒俊彦 『意識と本質——精神的東洋を索めて』岩波書店
- 野町和嘉 『サハラ, 砂漠の畫廊』新潮社

| 유대교 |

- 市川裕 『ユダヤ教の歴史』山川出版社
- 市川裕 『ユダヤ人とユダヤ教』岩波新書

| 기독교 |

- Jean Daniel 『キリスト教史』全11巻, 上智大學中世思想研究所編譯, 平凡社
- Tom Hapur 『キリスト神話——偶像はいかにして作られたか』島田裕巳譯, バジリコ
- 佐竹明 『使徒パウロ——伝道にかけた生涯』日本放送出版協會
- 山内進 『十字軍の思想』ちくま新書
- Steven Runciman 『十字軍の歴史』和田廣譯, 河出書房新社
- 渡邊昌美 『異端カタリ派の研究—中世南フランスの歴史と信仰』岩波書店
- 渡邊昌美 『巡礼の道』中公新書
- Jacques Le Goff 『中世の高利貸——金も命も』渡辺香根夫譯, 法政大學出版局
- 森本あんり 『反知性主義——アメリカが生んだ「熱病」の正体』新潮選書
- Tracy Wilkinson 『バチカン·エクソシスト』矢口誠譯, 文春文庫
- 大西直樹 『ピルグリム·ファーザ　ズという神話——作られた「アメリカ建國」』講談社選書
  メチエ
- 寺戸淳子 『ルルド傷病者巡礼の世界』知泉書館
- 關一敏 『OD版　聖母の出現——近代フォーク·カトリシズム考』日本エディタースクー
  ル出版部

색 인

교양으로 읽는 세계종교사

교양으로 읽는 세계종교사

교양으로 읽는 세계종교사

사진 제공

본문

P33 : thipjang / Shutterstock.com

P88 : Valery Egorov / Shutterstock.com

P94 : PrakichTreetasayuth / Shutterstock.com

P114 : Anton_Ivanov / Shutterstock.com

P266 : theskaman306 / Shutterstock.com

P296 : Dp__photography / Shutterstock.com

P312 : ben bryant / Shutterstock.com

P393 : Piyawan Charoenlimkul / Shutterstock.com

연표

유대교의 역사(완쪽으로부터 이하 같음) :

StockStudio Aerials/Shutterstock.com

Chr. Offenberg/Shutterstock.com

Alex Segre/Shutterstock.com

기독교의 역사 : givaga/Shutterstock.com

Anton_Ivanov / Shutterstock.com

이슬람교의 역사 : Victor Jiang/Shutterstock.com

mirzavisoko / Shutterstock.com

asif waseem//Shutterstock.com

불교의 역사 : Jun Mu/Shutterstock.com

Hung Chung Chih/Shutterstock.com

교양으로 읽는
세계종교사

초판 2쇄 인쇄 2020년 7월 10일
초판 2쇄 발행 2020년 7월 15일

지은이	시마다 히로미
옮긴이	김성순
발행인	박종서
발행처	역사산책
출판등록	2018년 4월 2일 제2018-60호
주 소	(10477) 경기도 고양시 덕양구 은빛로 39, 401호(화정동, 세은빌딩)
전 화	031-969-2004
팩 스	031-969-2070
이메일	historywalk2018@daum.net
페이스북	https://www.facebook.com/historywalkpub/

ISBN 979-11-90429-07-8   03900

값 22,000원

이 도서의 국립중앙도서관 출판예정도서목록(CIP)은 서지정보유통지원시스템 홈페이지(http://seoji.nl.go.kr)와
국가자료종합목록 구축시스템(http://kolis-net.nl.go.kr)에서 이용하실 수 있습니다. (CIP제어번호 : CIP2020050679)